Nils Herger

Wie funktionieren Zentralbanken?

Geld- und Währungspolitik verstehen

Nils Herger
Studienzentrum Gerzensee
Gerzensee
Switzerland

ISBN 978-3-658-07875-1   ISBN 978-3-658-07876-8 (eBook)
DOI 10.1007/978-3-658-07876-8

Die Deutsche Nationalbibliothek verzeichnet diese Publikation in der Deutschen Nationalbibliografie; detaillierte bibliografische Daten sind im Internet über http://dnb.d-nb.de abrufbar.

Springer Gabler
© Springer Fachmedien Wiesbaden 2016
Das Werk einschließlich aller seiner Teile ist urheberrechtlich geschützt. Jede Verwertung, die nicht ausdrücklich vom Urheberrechtsgesetz zugelassen ist, bedarf der vorherigen Zustimmung des Verlags. Das gilt insbesondere für Vervielfältigungen, Bearbeitungen, Übersetzungen, Mikroverfilmungen und die Einspeicherung und Verarbeitung in elektronischen Systemen.
Die Wiedergabe von Gebrauchsnamen, Handelsnamen, Warenbezeichnungen usw. in diesem Werk berechtigt auch ohne besondere Kennzeichnung nicht zu der Annahme, dass solche Namen im Sinne der Warenzeichen- und Markenschutz-Gesetzgebung als frei zu betrachten wären und daher von jedermann benutzt werden dürften.
Der Verlag, die Autoren und die Herausgeber gehen davon aus, dass die Angaben und Informationen in diesem Werk zum Zeitpunkt der Veröffentlichung vollständig und korrekt sind. Weder der Verlag noch die Autoren oder die Herausgeber übernehmen, ausdrücklich oder implizit, Gewähr für den Inhalt des Werkes, etwaige Fehler oder Äußerungen.

Coverabbildung: deblik Berlin
Lektorat: Margit Schlomski

Gedruckt auf säurefreiem und chlorfrei gebleichtem Papier

Springer Fachmedien Wiesbaden GmbH ist Teil der Fachverlagsgruppe Springer Science+Business Media (www.springer.com)

Wie funktionieren Zentralbanken?

Für meine Eltern

Vorwort

Weil Zentralbanken für die Geld- und Währungspolitik eines Landes verantwortlich sind, stehen sie regelmäßig im Zentrum des öffentlichen Interesses. Falls ernste Wirtschaftskrisen auftreten, die beispielsweise von hoher Inflation, Turbulenzen im internationalen Währungssystem oder von Instabilität im Finanzsystem geprägt sein können, sorgen Geld- und Währungsfragen sogar laufend für Schlagzeilen. Dass breite Bevölkerungskreise die Politik der Zentralbanken aufmerksam verfolgen, hat sich unlängst in den teils hitzig geführten Debatten hinsichtlich der Globalen Finanzkrise oder der Spannungen in der Europäischen Währungsunion abermals bestätigt. Es ist dabei nicht immer einfach zu verstehen, wie eine Zentralbank überhaupt Einfluss auf die Gesamtwirtschaft nehmen kann. Wie kann eine Zentralbank beispielsweise die Geldmenge steuern? Über welche Kanäle wirkt sich die Geldpolitik auf relevante Wirtschaftsgrößen aus, etwa die Inflation oder die Beschäftigungslage? Warum ist es überhaupt von Vorteil, eine unabhängige Zentralbank zu haben? Welches sind die Vorzüge und Nachteile einer Gemeinschaftswährung? Welche Möglichkeiten hat eine Zentralbank, um Finanz- und Bankenkrisen zu verhindern oder zu bekämpfen? Worin liegen die Unterschiede zwischen den Edelmetallwährungen von Anno dazumal und dem heutigen System mit Nominalgeld? War das Währungssystem früher stabiler? Das Ziel dieses Sachbuchs ist es, in allgemein verständlicher Sprache auf solche und andere Fragen einzugehen, welche sich hinsichtlich des Zentralbankenwesens stellen.

Der Anstoß zu diesem Buch geht auf zahlreiche Gespräche zum Zentralbankenwesen zurück, die ich aufgrund meiner Tätigkeit am Studienzentrum Gerzensee – einem Forschungs- und Ausbildungszentrum der Schweizerischen Nationalbank – regelmäßig führe. Dadurch wurde mir je länger je mehr bewusst, dass zwar ein großer Durst nach Wissen über die Zentralbanken besteht, jedoch selbst breit interessierte Personen oft nur eine rudimentäre Vorstellung davon haben, wie die Geldpolitik tatsächlich funktioniert und welche Aufgaben die Zentralbank für ein Land wahrnimmt. Es ist darum umso erstaunlicher, dass es, soweit mir bekannt ist, bis heute kein Werk gibt, das sich explizit mit dem Zentralbankenwesen befasst und für eine breite Leserschaft bestimmt ist. Das vorliegende Buch soll diese Lücke schließen. Es richtet sich infolgedessen an all jene, die an Geld- und Währungsfragen interessiert sind, sich jedoch nicht mit technischen Einzelheiten oder gar mit Modellen der monetären Makroökonomie auseinandersetzen möchten. Zudem dürfte sich das vorliegende Sachbuch zu den Grundzügen des Zentralbankenwesens auch als Begleitlektüre für die Forschung und Lehre im Rahmen einführender Kurse in die Wirtschaftswissenschaften auf der Universitätsstufe oder an den Fachhochschulen eignen. Nicht zu vergessen ist, dass das Zentralbankenwesen auch Aspekte betrifft, die für die Politikwissenschaften, das Recht, die Staatskunde, die Geschichte oder die Soziologie von Bedeutung sein können. Diesbezüglich gilt wiederum, dass für Leser ohne Vorbildung in Volkwirtschaftslehre wenig bis keine Literatur zur Verfügung steht, welche die Aufgaben von Zentralbanken in allgemein verständlichen Worten darlegt. Seit dem Auftreten der Globalen Finanzkrise und der wirtschaftlichen Schieflage in der Eurozone dürften sich schließlich auch die Praktiker in Wirtschaft und Politik vermehrt für Geld- und Währungsfragen interessieren. Vor diesem Hintergrund wäre für mich das Schreiben dieses Buchs von Erfolg gekrönt, wenn Sie dank der Lektüre einen besseren Einblick in die

Welt der Zentralbanken sowie eine Vorstellung über die Möglichkeiten und Grenzen der Geld- und Währungspolitik gewinnen, obschon monetäre Fragen im Detail extrem kompliziert sein können.

Sämtliche Kapitel dieses Buches sind während der vergangenen einenhalb Jahre an meinem Arbeitsplatz am Studienzentrum Gerzensee entstanden, das mir ein hervorragendes Umfeld für meine Forschungs- und Lehrtätigkeit bietet. Beim Schreiben all meiner Texte habe ich indes die Erfahrung gemacht, dass mir nach einigen Runden des Redigierens selbst augenfällige Fehler und Unzulänglichkeiten entgehen. Dagegen hilft nur die Unterstützung von Freunden und Kollegen, die in verschiedenen Stadien des Buchprojekts bereit waren, das Manuskript kritisch durchzulesen. Dankend erwähne ich namentlich Katrin Assenmacher, Ernst Baltensperger, Sylvia Kaufmann, Dirk Niepelt und Mathias Zurlinden. Allfällige Fehler, die ich trotz dieser Unterstützung nicht ausgemerzt habe, sind natürlich alleine mir anzulasten. Zahlreiche redaktionelle Verbesserungen und Anregungen verdanke ich Margit Schlomski vom Springer Gabler Verlag. Sie hat mich unter anderem gelehrt, dass für das breite Publikum die Erläuterungen zum Zentralbankenwesen etwas „peppiger" daherkommen sollten, als ich es von den Diskussionen unter Währungshütern gewohnt bin. Zu guter Letzt ist es für mich so, dass ich keinen längeren Text verfassen könnte, ohne in ein stabiles Familienumfeld eingebettet zu sein. Wie wertvoll dies ist, wird mir jedes Mal bewusst, wenn ausnahmsweise Hua, Meilin oder Robin länger als einen Tag nicht in meiner Nähe sind.

Nils Herger   Gerzensee, im März 2015

Inhaltsverzeichnis

Einleitung 1
1.1 Was ist eine Zentralbank? 1
1.2 Die Zentralbank im Wirtschaftskreislauf ... 4
1.3 Wie weiter? 10
Weiterführende Literatur 11

Kleine Geschichte der Zentralbanken 13
2.1 Wie alles begann 13
2.2 Die Entstehung des zweistufigen
     Bankensystems 16
2.3 Die Ära des klassischen Goldstandards 23
2.4 Erster Weltkrieg und Weltwirtschaftskrise . 32
2.5 Das System von Bretton Woods 39
2.6 Flexible Wechselkurse und autonome
     Geldpolitik 43
2.7 Die Europäische Währungsintegration 48
2.8 Schlussfolgerungen für das moderne
     Zentralbankenwesen 50
Weiterführende Literatur 52

Geld als Schmiermittel der Wirtschaft 55
3.1 Was ist Geld? 55
3.2 Vom Warengeld zum Nominalgeld 62
3.3 Die Geldmenge: Ein dehnbarer Begriff 68
3.4 Wie Geschäftsbanken Geld schöpfen 73

3.5 Der Geldmarkt im Überblick.............. 77
Weiterführende Literatur..................... 79

4 Ausgewählte geldpolitische Instrumente 81
4.1 Die Bilanz der Zentralbank 81
4.2 Refinanzierungskredite, Diskontpolitik und Leitzins............................. 88
4.3 Mindestreserven 94
4.4 Offenmarktpolitik...................... 96
4.5 Devisenmarktinterventionen 100
4.6 Wirkungsketten geldpolitischer Instrumente 102
Weiterführende Literatur..................... 105

5 Geld, Kredit und Banken 107
5.1 Finanzsystem und Finanzstabilität 107
5.2 Die Rolle der Geschäftsbanken 111
5.3 Die Anatomie von Bankenkrisen.......... 115
5.4 Barreserven und Trennbankensystem 124
5.5 Der Lender of Last Resort 128
5.6 Aufsicht und Eigenkapitalvorschriften 136
5.7 Sicherung des Zahlungssystems und der Finanzmarktinfrastruktur 142
5.8 Grenzen der Regulierung 146
Weiterführende Literatur..................... 150

6 Lang- und kurzfristige Effekte der Geldpolitik . 153
6.1 Geldpolitik und Inflation – Die Neutralität des Geldes 153
6.2 Geld, Konjunktur und Beschäftigung – Die geldpolitischen Transmissionsmechanismen 164
6.3 Zeitverzögerungen und Rückkoppelungseffekte................... 172
Weiterführende Literatur..................... 176

Die Unabhängigkeit der Zentralbank 177
7.1 Zentralbankunabhängigkeit: Wundermittel aber nicht Allheilmittel 177
7.2 Die Unabhängigkeit zügelt die Inflationssteuer.......................... 181
7.3 ... und fördert die Glaubwürdigkeit der Zentralbank 186
7.4 Möglichkeiten und Grenzen der Geldpolitik 198
Weiterführende Literatur..................... 200

Internationale Wechselwirkungen im Geld- und Währungswesen 201
8.1 Das internationale Finanz- und Währungssystem 202
8.2 Grenzen der Währungspolitik – Trilemma der monetären Außenwirtschaft.......... 204
8.3 Regimes mit mehr oder weniger flexiblen Wechselkursen 209
8.4 Währungsreserven – Mittel zum Zweck oder Mittel zur Macht? 217
8.5 Von den Währungsreserven zur Reservewährung 224
8.6 Währungskrisen und ihre Folgen 228
8.7 Die Währungsunion als Vollendung der Währungsintegration..................... 234
Weiterführende Literatur..................... 242

Zum Schluss – Möglichkeiten und Grenzen der Geld- und Währungspolitik einer Zentralbank . 245

Glossar.. 251

Stichwort- und Namensverzeichnis 265

Der Autor

Dr. Nils Herger ist als Dozent am Studienzentrum Gerzensee – dem Ausbildungszentrum der Schweizerischen Nationalbank – tätig. Am Studienzentrum ist er insbesondere für die Organisation eines Kursprogramms für Zentralbanker verantwortlich, das von Teilnehmern aus aller Welt besucht wird und international einen hervorragenden Ruf genießt. Überdies unterrichtet Nils Herger im Rahmen eines Lehrauftrags zu geldpolitischen Themen an der Universität Bern, an der er 2001 das Lizenziat in Volkswirtschaftslehre erhielt. Der weitere Bildungsweg führte 2003 zu einem Master und schließlich, 2007, zum Abschluss eines Doktorats in Volkswirtschaftslehre an der Universität Exeter (England). Vor dem Antritt der Stelle am Studienzentrum Gerzensee war Nils Herger als wissenschaftlicher Mitarbeiter für die eidgenössische Wettbewerbskommission und Economiesuisse (dem Dachverband der Schweizer Unternehmen) tätig und hatte ein Forschungsstipendium am nationalen Kompetenzzentrum für Handelsregulierung an der Universität Bern inne. Seine gegenwärtigen Forschungsinteressen betreffen Fragen der monetären Außenwirtschaft, zu denen er zahlreiche wissenschaftliche Beiträge veröffentlicht hat. Nils Herger ist verheiratet und hat zwei Kinder.

1
Einleitung

Seit Anbeginn der Zeit gab es drei groß e Erfindungen: das Rad, das Feuer und die Zentralbank.
　　　　　　　　Will Rogers (Amerikanischer Komiker, 1879–1935)

1.1 Was ist eine Zentralbank?

Will Rogers, von dem das einleitende Zitat stammt, war zu seiner Zeit ein bekannter amerikanischer Komiker, der im Jahr 1934 sogar zum populärsten Schauspieler in Hollywood gekürt wurde, jedoch im darauf folgenden Jahr bei einem tragischen Flugzeugabsturz ums Leben kam. Selbstverständlich wird sein Scherz bei den Währungshütern, die ansonsten eigentlich nicht für ihren Humor bekannt sind, nach wie vor gerne herumgereicht. Wie dem auch sei: Die Zentralbank spielt für das wirtschaftliche Zusammenleben eines Landes in der Tat eine wesentliche – oder eben zentrale – Rolle. Einkäufe des täglichen Bedarfs werden oft mit Bargeld beglichen, sprich mit den Banknoten, die von der Zentralbank ausgegeben und deshalb mit ihrem Namen versehen sind. Falls stattdessen mit der Bankkarte bezahlt wird, greift diese auf elektronische Zahlungssysteme zurück, die von der Zentralbank überwacht und teilweise sogar von ihr betrieben werden. Neben der Organisation des Zahlungsverkehrs nehmen Zentralbanken auch eine Schlüsselposition bei der Formulierung der Geld- und Währungspolitik ein und haben, trotz eines Auftrags von gesamtwirtschaftlicher Relevanz, in vielen Ländern einen außergewöhnlichen Grad an Unabhängigkeit von der Regierung und vom Parlament erlangt. Vielleicht mag es den Anschein haben, dass geldpolitische Maßnahmen für den Normalbürger folgenlos seien. Wie bei anderen Errungenschaften, man denke etwa an die Elektrizitätsversorgung oder die Verkehrsinfrastruktur, wird jedem die grundlegende Bedeutung eines funktionierenden monetären Systems jedoch bewusst, wenn größere Pannen auftreten. Im Geld- und Währungswesen manifestieren sich diese hauptsächlich in Form von Krisen, während denen sich Dinge wie die Instabilität im Bankensystem oder eine ungesund hohe Inflation bis ins Alltagsleben bemerkbar machen können. Diesbezüglich ist zu bemerken, dass Zentralbanken solche Krisen sowohl durch eine fehlgeschlagene Geldpolitik mitverursachen, als auch durch kluge Maßnahmen verhindern können. Für beide Szenarien gibt es in der Wirtschaftsgeschichte zahlreiche Beispiele.

Zentralbanken verdanken ihren wirtschaftlichen Einfluss primär dem Ausgabemonopol für eine Währung, das heißt die vom Staat anerkannte Geldart. Da Geld den Kern des Zahlungsverkehrs bildet und die Währung die gängige Preiseinheit definiert, legt ein Land mit der Organisation der Zentralbank auch wichtige monetäre Rahmenbedingungen fest. In der Praxis bedeutet dies unter anderem, dass sie das inländische Zinsniveau und damit mehr oder weniger mittelbar auch die Geldmenge steuern kann. Dies hat wiederum direkte Folgeeffekte auf die Teuerung, weil die Preise in einem Land eben anhand der nationalen Währung gemessen werden, sowie auf andere gesamtwirtschaftliche Größen.

Da die Zentralbank wirtschaftliche Schlüßelgrössen beeinflussen kann, trifft ein Land mit der Ordnung des Geld- und Währungswesens politische Entscheidungen, die von grundlegender Bedeutung sind. Insbesondere in Zeiten wirtschaftlicher Krisen, wie die Finanz- und Eurokrise der vergangenen Jahre, finden in der Öffentlichkeit deshalb teilweise hoch emotionale Debatten zu Geld- und Währungsfragen statt. Allerdings haben für breite Bevölkerungskreise die Mechanismen, welche Zentralbanken zur Steuerung der wirtschaftlichen Bedingungen eines Landes benutzen, etwas Rätselhaftes an sich. Anders ist die Popularität von unscharfen Sprachbildern, gemäß denen Zentralbanken manchmal „Liquidität in das System pumpen", „mehr Geld drucken" oder schlicht die „Notenpresse anwerfen", wohl nicht zu erklären.

Vorerst einmal ist es in semantischer Hinsicht schon nur verwirrend, dass die Zentralbank in verschiedenen Ländern nicht unter demselben Begriff auftritt. Im einfachsten Fall, wie in der Eurozone, herrscht die Europäische Zentralbank über die Geld- und Währungspolitik. Deutschland hat seit der Nachkriegszeit eine Bundesbank und hatte zuvor, wie übrigens heute noch Schweden, eine Reichsbank. Österreich und die Schweiz haben hingegen eine Nationalbank. Im angelsächsisch geprägten Raum ist der Begriff der „Reserve Bank" verbreitet, der sich unter anderem in Australien, Neuseeland, Südafrika, Indien aber auch in den Vereinigten Staaten von Amerika mit ihrem „Federal Reserve System" (kurz Fed) etabliert hat. Im Falle von Japan, Frankreich, Italien oder England trägt die Zentralbank einfach den Ländernamen, also Bank of Japan, Banque de France, Banca d'Italia und Bank of England. Um die Verwirrung komplett zu machen, handelt es sich hingegen bei der Bank of America, der Bank of China oder bei der Deutschen Bank um Geschäftsbanken. Nachfolgend ist mit Zentralbank jedenfalls dasjenige Finanzinstitut gemeint, das in einem Land mit der Durchführung der Geld- und Währungspolitik betraut wurde und dabei wirtschaftspolitische Ziele wie die Preis-, Konjunktur- und Finanzstabilität verfolgt. Zentralbanken verfügen typischerweise über das Währungsmonopol, können in die Finanz- und Devisenmärkte eingreifen, die Mindestreserven von Geschäftsbanken festlegen, Banken und Zahlungssysteme überwachen oder als Bank der Geschäftsbanken sowie des Staates auftreten.

4   Wie funktionieren Zentralbanken?

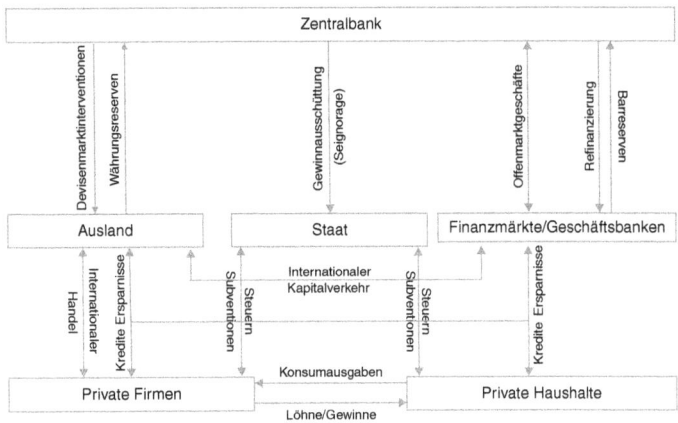

Abb. 1.1 Ein Wirtschaftssystem mit Zentralbank

Um einen ersten Überblick über jene Themen zu vermitteln, die für das Zentralbankenwesen von Bedeutung sind, wird der nächste Abschnitt die wirtschaftlichen Verflechtungen der Zentralbank mit anderen Akteuren wie den Geschäftsbanken, dem Staat oder dem Ausland erörtern.

1.2 Die Zentralbank im Wirtschaftskreislauf

Weil die Zentralbank eine hervorragende Position bei der Steuerung und Überwachung monetärer Transaktionen einnimmt, kann deren Rolle überblicksmäßig anhand von aggregierten Geldflüssen innerhalb des Wirtschaftssystems erfasst werden. Dazu zeigt Abb. 1.1 einen schematischen Wirtschaftskreislauf mit einem monetären Geflecht zwischen Firmen, Haushalten, dem Finanzsystem, dem Ausland und dem Staat. Obschon die Zusammenhänge stark vereinfacht sind, und bei weitem nicht alle

Wirtschaftsakteure und möglichen Geldflüsse umfassen, ist die Abbildung auf den ersten Blick wohl schon kompliziert genug. Es ist vorerst denn auch nicht vonnöten, alle Einzelheiten des Kreislaufs zu verstehen. Eher geht es in an dieser Stelle darum, eine Übersicht darüber zu gewinnen, wie die Zentralbank in das Wirtschaftssystem eingebettet ist. Darauf basierend erörtern die weiteren Kapitel des Buches sukzessiv die genaue Rolle der aufgeführten Wirtschaftsteilnehmer.

Wirtschaftliche Transaktionen resultieren zunächst einmal aus privaten Konsumausgaben der Haushalte für Güter und Dienstleistungen, die von Firmen produziert werden. Diese nehmen ihrerseits die Arbeit der Haushalte in Anspruch und bezahlen dafür Löhne oder schütten Einkommen in Form von Gewinnen aus. Eine Erweiterung zu den privatwirtschaftlichen Transaktionen auf inländischen Märkten stellt der grenzüberschreitende Handel dar, das heißt der Export (die Ausfuhr) und Import (Einfuhr) von Gütern und Dienstleistungen. Ferner erhebt der Staat bei den Firmen und den Haushalten zahlreiche Steuern, schüttet aber auch finanzielle Beiträge in Form von Subventionen oder Renten aus. Das Finanzsystem im Allgemeinen, und die Geschäftsbanken im Speziellen, nehmen Ersparnisse entgegen und leiten diese beispielsweise als Kredit weiter oder decken, über die Entgegennahme von Staatsanleihen, Defizite im öffentlichen Sektor. Aufgrund der Zwischenstellung des Finanzsystems zwischen wirtschaftlichen Einheiten spricht man in diesem Zusammenhang auch von Finanzintermediation. Selbstverständlich können solche Finanztransaktionen auch mit dem Ausland stattfinden, was sich im internationalen Kapitalverkehr niederschlägt.

Abbildung 1.1 zeigt den Wirtschaftskreislauf anhand monetärer Transaktionen. Damit Zahlungsströme, die in Geldeinheiten denominiert sind, überhaupt auftreten können, bedarf es eines institutionellen Rahmens, welcher die formellen Regeln und informellen Normen im Geldwesen umfasst. Dazu zählen namentlich die Wahl eines allgemein anerkannten Zahlungsmittels, die Definition einer nationalen Geldeinheit, welche insbesondere in der nationalen Währung mit einem bestimmten Münz- und Banknotensystem zum Ausdruck kommt, sowie die Festlegung und Verteilung von staatlichen Kompetenzen im Geldwesen. Die institutionelle Organisation des Geldwesens charakterisiert die Währungsordnung, die in einem bestimmten Währungsraum gilt und grundlegende wirtschaftspolitische Fragen beantwortet wie: Will ein Land eine eigene Währung haben? Soll die Währung im Wettbewerb durch zahlreiche Banken oder allein durch eine Zentralbank ausgegeben werden? Welches sind die Einflussmöglichkeiten des Staates auf die Zentralbank? Welche Ziele soll die Geldpolitik verfolgen? Gilt in einem Land ein fixer oder ein flexibler Wechselkurs zu anderen Währungen? Welche staatlichen Restriktionen gelten hinsichtlich des internationalen Kapitalverkehrs? Sämtliche Bestrebungen und Maßnahmen, die solche strategischen Fragen hinsichtlich des monetären Ordnungsrahmens betreffen, sind Teil der Währungspolitik.

Damit eine Währung langfristig bestehen bleibt, braucht es Mechanismen, um die Geldmenge hinreichend knapp zu halten. Sollten private oder staatliche Akteure das Geldangebot maßlos vermehren können, bricht eine Währung nämlich bald aufgrund des resultierenden Kaufkraftverlustes in sich zusammen. Dass dieses Szenario kein theoretisches Gedankenspiel ist, zeigen Beispiele von Währungszusammenbrüchen, welche auch in der jüngeren Wirtschaftsgeschichte, insbesondere infolge von Hyperinflationen, zu beobachten waren. Zu nennen sind etwa Russland und Deutschland zum Beginn der 1920er Jahre, einige südamerikanische Staaten wie Argentinien oder Brasilien in den 1980er Jahren, die Ukraine nach 1990 oder Simbabwe nach dem Jahr 2000. Im heutigen Wirtschaftssystem sind Zentralbanken vor allem dafür verantwortlich, die Währung stabil zu halten. Sie werden deshalb auch als Währungshüter bezeichnet. Dieser Ausdruck ist eigentlich unsinnig, da das Wort „Währung" vom mittelhochdeutschen „Werung" für „Gewährleistung" abstammt. Frei übersetzt würde dies also bedeuten, dass Zentralbanken als „Hüterinnen" der „Gewährleistung" bezeichnet werden. Wie dem auch sei: Der obere Teil von Abb. 1.1 zeigt, wie die Zentralbank in das Wirtschaftssystem eingebettet ist. Wie bereits erwähnt, basieren deren Einflussmöglichkeiten auf dem Ausgabeprivileg für die nationale Währung, das der Zentralbank vom Staat verliehen wurde. Im Gegenzug erhält der Staat in der Regel einen Teil der Gewinne, die das Währungsmonopol abwirft. Das Währungsmonopol bildet ferner die Grundlage, um die Geldmenge zu steuern. In modernen Wirtschaftssystemen erfolgt eine Erhöhung oder Senkung der Geldmenge kaum über direkte Transaktionen mit Firmen und Haushalten, sondern fast ausschließlich indirekt über monetäre Verflechtungen mit den Geschäftsbanken und den Finanz- und Devisenmärkten. Vor allem refinanzieren sich die Geschäftsbanken teilweise über die Zentralbank. In der Praxis bedeutet dies, dass Geschäftsbanken bei der Zentralbank ein Konto haben, auf dem sie sogenannte Barreserven einzahlen, unter anderem um gesetzlich festgelegte Vorschriften hinsichtlich der Mindestreserven zu erfüllen. Überdies halten Geschäftsbanken oft überschüssige Reserven über das gesetzliche Minimum hinaus. Diese können zum Beispiel als Liquiditätspolster dienen, damit die Geschäftsbanken jederzeit die Rückzüge auf ihren eigenen Bankkonten decken können, wenn Haushalte oder Firmen sich entscheiden, Ersparnisse aufzulösen. Des Weiteren kann eine Zentralbank auch direkt in die Finanzmärkte eingreifen, indem sie die darauf gehandelten Wertschriften wie Obligationen oder Aktien an- oder verkauft. Da solche Transaktionen am offenen Markt erfolgen, spricht man in diesem Zusammenhang etwas phantasielos von Offenmarktgeschäften. Direkte Interventionen können auch auf den Devisenmärkten erfolgen, auf denen der Wechselkurs, das heißt der Preis zwischen der in- und ausländischen Währung, bestimmt wird. Der Wechselkurs stellt somit ein monetäres Bindeglied zwischen Ländern dar und wird infolgedessen vom internationalen Handel und Kapitalverkehr beeinflusst. Zudem hängen die Schwankungen des Wechselkurses grundlegend vom internationalen Währungssystem ab. Ohne hier auf die vielen Nuancen einzugehen, kann ein Land im Wesentlichen zwischen Systemen mit einem fixen oder einem flexiblen Wechselkurs wählen. Bei flexiblen Wechselkursen bilden Interventionen der Zentralbank auf den Devisenmärkten die Ausnahme und das Angebot und die Nachfrage der übrigen Marktteilnehmer bestimmen grundsätzlich den Preis zwischen der eigenen und der fremden Währung. Bei einem fixen Wechselkurs wird das Umtauschverhältnis zwischen der eigenen und einer ausländische Währung hingegen a priori angeordnet. Solange die Zentralbank bereit ist, Währungen zum Fixkurs zu handeln, legt dies den Wechselkurs fest.

Die monetären Verflechtungen der Zentralbank mit dem Bankensystem und den Finanz- und Devisenmärkten sowie die Höhe der Geldmenge haben Folgen für die Gesamtwirtschaft. So beeinflusst der Zins auf den Barreserven, die von Geschäftsbanken gehalten werden, deren Refinanzierungskosten. Dies wirkt sich wiederum auf die Kreditzinsen aus, welche Banken für ausgeliehene Finanzmittel von Firmen und Personen verlangen (siehe Abb. 1.1). Die Refinanzierungskonditionen der Geschäftsbanken bei der Zentralbank orientieren sich insbesondere am sogenannten Leitzins, der wahrscheinlich das einflussreichste Instrument der Geldpolitik darstellt. Änderungen des Leitzinses werden in der Öffentlichkeit denn auch mit großem Interesse aufgenommen. Dies sollte nicht darüber hinwegtäuschen, dass der Zins die Kosten der Geldhaltung widerspiegelt und damit eng mit der Entwicklung der Geldmenge verbunden bleibt. Neben der Zins- und Geldmengensteuerung bestehen weitere Motive für monetäre Transaktionen der Zentralbank. Dazu zählen insbesondere die Stützung von Banken mit Liquiditätsproblemen, falls Bankenkrisen die Stabilität des gesamten Finanz- und Wirtschaftssystem bedrohen. Der Lender of Last Resort (frei übersetzt: Geldgeber letzter Instanz), der eine notfallmäßige Finanzierung von krisengeschüttelten Geschäftsbanken sicherstellt, gilt als eine der ältesten Aufgaben von Zentralbanken. Eine weitere Verflechtung resultiert aus der Distribution von Bargeld, welche in sehr geringem Umfang direkt an die Haushalte oder Unternehmen erfolgt, sondern indirekt über Zahlungssysteme an deren Ende ein Schalter oder Bankomat die Kunden mit Banknoten versorgt.

Da sich die monetären Verhältnisse auf die gesamte Wirtschaft übertragen, besteht die Möglichkeit, dies für politische Zwecke zu gebrauchen und natürlich auch zu missbrauchen. Die Geldpolitik umfasst demnach sämtliche Bestrebungen und Maßnahmen, die dazu dienen, über laufende Eingriffe in das Geldangebot, das Finanzsystem oder die Devisenmärkte die wirtschaftliche Entwicklung eines Landes zu beeinflussen. Der oben besprochene Übertragungseffekt vom Leitzins auf das Zinsniveau für private Kredite erfasst bereits die Kernidee der Geldpolitik. Es ist leicht, den Gedanken weiterzuspinnen, indem sich die Kreditkonditionen ihrerseits auf die Investitionstätigkeit und schließlich die Konjunkturlage auswirken können. Laufende Eingriffe in die Devisenmärkte üben Effekte auf die grenzüberschreitenden Handels- und Kapitalströme aus. Insbesondere stimuliert die Abwertung einer Währung tendenziell den Export, da lokal hergestellte Güter auf den ausländischen Märkten relativ günstiger werden. Für eine Aufwertung gilt das Gegenteil, das heißt Importe werden relativ günstiger. Diese Beispiele dokumentieren die realwirtschaftlichen Auswirkungen des Geldes, insbesondere was die Konjunktur und die Beschäftigung angeht. Selbstverständlich überträgt sich die Geldpolitik auch auf die Nominalwirtschaft, welche wirtschaftliche Phänomene in Geld- und nicht in Gütereinheiten misst. Es ist in der Tat intuitiv einleuchtend, dass es einen engen Zusammenhang zwischen dem Geld und den Preisen in einer Wirtschaft geben muss. Wird die Geldmenge nämlich bei einer gleichbleibenden Menge an Gütern und Dienstleistungen erhöht, entsteht ein monetäres Überangebot, auf das Firmen bald mit dem Anheben der Preise reagieren werden. Ein allgemeiner Anstieg, oder ein Sichaufblähen, der Preise wird in Anlehnung an den entsprechenden lateinischen Begriff als Inflation bezeichnet. Das Gegenteil, also der Rückgang des Preisniveaus, ist eine Deflation. Da die Preise und Löhne in der Regel nicht sofort auf wirtschaftliche Veränderungen reagieren, ist es plausibel, dass sich die Geldpolitik erst allmählich auf die Inflation auswirkt. Langfristig, das heißt über mehrere Jahre, schlägt sich die Geldpolitik auf nominalwirtschaftliche Phänomene durch, derweil die realwirtschaftlichen Effekte in den Hintergrund treten. Dies bedeutet, dass die Geldpolitik über verschiedene Zeithorizonte einen unterschiedlichen Wirkungsgrad auf real- und nominalwirtschaftliche Ziele entfaltet. Die daraus resultierenden Zielkonflikte zwischen der kurzfristigen Stabilisierung der Konjunktur und der langfristigen Gewährleistung von Preisniveaustabilität stellen die Geldpolitik, und mit ihr die Zentralbanken, andauernd vor ein fundamentales Dilemma.

1.3 Wie weiter?

Zentralbanken sind andauernd mit dieser Frage – „wie weiter?" – konfrontiert, da sich eine zweckdienliche Geldpolitik an den zukünftigen Wirtschaftsrisiken orientiert und damit ständig an die wechselnden Rahmenbedingungen anzupassen ist. Wie noch gezeigt wird, gilt diesbezüglich die Steuerung der Inflationserwartungen als entscheidender Erfolgsfaktor.

Was erwartet jedoch den Leser innerhalb der überschaubaren Welt dieses Buches? Da sich die Aufgaben der Zentralbanken epochenweise stark gewandelt haben, ist ein Blick in ihre Entstehungsgeschichte aufschlussreich. Das folgende Kapitel enthält eine Diskussion dazu. Für die Geldpolitik und das Zentralbankenwesen ist natürlich der Begriff des Geldes wegweisend. Dieser ist denn auch Gegenstand von Kap. 3. Die Instrumente der Geldpolitik bilden das Thema von Kap. 4. Kapitel 5 diskutiert die Rolle des Finanzsystems und die Gefahren, die speziell von Bankenkrisen ausgehen. Kapitel 6 erweitert das Bild, indem es sich den Effekten der Geldpolitik auf die Gesamtwirtschaft zuwendet. Die Rolle der Unabhängigkeit der Zentralbank ist Gegenstand von Kap. 7. Kapitel 8 geht schließlich auf die außenwirtschaftlichen Wechselwirkungen im Zentralbankenwesen ein und behandelt insbesondere die Währungssysteme sowie die Vor- und Nachteile einer Währungsunion. Kapitel 9 liefert einige Schlussbemerkungen.

Weiterführende Literatur

Eine einfach verständliche Einführung zu den Aufgaben der Zentralbank, der Rolle des Geldes und der Geschäftsbanken in der Wirtschaft sowie von wirtschaftlichen Zusammenhängen im Allgemeinen liefert: Van Suntum, Ulrich, 2013: *Die unsichtbare Hand – Ökonomisches Denken gestern und heute*, Springer Gabler (v. a. Teil II, Kapitel 1).

2

Kleine Geschichte der Zentralbanken

Die Bank profitiert vom Zins auf allen Geldern, welche sie aus dem Nichts kreiert.
 William Paterson (Gründer der Bank of England, 1658–1719)

2.1 Wie alles begann

Es ist wichtig, auf die Ursprünge von Zentralbanken zurückzublicken, da sich deren Rolle im Verlauf der Geschichte aufgrund von Innovationen beim Geld und in der Finanzindustrie und des allgemeinen politischen und gesellschaftlichen Wandels enorm verändert hat. Die historische Entwicklung des Zentralbankenwesens nimmt ferner zahlreiche Debatten über die Geldpolitik, die Aufgabenteilung zwischen der Zentralbank und den Geschäftsbanken oder die Organisation des internationalen Währungssystems vorweg, die noch heute aktuell sind und ab Kap. 3 weiter verfolgt werden.

Zentrale Notenbanken lassen sich bis mindestens ins 17. Jahrhundert zurückverfolgen. Die Schwedische Reichsbank (gegründet 1668), die Bank of England (1694) und die Banque de France

(1800)[1] gelten als die ältesten noch bestehenden Zentralbanken, die jedoch zu einem völlig anderen Zweck als die Durchführung der Geldpolitik errichtet wurden. Insbesondere waren sie als private Gesellschaften organisiert, die vom Staat das Monopol zur Ausgabe von Banknoten in einem gewissen Gebiet erworben hatten. Wie das einführende Zitat zum Ausdruck bringt, war das Privileg einer Notenbank durchaus lukrativ in einer Zeit mit einem rudimentär entwickelten Bankensystem, das nur Wenigen den Zugang zu alternativen Finanzprodukten wie Buchgeld oder Krediten gewährte. Das Motiv des Staates zur Veräußerung des Notenmonopols an eine Privatbank bestand vornehmlich darin, Staatsschulden zu decken, die sich oft infolge militärischer Auseinandersetzungen massiv anhäuften. Es ist deshalb kein Zufall, dass die Gründung der genannten Notenbanken während oder kurz nach der Verwicklung von Schweden in den Zweiten Nordischen Krieg (1655–1660), von England in den Neunjährigen Krieg (1688–1697) und von Frankreich in die Napoleonischen Kriege (1792–1815) erfolgte.

Das Geschäft mit Banknoten war nicht von Anfang an monopolisiert, sondern verdankt seinen Ursprung darin, dass Finanzinstitute in Verwahrung genommenes Privatvermögen, zum Beispiel in Form von Münzen, mit einem Zettel (Empfangsbeleg) quittierten. Es stellte sich in der Folge heraus, dass sich solche

---

[1] Zu ergänzen ist, dass in Frankreich mit der Banque Royale ein erster Versuch mit einer zentralen Notenbank bereits zum Beginn des 18. Jahrhunderts kläglich gescheitert war. Der Regent des minderjährigen Ludwig XV hatte dem schottischen Nationalökonomen und Glücksspieler John Law de Lauriston 1716 nämlich die Erlaubnis zur Gründung einer Bank erteilt, dank der er rasch ein regelrechtes Imperium aus Handelsmonopolen in Frankreich und Übersee aufbauen konnte. Später erwarb John Law auch das französische Notenmonopol, von dem er hemmungslos Gebrauch machte. Das frische Geld fachte in Frankreich um 1720 eine spektakuläre Hausse mit den Aktien von Laws Handelsgesellschaft, der sogenannten Mississippi Kompanie, an. Als die Aktienblase platzte, brach sowohl die Banque Royale, unter der Schuldenlast, als auch John Law, unter den nervlichen Anspannungen, zusammen. Zurück blieben Unsummen von mehr oder weniger wertlosem Papiergeld.

2 Kleine Geschichte der Zentralbanken

Erste Banknotenserie der Bank of England ab 1792. Der Nominalwert dieses im Jahr 1803 ausgegebenen Exemplars beträgt ein Pfund. Die „promise to pay on demand the sum of one pound" ist vom Kassenwart handschriftlich quittiert worden.

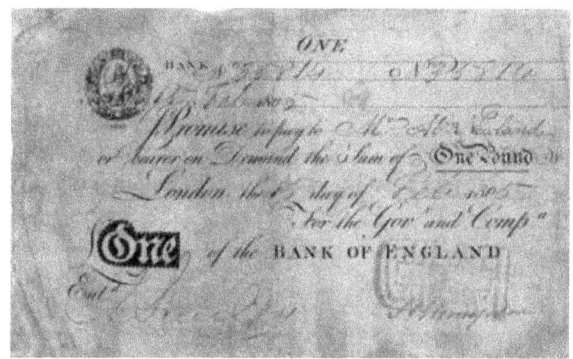

Moderne Pfundnote, deren Aufschrift auf den Ursprung als Schuldschein hinweist.

Signatur des Treasurers beim US-Dollar. Banknoten gelten als gesetzlich festgelegtes Zahlungsmittel.

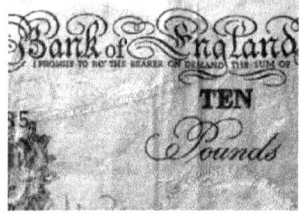
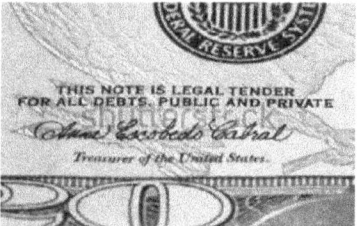

Abb. 2.1 Banknoten dazumal und heute

Zettel auch eignen, um größere Beträge zu bezahlen, da der mühsame Transport von Gold oder Silbermünzen entfällt. Solange ein ausgehändigter Beleg als vollständig gedeckt galt, gab es ja auch keinen Grund, dessen Kaufkraft anders als den zu Grunde liegenden Edelmetallwert zu behandeln. Einige Artefakte dieses geschichtlichen Hintergrunds von Banknoten haben bis heute überlebt. Wie Abb. 2.1 zeigt, ist beispielsweise nach wie vor auf den englischen Pfundnoten zu lesen „I promise to pay the bearer on demand the sum of … pounds" (Ich verspreche, dem Halter auf

Sicht die Summe von ... Pfund zu zahlen). Diese Aufschrift bezog sich früher auf das Recht zur Auszahlung einer gewissen Menge an Gold, wobei der entsprechende Anspruch mittlerweile natürlich erloschen ist. Ferner sind moderne Banknoten vielerorts mit der Unterschrift eines Kassenwartes (cashier, treasurer) versehen. Ursprünglich wurde so die Hinterlegung eines Wertgegenstandes, etwa eine gewisse Menge an Edelmetall, am Bankschalter bestätigt.

2.2 Die Entstehung des zweistufigen Bankensystems

Mit der Etablierung von Banknoten als Zahlungsmittel entbrannte Anfangs des 19. Jahrhunderts eine Kontroverse darüber, inwiefern das neumodische Papiergeld durch Edelmetall wie Gold zu decken sei. Die entsprechende intellektuelle Auseinandersetzung wurde zuerst in Großbritannien geführt, das während dieser Epoche sowohl bei der Reform des Finanzsystems als auch ganz allgemein bei der Industrialisierung und im Handel eine Führungsrolle innehatte. Die Vertreter der sogenannten Currency School (u. a. David Ricardo) plädierten für einen vollständigen, oder zumindest einen hohen Deckungsgrad. Ihrer Auffassung nach waren Banknoten nämlich einfach eine neuartige Form des Geldes. Ohne eine feste Edelmetallbindung war infolgedessen zu befürchten, dass die Notenbanken das Papiergeld unkontrolliert vermehren würden, was zu einen inflationsbedingten Kaufkraftverlust und schließlich in einem monetären Chaos münden müsste.[2] Die Vertreter der sogenannten Banking School (u. a.

---
[2] Die Vertreter der Currency School postulierten also einen engen Zusammenhang zwischen der Geldmenge und der Inflation, welcher bei den Monetaristen des 20. Jahrhunderts wieder auftaucht und heute als einer der Leitsätze der Geldpolitik gilt (vgl. Kap. 6). In Anlehnung an den englischen Wort für Goldbarren

Thomas Tooke und John Fullarton) waren hingegen der Auffassung, dass Banknoten eher Ähnlichkeiten mit Krediten aufweisen, die von den Geschäftsbanken möglichst frei von Restriktionen angeboten werden sollten. Davon versprach man sich eine größere Flexibilität, um Investitionen zu finanzieren, sowie eine bessere Versorgung der Wirtschaft mit liquiden Zahlungsmitteln. Diese Kontroverse mag heutzutage anachronistisch wirken. Jedoch nimmt sie einige grundlegende Fragen zur Geldpolitik vorweg wie beispielsweise die Rolle der Zentralbank bei der Inflationskontrolle (Kap. 6.1) oder die Chancen und Gefahren, die auftreten, wenn Geschäftsbanken geldähnliche Finanzprodukte ausgeben dürfen (Kap. 3.4, 5.4).

Am Schluss obsiegte die Currency School. In Großbritannien schlug sich dies in der ersten und zweiten Peelschen Bankakte aus den Jahren 1823 und 1844 nieder, benannt nach dem damaligen Premierminister Robert Peel. Diese Gesetze führten dazu, dass die Bank of England einen hohen Golddeckungsgrad aufweisen musste, gewährten ihr aber im Gegenzug ein umfassendes Monopol auf Banknoten. Für die restlichen Banken bedeutete dies, dass sie sich anderen Geschäftsfeldern zuwenden mussten, etwa der Kreditvergabe, beispielsweise über die Ausgabe von Wechseln oder Schecks, oder die Vermögensverwaltung, beispielsweise mit dem Angebot privater Bankkonten. Damit war der Grundstein für das heutige, zweistufige Bankensystem gelegt, bei dem eine Zentralbank die Notenbankgeldmenge kontrolliert, auf deren Basis zahlreiche Geschäftsbanken neben dem Angebot

---

(bullion) nennt man die frühen Befürworter einer Geldpolitik, die auf die strikte Kontrolle der Geldmenge und damit der Inflation abzielt, auch Bullionisten. Deren Vertreter, die sich im Großen und Ganzen mit jenen der Currency School deckten, beriefen sich auf die Erfahrungen aus dem unkontrollierten Wachstum der Geldmenge nach der Französischen Revolution und der Aufhebung der Goldkonvertibilität durch die Bank of England während der Napoleonischen Kriege. Beide Ereignisse führten zu einem dramatischen Kaufkraftverlust des Papiergeldes. Siehe auch Kap. 3.2.

geldähnlicher Finanzprodukte (früher Schecks, Wechsel; heute Girokonten) in erster Linie für die Kreditvergabe zuständig sind.

Zentralisierung und Standardisierung (als Folge)

Vielerorts waren die zentralen Notenbanken nicht die einzigen Protagonisten des Papiergeldes. In England verfügten beispielsweise auch die Londoner Goldschmiede über Aufbewahrungsmöglichkeiten für Gold und waren damit schon früh in der Lage, sich am Geschäft mit Zetteln zu beteiligen. Gleichwohl gilt, dass das staatliche Monopol der Verbreitung von „Bank Noten" einen bahnbrechenden Impuls verlieh. Es führte nämlich zu einer enormen Zentralisierung und Standardisierung im Zahlungsverkehr. Die staatliche Rückendeckung förderte außerdem das Vertrauen, dass die Notenbank immer in der Lage sein wird, die hinterlegte Summe an Gold (oder Silber) auszubezahlen. Überdies begründete das staatlich gewährte Monopol eine Sonderstellung im Finanzsystem und verhalf der Notenbank damit zu einer gewissen Größe. Die Zentralisierung schlug sich auch darin nieder, dass kleinere Geschäftsbanken im Verlauf des 19. Jahrhunderts vermehrt dazu übergingen, ihre Münzreserven durch Banknoten zu ersetzen, was den Anfang eines Prozesses markierte, welcher der Notenbank schließlich eine führende Position im Banken- und Finanzsystems einbrachte. England nahm wiederum die Vorreiterrolle bei dieser Entwicklung ein. Insbesondere übernahm die Bank of England in der ersten Hälfte des 19. Jahrhunderts die Hauptverantwortung bei der Abwicklung des Zahlungsverkehrs sowie als Aufbewahrungsort für die nationalen Gold- und Silberreserven und begann auch als Bank für die Geschäftsbanken aufzutreten. Es ist deshalb nicht erstaunlich, dass der Begriff der Zentralbank erstmals im englischen Sprachraum während der

1870er Jahre auftaucht.[3] Dagegen blieb in Kontinentaleuropa die Bedeutung von Banknoten als Zahlungsmittel und von Schecks als Kreditinstrument bis weit ins 19. Jahrhundert gering.

Der Lender of Last Resort in Krisenzeiten

Die zentrale Position der Notenbank innerhalb des Finanzsystems trat in Krisenzeiten offen zu Tage. Aufgrund ihrer Größe und als zentraler Hort der Reservehaltung war die Zentralbank am ehesten in der Lage, kleinere Geschäftsbanken zu stützen, die von lokalen Finanzkrisen infolge von Kreditausfällen oder Missernten betroffen waren. Im Verlauf des 19. Jahrhunderts kristallisierte sich nach und nach die Notwendigkeit eines Lenders of Last Resort zur Stabilisierung eines zunehmend verflochtenen Finanzsystems heraus. Die bis heute gültigen Grundsätze dieser Stabilisierungspolitik, bei der die Zentralbank finanziell angeschlagenen Geschäftsbanken mit Liquiditätshilfen unter die Arme greift, gehen denn auch auf das 19. Jahrhundert zurück. So sollten nur Banken gerettet werden, die ein Liquiditätsproblem (das heißt, sie verfügen nicht über ausreichende flüssige Mittel, um ihren laufenden finanziellen Verpflichtungen nachzukommen) jedoch kein Solvenzproblem (das heißt, die Eigenmittel genügen im Prinzip, um die ausstehenden Verpflichtungen zu decken) aufweisen. Überdies sollten Liquiditätshilfen mit einem hohen Zins versehen sein (vgl. Kap. 5.5). Die Bank of England gilt wiederum als Pionierin in diesem Bereich, wobei sich die Entwicklung der Lender-of-Last-Resort-Politik nicht genau datieren lässt, sondern graduell erfolgte. Vorerst war die Reaktion auf Krisen im englischen Finanzsystem, wie zum Beispiel beim Platzen einer Investitionsblase in lateinamerikanischen Anleihen im

---

[3] Der Begriff „central bank" ist angeblich eine Schöpfung von Walter Bagehot (1826–1877), dem ersten Herausgeber der Zeitschrift The Economist (siehe The Economist, A Survey of the World Economy, Monetary metamorphosis, 23. Sept. 1999).

Jahr 1825, in der Eisenbahnindustrie im Jahr 1847 oder während der sogenannten Overend-and-Gurney-Krise im Jahr 1866 nämlich auf den Schutz der Goldreserven ausgelegt. Da Finanzkrisen wesensgemäß mit einem Vertrauensverlust einhergehen, reagierte die Bank of England bevorzugt mit der vorübergehenden Suspendierung der Einlösepflicht der Banknoten, um einen Ansturm der Banken und des Publikums auf die Goldreserven zu verhindern. Angeblich trug jedoch diese Maßnahme eher zur Verschärfung von Bankenkrisen bei. Diese Meinung setzte sich nach und nach durch und eine offenkundige Politikumkehr erfolgte während des drohenden Kollapses der Barings Bank, die sich aufgrund des Staatsbankrotts von Argentinien im Jahr 1890 mit untragbar hohen Kreditausfällen in Südamerika konfrontiert sah. Um die bedrohlichen Folgen eines Bankrotts abzuwenden, nahm die Bank of England ihre Verantwortung für die Finanzstabilität wahr, und trat an die Spitze eines Konsortiums von Banken und Investoren, das genügend Kapital aufbrachte, um die Verbindlichkeiten von Barings zu decken.[4] Für das englische Bankensystem hat sich die Sicherstellung der Finanzstabilität durch die Zentralbank lange bewährt. Ab Mitte des 19. Jahrhunderts bis ins Jahr 2007, also während rund 150 Jahren, gab es keine nennenswerten Bankzusammenbrüche mehr. Eine Lender-of-Last-Resort-Politik erfordert freilich, dass die Zentralbank, zumindest in Zeiten der Instabilität im Finanzsystem, bereit sein muss, ihre eigenen Geschäftsziele hinter die öffentlichen Interessen zurückzustellen.

---

[4] Es ist eine Ironie der Geschichte, dass etwas mehr als 100 Jahre später, im Jahr 1995, die Barings Bank erneut hohe Verluste aus Investitionen an ausländischen Finanzmärkten erlitt, unter denen sie schließlich dennoch zusammenbrach. Die Barings Bank fiel letztlich einem ihrer eigenen Finanzmarkthändler namens Nick Leeson zum Opfer, der aufgrund von riskanten und unerlaubten Spekulationen in Singapur einen Verlust von 1,4 Mrd. US-Dollar angehäuft hatte. Einige Teile der bankrotten Barings Bank wurden an andere Geschäftsbanken verkauft und weiterbetrieben.

Freibankensystem – parallele Entwicklungen
Die oben beschriebene Entwicklung hin zu einem zweistufigen Bankensystem fand natürlich nicht überall gleichzeitig statt. So gab es bis 1900 weltweit höchstens ein Dutzend Zentralbanken, die mit dem staatlichen Noten- und Währungsmonopol ausgestattet waren. Während des 19. Jahrhunderts herrschte vielerorts noch ein Freibankensystem vor. Selbst wenn die Ausgabe von Banknoten durch mehrere private Notenbanken einige Vorteile des freien Wettbewerbs[5] aufweisen mag, ergaben sich damit doch ernsthafte Probleme. Erstens besteht die Gefahr, dass sich die Qualität der Banknoten innerhalb eines Währungsraums unterscheidet, solange sich die Finanzrisiken zwischen den emittierenden Geschäftsbanken unterscheiden. Der Normalbürger dürfte indes kaum in der Lage sein, sich ein genaues Bild von diesen Qualitätsunterschieden zu machen, was letztlich das Vertrauen in eine Währung untergräbt. Zweitens erschwert die Ausgabe konkurrierender Banknoten, dass innerhalb eines Landes ein einheitliches Zahlungsmittel entsteht, und macht damit die Vorteile einer möglichst breit akzeptierten Form von Geld zunichte (vgl. Kap. 3.2). Natürlich könnten sich auch unter Wettbewerbsbedingungen bestimmte Banknoten als Standard durchsetzen. Dies würde selbstverständlich bedeuten, dass die emittierende Geschäftsbank auf dem Markt für Banknoten ein Monopol erreicht hätte und damit eine ähnliche Stellung wie eine vom Staat etablierte Zentralbank einnehmen würde. Im Prinzip ließen sich die gravierenden Probleme, die aufgrund von Qualitätsunterschieden und einer fehlenden Vereinheitlichung von Banknoten auftreten, mit Hilfe einer gesetzlichen Anbindung des Papiergeldes an ein Edelmetall wie Gold oder Silber beheben. Dies

---

[5] Ein bekannter Befürworter des Freibankensystems war Friedrich August von Hayek, der die Vorteile des Währungswettbewerbs in seinem im Jahr 1976 veröffentlichten Beitrag „Entnationalisierung des Geldes" dargelegt hat.

birgt jedoch die Gefahren einer zu starren Geldversorgung. Insofern der Zahlungsverkehr saisonalen Schwankungen unterworfen ist, drohen unter anderem Liquiditätsengpässe in Monaten mit großen Transaktionsvolumina, was das Finanz- und Bankensystem destabilisieren könnte. Aufschlussreich sind diesbezüglich die Erfahrungen der Vereinigten Staaten von Amerika, die relativ lange mit der Gründung einer Zentralbank zugewartet haben. Das Federal Reserve System wurde erst 1912 ins Leben gerufen, nachdem Versuche einer permanenten Etablierung einer Bank of the United States in der ersten Hälfte des 19. Jahrhunderts gescheitert waren. Eine bekannte Folge davon war ein chronischer Hang zur Instabilität mit wiederkehrenden Episoden von Bankenpaniken. Andere Länder, die relativ lange an einem Freibankensystem festgehalten haben, sind Schottland, Chile und die Schweiz. Trotz der offensichtlichen Vorteile, die eine Zentralbank für einen effizienten und stabilen Zahlungsverkehr bietet, überwiegt in gewissen Kreisen bis heute eine tief sitzende Skepsis gegenüber der damit verbundenen Konzentration von staatlicher Macht. Letztlich haben sich die Vorzüge einer einheitlichen und zentral ausgegebenen Währung eigentlich überall durchgesetzt. Gegenwärtig verfügt die überwiegende Mehrheit der Länder über eine Zentralbank,[6] die das Privileg zur Ausgabe der nationalen Währung innehat. Hingegen haben nur wenige Überbleibsel des Freibankensystems überlebt. Beispielsweise geben die Clydesdale Bank in Schottland und die Hong Kong and Shanghai Banking Corporation (HSBC) in Hong Kong nach wie vor eigene Banknoten aus. Dabei sind diese Geschäftsbanken allerdings nicht frei, sondern müssen sich an strikte Vorgaben ihrer Zentralbank halten.

---

[6] Zurzeit gibt es weltweit ungefähr 200 Zentralbanken (gemäß dem Verzeichnis der Bank für Internationalen Zahlungsausgleich, BIZ). Ferner betreiben die wenigen Länder, die keine Zentralbank haben, kein Freibankensystem, sondern sind entweder planwirtschaftlich organisiert oder haben sich in Währungsfragen an andere Länder angeschlossen.

2.3 Die Ära des klassischen Goldstandards

Bereits in der Antike wurden Währungen an den Wert von Edelmetallen angekoppelt. Im europäischen Kulturkreis war es bis zur Einführung von Banknoten üblich, größere Transaktionen mit Goldmünzen zu begleichen. Für kleinere Beträge des täglichen Bedarfs kamen hingegen je nach Region vorzugsweise Silber- oder Kupfermünzen zum Einsatz. Der sogenannte Bimetallismus, bei dem eine Währung, beziehungsweise der Wert von Münzen, sowohl auf Basis von Gold als auch von Silber definiert war, hatte denn auch relativ lange Bestand. Ein prominentes Beispiel hierfür aus dem 19. Jahrhundert war die Lateinische Münzunion zwischen Frankreich, Belgien, Italien, der Schweiz und Griechenland, bei der zwei Fünf-Franc-Münzen mit insgesamt 45 g Feinsilber einer Zehn-Franc-Münze mit 2,9 g Feingold entsprach. Das offizielle Preisverhältnis zwischen Silber und Gold betrug demnach 15,5 zu 1.[7] Auch in den Vereinigten Staaten von Amerika und im fernöstlichen Kulturkreis, der durch das chinesische Währungssystem aus Kupfer und Silber geprägt wurde, zirkulierten noch bis ins 20. Jahrhundert parallele Metallwährungen.

Mit dem Goldstandard ist indes jenes Währungssystem gemeint, das vor allem in der zweiten Hälfte des 19. Jahrhunderts

---

[7] Dieses Preisverhältnis resultiert, indem 45 g Silber durch 2,9 g Gold geteilt wird, da $45/1.9 \approx 15.5$. Beim Bimetallisums wird also das Tauschverhältnis zwischen Gold und Silber offiziell festgelegt, was dann problematisch werden kann, wenn erhebliche Diskrepanzen bei der Förderung (Angebot) und bei der nichtmonetären Nachfrage der involvierten Edelmetalle auftreten. Das im nichtmonetären Bereich relativ wertvollere der beiden Edelmetalle wird dann, gemäß dem Greshamschen Gesetz (benannt nach Thomas Gresham (1519–1579), der Ratgeber von Königin Elisabeth I von England war und als Gründer der Londoner Börse gilt), der monetären Verwendung entzogen. Sobald sich der relative Preis zwischen Gold und Silber vom offiziellen Preisverhältnis entfernt, besteht bei einer Doppelwährung immer die Gefahr, dass das „schlechte Geld" das „gute Geld" verdrängt.

und Anfangs des 20. Jahrhunderts die Denkweise im internationalen Geldwesen geprägt hat. Der internationale Siegeszug der Goldwährung basierte primär auf der globalen Dominanz des britischen Pfundes, das spätestens seit dem Ende der Napoleonischen Kriege das Gold zum Referenzwert erkoren hatte und dieses monetäre System mit der britischen Kolonial- und Industriemacht rund um die Welt verbreitete. Namentlich gelten die Jahre zwischen 1870 bis zum Ausbruch des Ersten Weltkriegs als Periode des klassischen Goldstandards, dessen Kernelement darin bestand, den offiziellen Wert einer Währung in Gewichtseinheiten von Gold, der sogenannten Parität, anzugeben. Beispielsweise galt für das britische Pfund eine Goldparität von 7,32 g währendem ein US-Dollar einen Gegenwert von 1,5046 g Feingold hatte. Die wichtigste Aufgabe der Zentralbank bestand darin, die Goldparität zu gewährleisten. Sie tat dies über die Goldeinlösepflicht, das heißt die Bereitschaft, jederzeit die ausgegebenen Banknoten gegen den offiziell gültigen Goldpreis zu tauschen (in Freibankensystemen übernahmen die notenemittierenden Geschäftsbanken diese Aufgabe). Solange diese Verpflichtung eingehalten wurde, galt eine Währung als konvertierbar. Ein Währungssystem, das sich an Goldgewichten orientiert, definiert implizit einen fixen Wechselkurs. So beträgt mit dem Goldgehalt aus dem obigen Beispiel der paritäre Wechselkurs 7,32 g pro Pfund/1,5046 g pro Dollar = 4,866 Dollar pro Pfund. Abweichungen vom Wechselkurs zur Goldparität gaben dazu Anlass, die Preisunterschiede für Gold in verschiedenen Ländern auszunützen, um so leicht erhältliche Gewinne zu erzielen. Ein Wechselkurs von sagen wir 5 würde zum Beispiel dazu anstiften, mit einem Pfund fünf Dollar zu erwerben, diese in den USA in 5 × 1,5046 g =7,523 g Gold einzutauschen, was wiederum in England einen Wert von 7,523/7,32 = 1,03 Pfund hätte. Durch eine solche Arbitrage ließe sich also 1 Pfund einfach um 3 % vermehren. Internationale Diskrepanzen zwischen den Goldwährungen

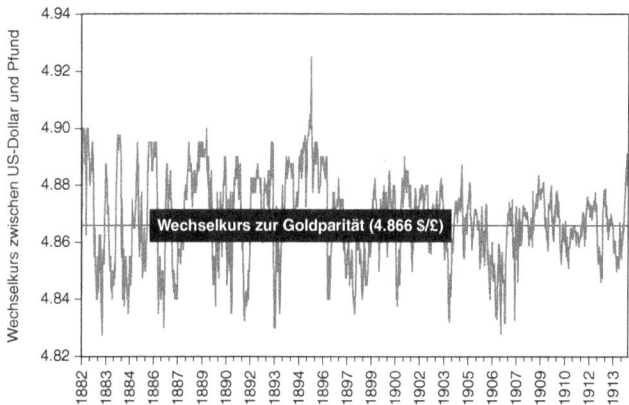

Abb. 2.2 Ein Wechselkurs während des Goldstandards. (Daten: Neal-Weidenmier Gold Standard Database (Market exchange rate: New York rate on London, demand, offer))

konnten allerdings nicht lange bestehen bleiben, da beispielsweise das soeben beschriebene Transaktionsmuster solange die Nachfrage nach Dollar erhöht, bis der Wechselkurs zur offiziellen Parität zurückkehrt.

Die bisherige Darstellung ist idealisiert, indem sie die Kosten und Gefahren vernachlässigt, die ein grenzüberschreitender Transport von Gold verursacht. In der Praxis bedeutete dies, dass sich ein Wechselkurs zu einem gewissen Grad von der Parität entfernen konnte, ohne dass Goldtransaktionen sofort einsetzten. Die Abweichungen betrugen jedoch höchstens einige Prozente und waren also im Vergleich zu den Schwankungen im heutigen System mit weitgehend flexiblen Wechselkursen geradezu beschaulich (siehe Kap. 2.6). Abbildung 2.2 zeigt dies exemplarisch anhand des wöchentlichen Dollar-Pfund-Wechselkurses für die Jahre zwischen 1882 und 1914.

Um dem Goldstandard anzugehören, musste ein Land über genügend Goldreserven verfügen. Ansonsten wäre das Versprechen, einen bestimmten Währungsbetrag in ein fixes Quantum an Gold einzutauschen, nicht einlösbar. Dazu ist nicht unbedingt eine Zentralbank vonnöten, da im Prinzip auch die notenemittierenden Geschäftsbanken per Gesetz zur Goldparität verpflichtet werden können. Die Anbindung der Währung an das Gold, oder ein anderes Edelmetall, verhindert dabei die Möglichkeit, dass das Papiergeld grenzenlos vermehrt wird und damit der Wert einer Währung zerfällt. In Anlehnung an die obige Diskussion zu den Nachteilen des Freibankensystems bietet eine Zentralbank jedoch einige Vorteile hinsichtlich der Gewährleistung der Geldversorgung, der zentralen Aufbewahrung der Goldreserven eines Landes und der Schaffung von qualitativ einheitlichen Banknoten. Es ist deshalb nicht erstaunlich, dass ein wesentliches Motiv für die Gründung von Zentralbanken um das Jahr 1900 in der Verbesserung der Verwaltung und Durchsetzung des Goldstandards lag. Es ist überdies auch kein Zufall, dass sich die Zentralbanken der Vereinigten Staaten von Amerika, von Australien, Südafrika, Neuseeland, oder Indien, die zu diesem Zweck gegründet wurden, als Reserve Banks bezeichnet haben.

Damit die Goldparität langfristig aufrecht erhalten bleibt, darf es nicht zu eklatanten Ungleichgewichten im Außenhandel kommen. Beispielsweise impliziert ein Exportüberschuss, dass die finanziellen Ansprüche eines Landes, welche aus den Ausfuhren von Waren entstehen, die Verpflichtungen aus den Einfuhren übersteigen. Zwar kann der daraus entstandene Kapitalexport vorübergehend über private Darlehen an das Ausland gedeckt werden – die Vergabe von kurzfristigen Handelskrediten mit Hilfe sogenannter Wechsel (engl. bills of exchange) war während des Goldstandards tatsächlich weit verbreitet. Ein permanenter Exportüberschuss ließ die Währungsreserven jedoch anschwellen, sobald beispielsweise große Mengen an Wechseln über monetäre

Transaktionen in die Obhut der Zentralbank gelangten. Während des 19. Jahrhunderts wiederspiegelte dies insbesondere die Situation in Großbritannien, das infolge der Industrialisierung zum Exportweltmeister und zum Zentrum der internationalen Kreditvergabe aufgestiegen war. In einem globalen Kontext muss es natürlich immer auch Länder mit einem Importüberschuss geben. Während der Ära des klassischen Goldstandards waren dies sowohl die Kolonialgebiete in Asien und Afrika als auch weite Teile von Südamerika, die im Begriff waren, mit ausländischem Kapital die heimische Wirtschaft aufzubauen. Sie können sich überlegen, wie sich der Importüberschuss auf den internationalen Kapitalverkehr und die Goldreserven dieser Länder auswirkte.

Diskontpolitik: Vorläuferin des modernen Leitzinses

Vor diesem Hintergrund ist es überraschend, dass das Volumen von internationalen Goldtransaktionen lediglich einen Bruchteil des grenzüberschreitenden Handels deckte.[8] Gerade während der Glanzzeit des klassischen Goldstandards erfolgte der Großteil der Auslandfinanzierung mit Hilfe von Investitions- und Handelskrediten, welche ein Volumen erreicht hatten, wie es die Welt erst wieder hundert Jahre später sehen sollte.[9] Diese erste Globalisierungswelle des internationalen Handels- und Kapitalverkehrs um das Jahr 1900 wirft die Frage auf, wie die Zentralbanken unter den Einschränkungen des Goldstandards in der Lage waren, die Goldparität über Jahrzehnte aufrecht zu erhalten. Ihr Gedankengang aus dem vorangegangenen Abschnitt sollte nämlich ergeben haben, dass ein Importüberschuss mit einem Abfluss, damals auch Drainage genannt, von Gold einhergeht. Bei einer lange andauernden Drainage der Goldreserven eines Landes müsste

---

[8] Siehe Eichengreen, Barry, 2000: *Vom Goldstandard zum Euro*, Wagenbach, S. 20 ff.

[9] Vgl. Obstfeld, Maurice, und Allen M. Taylor, 2004: *Global Capital Markets*, Cambridge University Press, Kap. 2.

dies infolge des drohenden Zusammenbruchs der Goldeinlösepflicht zu Spannungen im Währungssystem führen. Der Draineur genoss denn auch einen ähnlich schlechten Ruf wie heutzutage der Devisenspekulant. Es stellte sich jedoch heraus, dass Zentralbanken dank der Zinsanpassung ein potentes Mittel gegen die Drainage in der Hand hatten. Insbesondere konnte eine Zentralbank die Zinsen erhöhen, um die Investitionen in einem Land lukrativer zu machen, und damit untragbar hohen Kapitalabflüssen und dem daraus entstehenden Druck auf die Goldreserven entgegenzutreten. Konkret erfolgte die Zinssteuerung über die sogenannte Rediskontierung von Wechseln, das heißt die Hinterlegung von Wertschriften zur Handelsfinanzierung bei der Zentralbank gegen den Diskontsatz. Über den Diskontsatz ließ sich also der Zins für eines der wichtigsten Finanzmarktinstrumente der damaligen Zeit steuern. Abbildung 2.3 zeigt, wie die Bank of England ab der Mitte des 19. Jahrhunderts die Diskontpolitik aktiv einzusetzen begann und damit die Idee der Steuerung der Wirtschaft über einen Leitzins vorwegnahm, der sich als wichtigstes Instrument der modernen Geldpolitik entpuppen sollte (vgl. Kap. 4.2).

Der Goldstandard erhält bis zum heutigen Tag einen gewissen nostalgischen Zuspruch. Ungeachtet dessen, ob eine Währung in Form von Goldmünzen oder durch Gold gedeckte Banknoten zirkuliert, ist es unbestritten, dass die Anbindung an ein Edelmetall dem Geld eine gewisse Wertstabilität verschafft. Solange die Regeln des Goldstandards eingehalten wurden, war es in der Tat unmöglich, die Geldmenge maßlos auszudehnen, um beispielsweise Staatsdefizite über die Notenpresse zu decken. Damit ließen sich immerhin die gröbsten Auswüchse vermeiden, die aus der problembehafteten Verbindung zwischen geld- und fiskalpolitischen Begehrlichkeiten hervorgehen können (vgl. Kap. 7.2). Das Dogma, dass der Zentralbank vor allem die Aufgabe zukommt, den Wert der Währung stabil zu halten, wird nach wie vor mit dem Goldstandard in Verbindung gebracht.

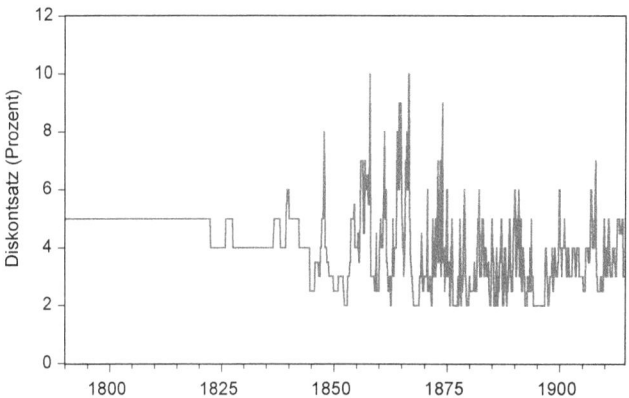

Abb. 2.3 Diskontsatz der Bank of England bis 1914 (Daten: Bank of England)

Schwächen des Goldstandards

Der Goldstandard war jedoch auch mit erheblichen Nachteilen behaftet, die im Verlauf des 20. Jahrhunderts zu dessen Zusammenbruch geführt haben. Neben dem bereits diskutierten Mangel an Flexibilität, um saisonale Schwankungen bei der Geldversorgung aufzufangen, ist die Erhaltung der Parität wesensgemäß das alles überragende Ziel eines auf das Gold ausgerichteten Währungssystems. Während der Ära des klassischen Goldstandards bedeutete dies, dass eine Zentralbank die Spielregeln (rules of the game) einhalten musste, gemäß denen bei einem drohenden Abfluss von Gold der Diskontsatz ungeachtet der konjunkturellen Lage oder der Inflationsgefahr in einem Land zu erhöhen war. Die Folgen einer Geldpolitik, die sich primär an der Goldparität orientiert, zeigt Abb. 2.4 exemplarisch anhand der langfristigen Preisentwicklung und Inflation in den Vereinigten Staaten von Amerika und in Großbritannien. Es ist offensichtlich, dass das Preisniveau während des klassischen Goldstandards relativ konstant blieb und langfristig sogar eine leicht sinkende Tendenz aufwies. So herrschte in den USA gegen Ende des 19. Jahrhunderts während fast 20 Jahren ein deflationärer Trend vor. Eine negative Teuerung ist jedoch heikel, weil sie Umverteilungseffekte von Gläubigern zu Schuldnern induziert oder Rezessionen verlängern kann, wenn Konsumenten in der Erwartung fallender Preise mit dem Erwerb von Gütern zuwarten.[10] Eine beharrliche Deflation trat während des Goldstandards immer dann auf, wenn die Goldförderung nicht mit dem Wirtschaftswachstum mithielt. Eine gestiegene Gütermenge bei einer weltweit mehr oder weniger konstanten Goldmenge konnte nämlich nur mit einem Sinken des allgemeinen Preisniveaus einhergehen. Im Allgemeinen bedeutete dies auch, dass die Menge an neu gefördertem Gold die Geldmenge und letztlich das Preisniveau bestimmte. Dies ist vielleicht die inhärente Schwäche jeder Währung, die an ein Edelmetall gekoppelt wird, nämlich dass die Geldmengenentwicklung auch von Funden und technologischen Fortschritten im Bergbau abhängt, die nichts mit einer optimalen Geldpolitik zu tun haben. So zogen größere Goldfunde, wie beispielsweise in Kalifornien um 1850 oder um 1900 in Kanada, Australien und Südafrika aufgrund der Funktionsweise des Goldstandards augenfällige Inflationsschübe nach sich.

Unberechenbare Schwankungen der Teuerung stellen ein weiteres Problem einer Geldpolitik dar, die nicht konsequent auf

---

[10] Es ist deshalb nicht überraschend, dass die oben erwähnte Phase andauernder Deflation zu politischen Spannungen und zur Hinterfragung des Goldstandards in den Vereinigten Staaten führte. So prägte die Frage nach den Vor- und Nachteilen des Goldstandards beispielsweise den Präsidentschaftswahlkampf des Jahres 1896. Die Deflation traf die Bauern des Westens und Südens, von denen sich viele verschuldet hatten, besonders hart, derweil für die Finanzindustrie im Nordosten der Preiszerfall mit Vorteilen verbunden war, da die Erträge aus dem Kreditgeschäft real an Wert gewannen. Infolgedessen galt William Jennings Bryan, der für eine Aufweichung des Goldstandards plädierte, als Kandidat des Westens und Südens und William McKinley, der für die Kontinuität in Währungsfragen eintrat (und die Wahl gewann), holte seine Stimmen zu großen Teilen im Osten. Siehe Mankiw, Gregory, 2011: *Makroökonomik*, Schäffer-Poeschel Verlag, 6. Auflage, Seiten 131–132.

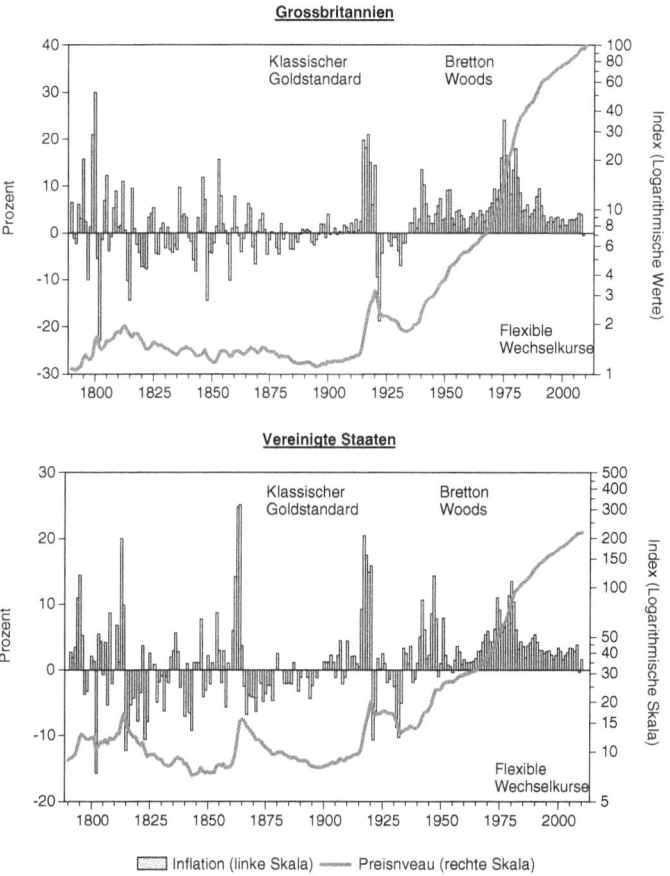

Abb. 2.4 200 Jahre Inflation und Preisniveau (1800 bis 2012). (Daten: MeasuringWorth)

die Preisstabilität ausgerichtet ist. Insbesondere ist im 19. Jahrhundert eine unregelmäßige Abfolge von Jahren mit Inflation und Deflation zu beobachten. Darunter litt insbesondere die

Arbeiterschicht, die mit ihrem oft bescheidenen und fixierten Lohneinkommen den Folgen von Preisschwankungen praktisch schutzlos ausgeliefert war. Vor allem gingen Jahre mit einer hohen Inflation für die Arbeiterschaft de facto mit einem Kaufkraftverlust in der Höhe der Teuerung einher, die in manchen Jahren mehr als 10 % betrug (vgl. Abb. 2.4).

Natürlich gelten die stabilitätsfördernden Elemente von Goldwährungen nur solange die Spielregeln eingehalten werden. Vor allem während Kriegen erklärten die meisten Länder ihre Währung als vorübergehend nicht konvertierbar, um damit die gestiegenen Militärausgaben über die Zentralbank zu decken. Die Inflation von bis zu 30 % um 1800 in Großbritannien im Zuge der Napoleonischen Kriege ist beispielsweise eine Folge der Einstellung der Goldkonvertibilität im Jahr 1797. Erst nach mehr als 20 Jahren kehrte Großbritannien mit der ersten Peelschen Bankakte zum Goldstandard zurück.

2.4 Erster Weltkrieg und Weltwirtschaftskrise

Die Zentralbanken jener Länder, die vom Ersten Weltkrieg betroffen waren, gingen früher oder später zu einer (offiziellen oder inoffiziellen) Suspendierung der Goldeinlösepflicht über, um dank der Emission zusätzlicher Banknoten zur Finanzierung der Rüstungs- und Militärausgaben beizutragen. Der resultierende Geldüberhang führte dazu, dass sich das Preisniveau zwischen 1914 und 1920 in den Vereinigten Staaten von Amerika und in Großbritannien ungefähr verdoppelte und in Deutschland sogar verzehnfachte (siehe Abb. 2.5). Wie bereits erwähnt, war eine kriegsbedingte Inflation kein Novum. Allerdings hinterließ der Erste Weltkrieg einen Schuldenberg – der zum Teil aus dem angehäuften Papiergeld bestand – von einem noch nie dagewesenen Ausmaß. Dies stellte alle involvierten Nationen, ob Gewinner oder Verlierer, vor elend bringende Entscheidungen, die entweder in eine Inflation oder eine deflationsbedingte Stagnation münden sollten.

Weg der Inflation

Eine Möglichkeit bestand darin, die Kriegsschuld über eine Inflation zu tilgen. Dies ist im Wesentlichen der Weg, den Deutschland beschritten hat, der aber auch in eine Hyperinflation mündete, welche die deutsche Haltung zu geldpolitischen Fragen bis in die Gegenwart prägt. Das Preisniveau stieg zwischen Januar 1919 und Dezember 1923 um den unvorstellbar hohen Faktor von fast 500 Mrd. Konkret bedeutete dies, dass sich während dieser Periode die Preise im Monatsrhythmus verdoppelten und mit der Akzentuierung der Hyperinflation im Jahr 1923 sogar täglich spürbar anstiegen. Für das gewöhnliche Leben hatte dies dramatische Auswirkungen, da nominale Einkommen rasant an Wert einbüßten und damit viel Zeit dafür vergeudet werden musste, um das verdiente Geld so rasch wie möglich für Güterkäufe auszugeben. Zudem zieht eine Hyperinflation eine enorme Umverteilung von Vermögen nach sich, da Personen mit fixen Einkommen und staatlichen Renten am meisten unter dem Kaufkraftverlust des Geldes zu leiden haben, derweil der Zugang zu Realwerten wie Immobilien, aber auch zu Devisen, einen gewissen Schutz gegen die Teuerung bot. Vermögenswerte, die auf Bankkonten lagen, lösten sich hingegen innerhalb kurzer Zeit in Luft auf. Der Kollaps des Geldwertes in Deutschland kam erst mit einer Währungsreform zum Stillstand. Das Vertrauen in die neue Währungseinheit, der sogenannten Rentenmark, wurde unter anderem über eine Anbindung an Sachkapital wie Immobilien und Boden geschaffen, deren Wert nicht durch die Hyperinflation erodiert worden war. Die zweite Hälfte der 1920er Jahre war in Deutschland, ähnlich wie anderswo, denn auch durch eine vergleichsweise hohe Stabilität im Finanzsystem und wirtschaftliche Prosperität geprägt, welche als die „Goldenen Zwanziger" in die Geschichte eingegangen sind.

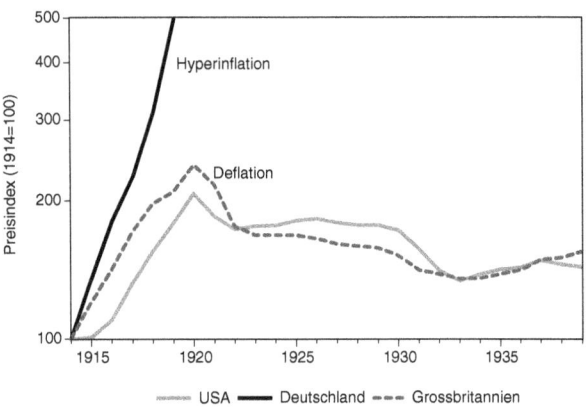

Abb. 2.5 Preisniveau 1913 bis 1939. Explosion oder Deflation. (Daten: MeasuringWorth (USA, Grossbritannien), Preisniveau für Ernährung. Statistisches Jahrbuch für das Deutsche Reich)

Weg der Deflation

Die zweite Möglichkeit, um mit dem Geldüberhang aus dem Ersten Weltkrieg fertig zu werden, bestand in einer Rückkehr zu den alten Goldparitäten. Dies erforderte natürlich eine substanzielle Reduktion der Geldmenge, um diese mit den vorhandenen Goldreserven wieder in Einklang zu bringen und so die Einlösepflicht der Zentralbank wiederherzustellen. Das Problem dabei war, dass die entsprechend restriktive Geldpolitik das Zinsniveau erhöhte, was sowohl die Investitionen und damit die Konjunktur schwächte, als auch eine Phase der Deflation mit sich brachte. Mit einem anhaltenden Sinken des allgemeinen Preisniveaus nach 1920 zeigt Abb. 2.5 exemplarisch, dass sowohl Großbritannien als auch die Vereinigten Staaten den Weg der Deflation wählten. Im Jahr 1925 kehrte Großbritannien zur Parität des klassischen Goldstandards zurück. Die wirtschaftspolitischen Kosten dieser Politik waren jedoch beträchtlich. Zum Beginn der 1920er Jahre stieg die Arbeitslosigkeit dramatisch an. Überdies hatte Großbritannien die Position der wichtigsten internationalen Gläubigernation an die Vereinigten Staaten abgetreten. Infolgedessen wirkte sich die Deflation auch kontraproduktiv auf den Abbau der Kriegsschulden aus, da eine negative Teuerung die reale Schuldenlast ansteigen lässt.

Ähnlich wie Deutschland erlebte der angelsächsische Raum in der zweiten Hälfte der 1920er Jahre eine wirtschaftliche Blütezeit. Angesichts des Leides, das die Rückkehr zum Goldstandard verursacht hatte, ist es vielleicht nicht überraschend, dass diese Jahre in Englisch nicht als „golden" gelten, sondern mit dem Adjektiv „rauschend" oder „tosend" („roaring twenties") belegt wurden. Leider stellte sich heraus, dass die Deflation und Überschuldung nicht definitiv besiegt waren. Vielmehr breitete sich diese unheilvolle Kombination nach dem New Yorker Börsenkrach von 1929 im Zuge einer Weltwirtschaftskrise von neuem – und dieses Mal über den gesamten Globus – aus. Die amerikanischen Preise, und mit ihnen die Einkommen, sanken nach 1929 um über 20 %, was es Haushalten und Firmen oft unmöglich machte, die in nominalen Geldeinheiten denominierten Schulden zurückzuzahlen. Die Folge davon war eine Welle von Bankrotten und Kreditausfällen, die sich destabilisierend auf das Finanzsystem auswirkten. Allein die Vereinigten Staaten verzeichneten zum Beginn der 1930er Jahre tausende von Bankenpleiten. Als international bedeutsamste Gläubigernation der damaligen Zeit gingen die USA in der Folge dazu über, Kredite aus Übersee zurückzuziehen. Somit übertrug sich die Bankenkrise nach und nach auf Europa und den Rest der Welt. Das Resultat war die sogenannte Große Depression mit einem bis dahin beispiellosen Einbruch der Wirtschaftsleistung und einer schwerwiegenden Massenarbeitslosigkeit.

Große Depression

Die Große Depression hatte zahlreiche wirtschaftliche und politische Ursachen. Aus monetärer Sicht ist jedoch der Teufelskreis zwischen Deflation und Schulden und die daraus resultierenden Wellen von Bankzusammenbrüchen für die schwere und die weltweite Verbreitung der Krise hervorzuheben. Dieser Erklärungsansatz geht unter dem Begriff des Schulden-Deflations-Mechanismus (engl. debt-deflation-mechanism) auf den amerikanischen Ökonomen Irving Fisher (1867–1947) zurück. Es mag überraschen, dass dieser Mechanismus und dessen Schöpfer weit weniger mit der Analyse der Großen Depression in Verbindung gebracht werden als beispielsweise die Rolle der Güternachfrage und deren Stützung über fiskalpolitische Maßnahmen, die am prominentesten von John Maynard Keynes (1883–1946) propagiert worden war. Der Grund dafür liegt sicherlich auch in einer ironischen Wendung der Geschichte, nämlich dass Irving Fisher kurz vor den dramatischen Kursstürzen an der New Yorker Börse prognostiziert hatte, dass die Aktienkurse ein „permanent hohes Plateau" erreicht hätten. Eklatante Fehlprognosen wirkten sich offenbar schon damals verheerend auf den Ruf eines Ökonomen aus.

Zentralbanken wären wahrscheinlich in der Lage gewesen, den Teufelskreis aus sinkenden Preisen, einem Anstieg der realen Schuldenlast und der fallenden Wirtschaftsleistung zu durchbrechen. Dazu wären freilich drastische Maßnahmen vonnöten gewesen, um die Diskontzinsen zu senken, die Geldmenge zu erhöhen sowie das Bankensystem im Rahmen einer umfassenden Politik des Lender of Last Resort zu stützen, mit dem Ziel, die Preise stabil zu halten und das Vertrauen in das Bankensystem zu stärken. Eine derart dramatische Lockerung der Geldpolitik war allerdings mit dem althergebrachten Goldstandard nicht zu haben. Konkret ging es um die Frage, ob die Währungen hinsichtlich des Goldes abzuwerten seien, was eine einfache – und wie sich herausstellen sollte, wirksame – Maßnahme darstellt, um per Dekret die Notenbankgeldmenge relativ zum bestehenden Goldbestand auszudehnen. Die führenden Zentralbanken der damaligen Zeit haben sich trotz der laufenden Verschlechterung der Wirtschaftslage lange gegen eine solche Abwertung gesträubt. Es waren denn auch die Kapitalflucht und der dadurch entstandene Druck auf die Währungsreserven, der im September 1931 die Bank of England faktisch zur Aufgabe der Goldeinlösepflicht und damit zu einer (inoffiziellen) Abwertung des Pfundes zwang. Zahlreiche Staaten des Empires aber auch in Skandinavien griffen innerhalb von Monaten zur selben Maßnahme. Der Dollar wurde im Jahr 1933 offiziell abgewertet. Hingegen vollzogen Länder wie Frankreich oder die Schweiz diesen Schritt erst einige Jahre später. Abbildung 2.6 zeigt eindrücklich, wie der chronische Rückgang der Wirtschaftsleistung (gemessen anhand der Industrieproduktion) erst gestoppt wurde, nachdem ein Land seine Währung abgewertet hatte.

Nachträglich mag es unverständlich sein, dass sich die Zentralbanken während der Großen Depression dermaßen lange an die Goldparität geklammert haben. Diese Haltung muss sicherlich vor dem Hintergrund gesehen werden, dass Metallwährungen während Jahrhunderten als der Standard schlechthin galten. Alternativen zur rigiden Gold- oder Silberdeckung waren sowohl in Europa, als auch anderswo, lange schlicht nicht vorstellbar. Infolgedessen sahen die Zentralbanken ihre Rolle primär darin, die Parität ihrer Währung zu gewährleisten, indem die Suspendierung der Einlösepflicht höchstens eine vorübergehende Notfalllösung darstellte. Eine Abwertung kam innerhalb dieser Denkhaltung einer faktischen Enteignung, und damit einem eigentlichen Rechtsbruch, gleich. Diese Ansicht ist nicht völlig abwegig. Die Aufgabe der Goldeinlösepflicht durch die Bank of England führte beispielsweise dazu, dass der Wechselkurs des britischen Pfundes innerhalb weniger Wochen um bis zu 30 % sank. Dies bedeutet jedoch nichts anderes, als dass ein ausländischer Investor, der Vermögen in britischen Pfund angelegt hatte, einen entsprechend hohen Verlust erlitt.

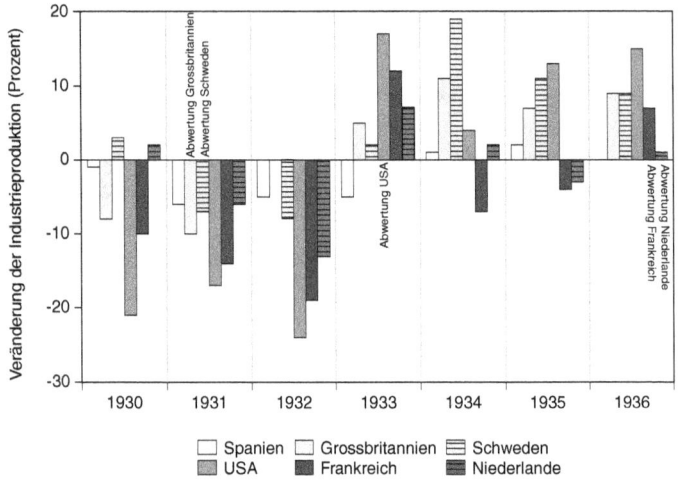

Abb. 2.6 Industrieproduktion von 1930 bis 1936. (Daten: Bernanke, Benjamin, und Harold James, 1990: The Gold Standard, Deflation, and Financial Crisis in the Great Depression: An International Comparison. in: Financial Markets and Financial Crises, Glenn Hubbard (Hrsg.), University of Chicago Press)

Es ist vielleicht nicht sofort klar, wie die Vorstellung von Währungsparitäten, die bezüglich des Wertes eines Edelmetalls nicht mehr sakrosankt sind, einen fundamentalen Rollenwandel der Zentralbank innerhalb des Wirtschaftssystems mit sich bringt. John Maynard Keynes war diesbezüglich weitsichtig, wie seine unmittelbare Reaktion auf die Pfundabwertung zum Ausdruck bringt: „Wir haben endlich freie Hand, das zu tun, was vernünftig ist … Ich glaube, dass die großen Ereignisse der letzten Woche ein neues Kapitel in der weltweiten Währungsgeschichte geöffnet haben."[11] In der Tat hat sich nach den Erfahrungen der

---

[11] Das englische Orginalzitat lautet: „We have at last free hand to do what is sensible … I believe that the great events of the last week will open a new chapter

Großen Depression weltweit die Idee durchgesetzt, dass die Geldpolitik als Stabilisierungsinstrument für die gesamtwirtschaftliche Entwicklung eines Landes eingesetzt werden soll. Damit kommt der Zentralbank eine viel größere Rolle als jene der Währungshüterin zu. Namentlich übernimmt sie mit der Verfolgung von Zielen der Preisniveau- oder Konjunkturstabilität auch Aufgaben, die im Gesamtinteresse eines Landes liegen. Unweigerlich rückt damit das Zentralbankenwesen stärker in das Zentrum des öffentlichen Interesses und weckt auch den Ruf nach einer umfassenden politischen Kontrolle.

2.5 Das System von Bretton Woods

Die Loslösung des internationalen Währungssystems vom Gold erfolgte stufenweise. Diesbezüglich stellt das Bretton-Woods-System – das nach jenem Ort in den USA benannt ist, an dem im Jahr 1944 die westliche Währungsordnung für die Zeit nach dem Zweiten Weltkrieg neu geregelt wurde – eine Übergangsphase dar, die sich am besten mit dem Begriff des Gold-Devisenstandards umschreiben lässt. Basierend auf der Goldparität von vor dem Zweiten Weltkrieg von 35 $ pro Unze sollte der US-Dollar demnach die Rolle einer international anerkannten Leitwährung einnehmen. (Der Goldwert eines Dollars war also infolge der Abwertung der 1930er Jahre von 1,5046 g um 1900 auf etwa 0,8 g gesunken). Die restlichen Zentralbanken des Bretton-Woods-Systems banden hingegen ihre Währungen an den Dollar an und mussten ihre Reserven größtenteils in amerikanischer Währung halten, um so die vereinbarten fixen Wechselkurse zu gewährleisten. Die Idee eines Gold-Devisenstandards war nicht völlig neu. Auch unter dem klassischen Goldstandard

---

in the world's monetary history". Zitiert aus: Liaquat, Ahamed, 2009: *Lords of Finance*, Penguin Books, S. 432

Abb. 2.7 Vom Goldstandard zum Bretton-Woods-System

hielten nur wenige Länder ihre Währungsreserven hauptsächlich in Gold, derweil sich andere Länder an eine globale Leitwährung ankoppelten und ihre nationale Geldmenge vor allem durch Devisen deckten (siehe Abb. 2.7).[12] Neu unter dem Bretton-Woods-System war indes, dass Gold im Großen und Ganzen aufgehört hatte, in Form von Münzen für alltägliche Zahlungen zu zirkulieren. Des Weiteren war offiziell nur eine Leitwährung vorgesehen, nämlich der Dollar, was den Vereinigten Staaten von Amerika eine Sonderstellung im internationalen Währungssystem einbrachte. An diesem, in den Worten von Charles de Gaulle „exorbitanten Privileg", sollte das Bretton-Woods-System letztlich auch zerbrechen.[13]

Sonderstellung des US-Dollars

Etwa zwei Jahrzehnte lang bewährte sich die Kombination von einer Bindung einer ausgewiesenen Leitwährung an das Gold, um

---

[12] Die Abbildung basiert auf Eichengreen, Barry, 2000: *Vom Goldstandard zum Euro*, Wagenbach, Berlin, S. 20.

[13] Das Bretton-Woods-System verbreitete sich freilich nur über die westliche Hemisphäre. In den Planwirtschaften des von der Sowjetunion dominierten Ostblocks herrschte ein Finanzsystem vor, bei dem der Staat über die Zuteilung von Geld, Krediten und Währungen entschied. Letztlich ging dies mit einer Verstaatlichung des gesamten Banken- und Finanzsystems einher.

das Vertrauen in das internationale Währungssystem zu gewährleisten, und der Flexibilität im Bretton-Woods-System, welches den Mitliedern explizit das Recht einräumte, den Fixkurs zum Dollar beim Auftreten von sogenannten fundamentalen Zahlungsbilanzkrisen anzupassen. Mit dem Internationalen Währungsfonds (IWF) wurde sogar eine internationale Organisation eigens für die Stabilisierung der Wechselkurse und zur Überwachung allfälliger Anpassungen geschaffen. Die 1950er und der Anfang der 1960er Jahre waren jedenfalls von einer monetären und wirtschaftlichen Stabilität geprägt, die nichts mit dem Chaos der Zeit nach dem Ersten Weltkrieg gemein hatte. Trotzdem wies das Bretton-Woods-System von Anfang an auch Konstruktionsfehler auf, die hauptsächlich aus der Sonderstellung des US-Dollars resultierten. So konnte bei einer gegebenen Menge an Gold eine weltweite Erhöhung der Geldnachfrage, die sich bei wachsenden Wirtschaften automatisch ergibt, nur über eine zusätzliche Emittierung von US-Dollars befriedigt werden. Langfristig sollte dies jedoch das Vertrauen in die Einlösepflicht der amerikanischen Zentralbank, des Federal Reserve Systems, von 35 $ pro Unze Gold untergraben. Dieser Widerspruch, der auch unter dem Begriff des Triffin Dilemmas[14] bekannt geworden ist, verschärfte sich mit der expansiven Geldpolitik, welche Amerika betrieb, um unter anderem den Vietnamkrieg und das großangelegte Reformprogramm der „Great Society" mitzufinanzieren. Dabei lag das Decken von Staatsausgaben über die Notenpresse durchaus im allgemeinen Zeitgeist, die Zentralbank stärker unter die Kontrolle der Regierung zu bringen und die Geldpolitik eher auf konjunkturelle Ziele und weniger auf den Erhalt der Preisstabilität auszurichten. Diese Entwicklung sollte schließlich in einen

---

[14] Benannt nach dem amerikanischen Ökonomen Robert Triffin (1911–1993), der dieses Problem schon 1960 in einem Beitrag *Gold and the Dollar Crisis* (Yale University Press) erkannt hatte.

markanten Teuerungsanstieg münden, der sich in den Vereinigten Staaten zum Ende der 1960er Jahre abzuzeichnen begann. Wie im Triffin Dilemma vorhergesagt, zog die expandierende Geldmenge eine vermehrte Instabilität auf den internationalen Finanzmärkten nach sich, weil Investoren je länger je mehr an der Goldeinlösepflicht des Federal Reserves zu zweifeln begannen und darauf mit spekulativen Verkäufen von Dollars reagierten. Erste Anzeichen einer Krise im Bretton-Woods-System tauchten denn auch in Form massiver Goldkäufe durch private Spekulanten auf, welche eine Abwertung des US-Dollars befürchteten. Da das Federal Reserve sich nicht mehr in der Lage sah, die Spekulation einzudämmen, wurde die Goldparität im Jahr 1968 auf Transaktionen zwischen Zentralbanken beschränkt, wohingegen der Privathandel neu zu Marktpreisen erfolgten, die sich aufgrund von Angebot und Nachfrage am Goldmarkt ergaben. Konkret bedeutete diese Teilung des Goldmarktes, dass der im Bretton-Woods-System eingebaute Schutzmechanismus gegen ein unkontrolliertes Wachstum der weltweiten Geldmenge ausgehebelt worden war.

Die Spielräume zur Inflationsbekämpfung waren für die restlichen Mitglieder des Bretton-Woods-Systems begrenzt. Eine lockere Geldpolitik in den Vereinigten Staaten verlangte von den übrigen Zentralbanken umfassende Interventionen an den Devisenmärkten, um so die vereinbarten Fixkurse aufrecht zu erhalten. Stützkäufe des Dollars gegen die einheimische Währung ließen jedoch unweigerlich die nationale Geldmenge anschwellen und zwangen die Mitglieder des Bretton-Woods-Systems faktisch dazu, die amerikanische Geldpolitik, und mit ihr auch das entsprechende Inflationsniveau, zu übernehmen. Die einzige systemkonforme Alternative bestand darin, die Parität der Leitwährung zum Gold oder zu den anderen Währungen anzuheben. Solche Schritte wurden auch unternommen, indem 1971 eine Abwertung des Dollars auf 38 $ pro Unze Gold erfolgte. Ferner erfuhr insbesondere die Deutsche Mark ab den 1960er Jahren eine schrittweise Aufwertung. Insgesamt war der Erfolg dieser Maßnahmen jedoch bescheiden und trug nichts zur Lösung des Kernproblems bei, dass der US-Dollar im Bretton-Woods-System in den Worten des damaligen amerikanischen Finanzministers John Connally „unsere Währung, aber euer Problem" ist.

All dies belegt, wie fixe Wechselkurse dann zur Belastung werden können, wenn sich die Vorstellungen über ein tragbares Ausmaß an Inflation zwischen Ländern unterscheiden (vgl. Kap. 8.6). Infolge der traumatischen Erfahrungen aus den 1920er Jahren war hauptsächlich Deutschland ab einem gewissen Punkt nicht mehr bereit, den zunehmenden Anstieg der Teuerung zur Erfüllung der externen Verpflichtungen des Bretton-Woods-Systems länger in Kauf zu nehmen und gab den Wechselkurs der Mark schließlich frei. Noch vor Deutschland hatte übrigens die Schweiz den Ausstieg aus den festen Wechselkursen bereits vollzogen.

2.6 Flexible Wechselkurse und autonome Geldpolitik

Die Erdölkrise und die daraus hervorgehende Kombination aus einer Stagnation und Inflation, die sogenannte Stagflation, haben dem Bretton-Woods-System letztlich den Todesstoß versetzt. Der endgültige Zusammenbruch im Jahr 1973 bedeutete nichts anderes, als dass die Wechselkurse zwischen den wichtigsten Weltwährungen, wie dem US-Dollar, der Deutschen Mark, dem Japanischen Yen oder dem Britischen Pfund, nicht mehr von Zentralbanken festgelegt wurden, sondern frei auf das Angebot und die Nachfrage an den Devisenmärkten reagieren. Dies war ein absolutes Novum. Zwar gab es bis dahin durchaus kurze Phasen, während denen sich der Wert gewisser Währungen nicht an einem Edelmetall oder einer ausländischen Devise orientierte. Solche Episoden galten jedoch als vorübergehende Anomalien, die meistens infolge schwerer Wirtschaftseinbrüche oder während und nach Kriegen auftraten. Sobald ein Krisenereignis überwunden war, strebten Länder danach, so rasch wie möglich zu einer festen Parität zurückzukehren. Obschon flexible Wechselkurse heute eine Selbstverständlichkeit sind, ist also festzuhalten, dass dieses Währungsregime nach wie vor eine relativ kurze Ära der Wirtschaftsgeschichte darstellt.

Vielleicht ist auf den ersten Blick nicht ersichtlich, welch fundamentale Veränderungen ein internationales Währungssystem verursacht hat, dass im Großen und Ganzen ohne Wechselkursparitäten auskommt. Wie der obere Teil von Ab. 2.8 veranschaulicht, verliehen die flexiblen Wechselkurse dem Wachstum des Devisenmarktes einen enormen Schub. Unter dem Einfluss der Deregulierungen im Finanzwesen, aber auch infolge von Fortschritten in der Computer- und Informationstechnologie, hat sich dieses Wachstum bislang fortgesetzt. Mit einem mehrstelligen Milliardenumsatz pro Tag gilt der Handel mit Fremdwährungen jedenfalls als einer der größten Märkte im Finanzsystem. Der Wechselkurs ist gegenwärtig eine Größe, die unmittelbar auf jegliche Information reagiert, die als kursrelevant gilt. Die resultierenden Kursschwankungen, welche der untere Teil der Abbildung beispielhaft anhand des Wechselkurses zwischen dem US-Dollar und dem britischen Pfund illustriert, sind natürlich ein Risikofaktor für Unternehmen, die ihre Güter ins Ausland exportieren oder ausländische Investitionen tätigen.

Jeder Nachteil, wie die Unsicherheit über die Devisenkurse, hat auch einen Vorteil. Bei flexiblen Wechselkursen liegt dieser in der Befreiung der Zentralbank von außenwirtschaftlichen Restriktionen. Die Geldpolitik kann somit konsequenter auf binnenwirtschaftliche Ziele ausgerichtet werden. Für Länder wie Deutschland und die Schweiz, und etwas später auch weitere Teile der westlichen Welt, bedeutete dies vorerst einmal die Bekämpfung der Inflation, die in den 1970er Jahren eine gewisse Eigendynamik angenommen hatte (siehe Abb. 2.9). Ein Grund dafür war, dass sich hohe Inflationserwartungen auf die Forderung

2 Kleine Geschichte der Zentralbanken **45**

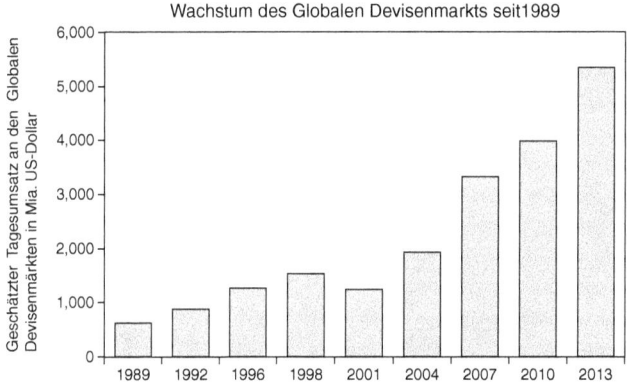

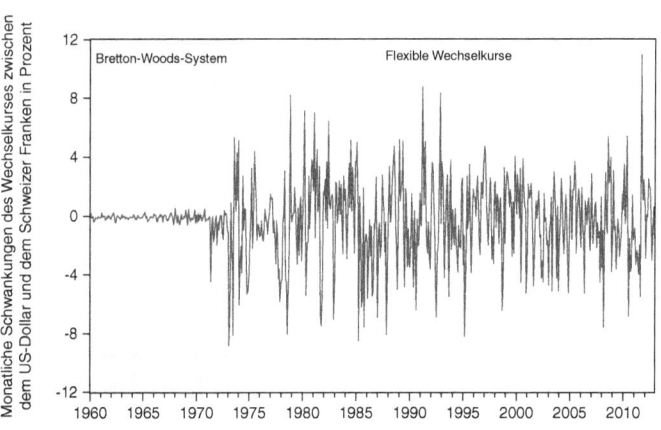

Abb. 2.8 Globalisierung am Devisenmarkt und Schwankungen der Wechselkurse. (Daten: BIS Triennial Central Bank Survey und Statistisches Monatsheft Schweizerische Nationalbank)

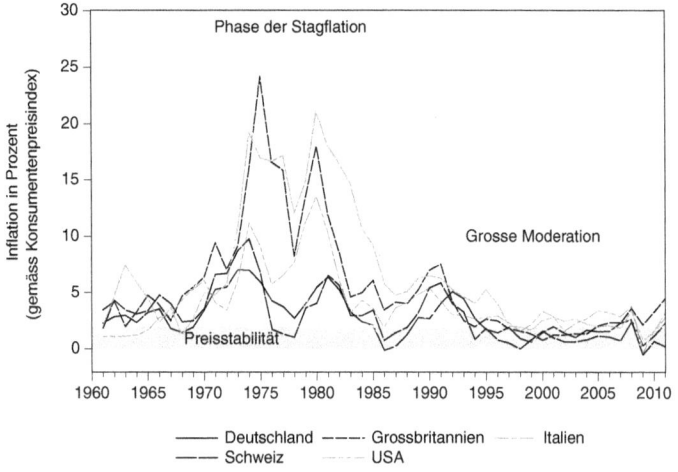

Abb. 2.9 Von der Stagflation zur Großen Moderation. (Daten: Statistisches Monatsheft, Schweizerische Nationalbank)

nach Nominallohnerhöhungen übertragen hatten, die ihrerseits die Produktionskosten und damit die Preise in die Höhe trieben. Diese Lohn-Preis-Spirale war nur über eine restriktive Geldpolitik zu stoppen (vgl. Kap. 7.3). Die Zentralbanken waren letztlich erfolgreich darin, die Inflation auf ein Maß zu reduzieren, das mit Preisstabilität kompatibel ist. Nach der üblen Kombination aus hoher Arbeitslosigkeit und Inflation in den 1970er Jahren gelten die zwei Jahrzehnte danach als die Zeit der Großen Moderation, während der sowohl die Preis- als auch die Konjunkturentwicklung im Allgemeinen stabil verlief. Dies belegt, dass wirtschaftliche Blütezeiten nicht unbedingt eines Währungssystems mit fixen Paritäten bedürfen.

Der Erfolg der Großen Moderation hängt auch mit dem Reifen der Erkenntnis zusammen, dass die Geldpolitik kein Allheilmittel zur Verwirklichung eines Sammelsuriums konkurrierender

Ziele sein kann. Die Erfahrungen der 1960er und 1970er Jahre legen sicherlich nahe, dass die Bekämpfung der Arbeitslosigkeit über eine fortgesetzte Expansion der Geldmenge relativ rasch an Wirksamkeit einbüßt und langfristig das Vertrauen in die Wertstabilität einer Währung untergräbt. Wie der Prozess der Lohn-Preis-Spirale exemplarisch zeigt, kann sich eine Inflation tief in den Erwartungen von Marktteilnehmern festsetzen und somit zu einem sich selbst erhaltenden Phänomen mutieren. Diese Problematik hängt nicht zuletzt mit dem Wesen des politischen Alltagsgeschäfts zusammen, das wohl oder übel auf kurzfristige Erfolge ausgerichtet ist und langfristigen Konsequenzen oft zu wenig Gewicht einräumt. Die wirksamste institutionelle Reform lag daher in der Verstärkung der Unabhängigkeit der Zentralbanken – allem voran gemeint ist die Autonomie von finanzpolitischen Begehrlichkeiten oder der Stimulierung der Wirtschaft aus wahltaktischen Gründen – und die konsequente Ausrichtung der Geldpolitik auf die Gewährleistung von Preisstabilität (vgl. Kap. 7). Im Gegensatz zu den früheren Metallwährungen, deren Wertstabilität auf der Parität zu einem Edelmetall wie Gold beruhte, geht es bei dieser Politik darum, die Inflation in einem vordefinierten Bereich zu halten. Bei einer Geldpolitik des sogenannten Inflation Targeting wird insbesondere ein Zielband für die Preisentwicklung festgelegt, das typischerweise eine Inflation von wenigen Prozenten anstrebt.[15] Es ist an dieser Stelle vielleicht aufschlussreich, nochmals einen Blick zurück auf die langfristige

---

[15] Der Grund, warum nicht eine Inflation von 0 angestrebt wird, liegt unter anderem darin, dass die gängigen Preisindices dazu tendieren, die Teuerung leicht zu überschätzen. So misst ein Konsumentenpreisindex die Teuerung anhand eines fixen Warenkorbes und berücksichtig damit nur unvollkommen, dass Güter sich qualitativ verbessern können (was eine Preissteigerung sachlich rechtfertigen würde), oder dass Konsumenten teurere Güter teilweise durch günstigere ersetzen können. Die Überschätzung der Teuerung liegt angeblich in der Größenordnung von einem Prozentpunkt (Shapiro, Matthew, and David Wilcox, 1996: Mismeasurement in the Consumer Price Index: An Evaluation, NBER Macroeconomics Annual).

Preisentwicklung von Abb. 2.4 zu werfen. Diese veranschaulicht nämlich, dass eine autonome Geldpolitik, die auf Preisstabilität ausgerichtet ist, sich nicht per se mit der Währungsstabilität einer Metallwährung deckt. Zwar gelang es dem Goldstandard das Preisniveau einigermaßen stabil zu halten, nicht jedoch die Preisschwankungen unter Kontrolle zu bringen. Hingegen schlägt sich ein erfolgreiches Inflation Targeting in einer tiefen *und* stabilen Teuerung nieder.

2.7 Die Europäische Währungsintegration

Nicht alle Länder sind in den vergangenen Jahrzehnten auf ein System mit flexiblen Wechselkursen und einer autonomen Geldpolitik umgestiegen. Bei kleinen Ländern, deren Exporte, und mit ihnen die einheimische Wirtschaftsentwicklung, von der Nachfrage aus dem Ausland oder nach einem bestimmten Rohstoff abhängen, ist es nach wie vor verbreitet, die Geldpolitik einem fixen Wechselkurs unterzuordnen. Ein anderer Sonderfall war die regionale Währungsintegration, die vornehmlich in Europa zu einer zunehmend engeren Koordination der Geld- und Währungspolitik führte und letztlich sogar in der Gründung einer Währungsunion gipfelte. Die entsprechende Entwicklung erfolgte schrittweise.

Ein erster Integrationsschritt bildete die sogenannte Europäische Währungsschlange, die kurz nach dem Zusammenbruch des Bretton-Woods-Systems ins Leben gerufen wurde, um die Wechselkursschwankungen zwischen den Mitgliedstaaten (Belgien, Deutschland, Frankreich, Italien, Luxemburg, Niederlande) der damaligen Europäischen Wirtschaftsgemeinschaft zu begrenzen. Namentlich wurde eine Zielzone (vgl. Kap. 8.3), der sogenannte Tunnel, vereinbart, innerhalb dessen die Mitgliedswährungen um maximal $\pm 2,25\%$ von den festgelegten Leitkursen abweichen (oder eben „schlängeln") durften.

Das Jahr 1979 brachte mit dem Europäischen Währungssystem (EWS) einen zweiten Integrationsschritt hervor. Die Währungsschlange wurde abgelöst, deren Zielband von $\pm 2,25\%$ jedoch beibehalten. Neu war indes eine europäische Währungseinheit, der sogenannte ECU (oder European Currency Unit), der allerdings nur als Verrechnungseinheit zwischen den europäischen Zentralbanken diente. Ähnlich wie beim Bretton-Woods-System bestand überdies ein Mechanismus zur Anpassung der vereinbarten Leitkurse (sogenannte realignments), der in den 1980er Jahren vor allem von Italien rege benutzt wurde. Alles in allem galt das EWS lange als Erfolgsgeschichte, was sich darin zeigte, dass weitere Länder wie Spanien oder Großbritannien beitraten oder ihre Währung daran ankoppelten, etwa Finnland, Norwegen und Schweden. Jedoch traten gravierende Probleme nach der Wiedervereinigung Deutschlands im Jahr 1990 auf. Infolge des hohen Investitionsbedarfs in den Neuen Bundesländern stiegen die deutschen Zinsen und mit ihnen der Kapitalzufluss. Das EWS hielt diesem Schock nicht stand, was sich unter anderem in der dramatischen Ausweitung des Zielbandes für die italienische Lira sowie im endgültigen Austritt des britischen Pfunds entlud.

Einführung des Euro

Dessen ungeachtet vollzog Europa während der 1990er Jahre den dritten, und bei weitem ambitioniertesten, Integrationsschritt: Die Schaffung einer Währungsunion mit dem Euro (der den ECU ablöste) als Gemeinschaftswährung sowie der Gründung einer gemeinsamen Europäischen Zentralbank (EZB). Die Währungsunion wurde im Jahr 1999 eingeweiht und mit der Einführung gemeinsamer Euromünzen und -banknoten im Jahr 2002 auch für den einfachen Bürger sicht- und greifbar. Bis zum Ausbruch der globalen Finanzkrise konnte der Euro auf ein erfolgreiches Jahrzehnt mit tiefer Inflation, robustem Wachstum sowie dem Beitritt neuer Mitglieder zurückblicken. Die Stabilität des Euros sollte mit Hilfe sogenannter Konvergenzkriterien sichergestellt werden, die von den Mitgliedstaaten namentlich eine gewisse Disziplin bei der Finanzpolitik verlangten, indem das Staatsdefizit nicht mehr als 3% und die Staatsschuld nicht mehr als 60% des Bruttoinlandsprodukts betragen durfte.[16] Allerdings traten die unzulänglichen Möglichkeiten zur Durchsetzung dieser Kriterien im Verlauf der Bankenkrise im Jahr 2008 und der darauf folgenden Wirtschaftskrise offen zu Tage. Vor allem zeigte sich ein lange verkanntes Überschuldungsproblem in den südeuropäischen Ländern Griechenland, Portugal, Spanien, die zudem unter einer hohen strukturellen Arbeitslosigkeit litten, aber auch in Irland, welches ein kostspieliges Programm zur Bankenrettung durchgeführt hatte. Angesichts dieser Entwicklung stellen sich zurzeit einige Grundsatzfragen. Allen voran bleibt zu klären, inwiefern die Währungsunion, der Europa eine gemeinsame Geldpolitik verdankt, einer weitergehenden Koordination der Finanzpolitik bedarf und wie hoch allfällige Transfers von öffentlichen Mitteln zwischen den Mitgliedländern ausfallen müssen, damit die wirtschaftliche und politische Stabilität des Euros gewahrt bleibt.

2.8 Schlussfolgerungen für das moderne Zentralbankenwesen

Seit ihren Anfängen im 17. Jahrhundert haben Zentralbanken eine enorme Entwicklung durchlaufen und erst im Verlaufe

---

[16] Die weiteren Kriterien betreffen die Konvergenz der Inflationsraten und der Geldmarktzinsen im europäischen Währungsraum.

dessen allmählich Aufgaben übernommen, die heute fast selbstverständlich zur Geldpolitik gehören. Ausgangspunkt war das Bedürfnis, Staatsausgaben über die Veräußerung des Ausgabemonopols für Banknoten zu decken. Die ersten Erfahrungen mit der Stützung des Finanzsystems in Krisenzeiten, der Organisation des Zahlungsverkehrs zwischen Geschäftsbanken und als Aufbewahrungsort für die Währungsreserven eines Landes gehen auf das 19. Jahrhundert zurück. Die Idee, dass die Geldpolitik gesamtwirtschaftliche Ziele, wie die Preis- und Konjunkturstabilität, verfolgen kann, taucht sogar erst im 20. Jahrhundert auf. Was die internationale Dimension angeht, lassen sich historisch eine ganze Reihe von Währungssystemen unterscheiden. Bis in die zweite Hälfte des 20. Jahrhunderts waren diese über Jahrhunderte hinweg durch eine – allerdings sporadisch unterbrochene – Bindung an ein Edelmetall, meist Gold oder Silber, charakterisiert. Erst in den 1970er Jahren ist diese Bindung vollständig weggefallen.

Es gibt keinen Grund zu glauben, dass das Zentralbankenwesen von nun an nicht mehr durch historische Ereignisse geprägt würde. Infolge der globalen Finanz- und Schuldenkrise nach dem Kollaps der Investmentbank Lehman Brothers im Jahr 2008 hat die Finanzstabilität im Zentralbankenwesen enorm an Aufmerksamkeit gewonnen. Unter anderem stellt sich zurzeit die kontrovers diskutierte Frage, ob infolge der Erfahrungen der vergangenen Jahre das geldpolitische Mandat anzupassen ist. Indes sind die mit der Deregulierung und Globalisierung des Finanzsystems verbundenen Gefahren von länderübergreifenden Finanz- und Bankenkrisen historisch kein beispielloses Phänomen. Weltwirtschaftskrisen und ein global vernetztes Finanzsystem hat es bekanntlich schon früher gegeben und die Verantwortung, das Finanzsystem zu stabilisieren sowie allenfalls Geschäftsbanken zu stützen, gilt sogar als eine der älteren Aufgaben von Zentralbanken.

Ein unreflektierter Vergleich der Zentralbankpolitik über verschiedene Epochen hinweg kann jedenfalls leicht zu Missverständnissen führen. Die Ausführungen ab Kap. 4 sind darum ausdrücklich auf das monetäre Umfeld von Heute zugeschnitten; dass die Geldpolitik zur Steuerung der Gesamtwirtschaft dienen kann, wird demzufolge als Prämisse vorausgesetzt. In Kap. 3 sind vorerst noch einige Grundfragen zum Begriff des Geldes zu klären. Falls genügend Vorkenntnisse darüber vorhanden sind, kann dieses Kapitel natürlich übersprungen werden.

Weiterführende Literatur

Aspekte zur Entwicklung des Zentralbankenwesens werden in der Finanzgeschichte angesprochen. Eine umfassende Abhandlung dazu ist: Kindleberger, Charles, 2006, *A Financial History of Western Europe*, Routledge.

Die spannende Geschichte der Bretton-Woods-Konferenz wird erzählt in: Steil, Benn, 2013: *The Battle of Bretton Woods: John Maynard Keynes, Harry Dexter White, and the Making of a New World Order*, Princeton University Press.

Eine hervorragende Abhandlung zu den historischen Währungssystemen und namentlich zum Goldstandard ist enthalten in: Eichengreen, Barry, 2000: *Vom Goldstandard zum Euro*, Wagenbach.

Eine klassische Diskussion der Großen Depression aus amerikanischer Sicht ist zu finden in: Friedman, Milton, und Anna J. Schwartz, 1963: *A Monetary History of the United States 1868–1960*, Princeton University Press.

Eine kurzen Überblick über die Geschichte der Zentralbank aus amerikanischer Perspektive gibt: Bordo, Michael D., 2007, A Brief History of Central Banks, Federal Reserve Bank of Cleveland.

Eine lesenswerte Darstellung der Periode um die Weltwirtschaftskrise aus der Sicht der wichtigsten Zentralbanken ist: Liaquat, Ahmed, 2009: *Lords of Finance*, Penguin Books.

Einen Überblick über die Geldpolitik in Deutschland seit der Zeit der Reichsbank liefert: Jarchow, Hans-Joachim, 2003: *Theorie und Politik des Geldes*, Vandenhoeck & Ruprecht, Göttingen, (Teil VIII).

Für eine Übersicht über die amerikanische Währungsgeschichte siehe: Meltzer, Allan, 1989: *A History of the Federal Reserve*, University of Chicago Press.

Zur schweizerischen Währungsgeschichte siehe: Baltensperger, Ernst, 2012, *Der Schweizer Franken – eine Erfolgsgeschichte*, NZZ Libro.

3
Geld als Schmiermittel der Wirtschaft

Aus der Kenntnis über Geld kommt Freiheit.
Römisches Sprichwort

3.1 Was ist Geld?

Geld gilt gemeinhin als „Schmiermittel für die Wirtschaft". Diese Metapher mag anschaulich sein; was jedoch ist „Geld"? Es ist erstaunlich, wie schwierig es ist, diese Frage genau zu beantworten. Charles Dickens (1812–1870) hat diesen Umstand in seiner Novelle „Dombey und Sohn" auf vorzügliche Art und Weise beschrieben:

> „Papa, was ist Geld?" [...] Mr. Dombey sah sich in Verlegenheit. Er hätte ihm gerne eine Erklärung über die verschiedenen Bezeichnungen dieses Zirkulationsmittels, über Kurantmünzen, nicht kursfähige Münzen, Papier, Barren, Wechsel, den Marktwert der edlen Metalle usw. gegeben; als er aber auf den kleinen Stuhl niederblickte und dabei bemerkte, wie fern noch ein gehöriges Verständnis des Gegenstandes lag, antwortete er: „Gold, Silber und Kupfer, Guineen, Shillinge, Halbpence. Du weißt, was das ist?" [...] „Das meine ich nicht, Papa. Ich möchte wissen, was Geld überhaupt ist."[1]

---

[1] Aus *Dombey und Sohn*, 2012, Jürgen Beck, Kap. 8.

Der Dialog zwischen Dombey und Sohn deutet auch an, dass es zu banal wäre, das Wesen des Geldes auf seine physische Form zu reduzieren. Zwar gehören Metallwährungen, die zu Lebzeiten von Dickens das Geld mit dem Wert von Gold und Silber verbanden, bekanntlich der Vergangenheit an. Da Banknoten an sich nichts anderes als ein kunstvoll bedrucktes Stück Papier sind und eine Bezahlung mit der Bankkarte scheinbar nur einen Austausch von elektronischen Informationen zwischen Konten auslöst, nimmt modernes Geld noch schleierhaftere Formen an. Die Beschaffenheit des Geldes, die sich infolge technologischer Fortschritte immer wieder gewandelt hat, sagt eben nichts über dessen wirtschaftliche Funktionen aus.

Geld als Zahlungsmittel

Eine allgemein gültige Definition, welche dem Geld gerecht wird, muss daher an den Funktionen ansetzen, die es in der Wirtschaft und für die Wirtschaft übernimmt. Demnach umfasst das Geld sämtliche Vermögenswerte, die allgemein zur Durchführung wirtschaftlicher Transaktionen akzeptiert werden und damit einen unmittelbar einlösbaren Anspruch auf die Produkte einer Wirtschaft begründen.[2] Das Paradebeispiel hierfür ist natürlich das Bargeld, das in den meisten Ländern nur von der Zentralbank ausgegeben werden darf und als offiziell festgelegtes Zahlungsmittel gilt. Das heißt, dass Banknoten von Gesetzes wegen akzeptiert werden müssen, um finanzielle Forderungen zu begleichen. Beim US-Dollar wird dies unmittelbar dank der Aufschrift ersichtlich: „This note is legal tender for all debts, public and private" (diese Banknote ist ein gesetzliches Zahlungsmittel für sämtliche öffentlichen und privaten Schulden; siehe Abb. 2.1). Natürlich können auch andere Vermögenswerte, wie Girokonten, auf die mit

---

[2] Beachte, dass die wirtschaftswissenschaftliche Definition des Geldes wesentlich enger ist als im allgemeinen Sprachgebrauch, bei dem Geld gemeinhin auch als Synonym für Einkommen („jemand verdient viel Geld") oder Vermögen („jemand hat viel Geld") verwendet wird.

Bankkarten zugegriffen werden kann, oder Schecks für Zahlungszwecke eingesetzt werden. Ausschlaggebend ist demnach nicht die Beschaffenheit von Geld, sondern dass es als allgemein akzeptiertes Zahlungsmittel, oder Transaktionsmedium, dient. Der Grad, mit dem ein Vermögenswert diese Funktion erfüllt, wird auch als dessen Liquidität bezeichnet. Bargeld ist allemal hoch liquide (flüssig), da es unmittelbar und problemlos für Zahlungen zur Verfügung steht. Ein Beispiel für einen weitgehend illiquiden Vermögenswert sind Immobilien. Es leuchtet unmittelbar ein, dass sich Gebäude wegen der hohen Stückwerte, der fehlenden Transportierbarkeit – oder eben Immobilität -, der Such- und Transaktionskosten bei einem allfälligen Verkauf und aufgrund von Qualitätsunterschieden nie und nimmer als alltägliches Zahlungsmittel eignen werden.

Geld als Recheneinheit

Neben der Zahlungsmittelfunktion übernimmt das Geld in der Regel auch die Aufgabe einer allgemein verwendeten Recheneinheit für wirtschaftliche Transaktionen. Damit ist gemeint, dass die Preise fast immer in der Währung eines Landes ausgedrückt werden, und das Geld also als einheitlicher Wertmaßstab dient. Dabei gilt es zu beachten, dass eine derartige Preisangabe letztendlich den relativen und nicht etwa den absoluten Wert von Gütern und Dienstleistungen widerspiegelt. Dies lässt sich am Einfachsten anhand einer fiktiven Wirtschaft illustrieren, die lediglich vier Güter – sagen wir Brot, Butter, Konfitüre und Kaffee – umfasst. Der linke Teil von Abb. 3.1 veranschaulicht dies, wobei die fett gedruckten Zahlen die Annahme zeigen, dass sich der Preis für Brot auf 1, für Butter auf 2, für Konfitüre auf 3 und für Kaffee auf 4 Geldeinheiten belaufe. Implizit gelten also die relativen Tauschverhältnisse von 2 zu 1 zwischen Brot und Butter (das heißt zwei Laibe Brot kaufen ein Stück Butter), 3 zu 1 zwischen Brot und Konfitüre, 1 zu 4 zwischen Kaffee und Brot, 2 zu 3 zwischen Konfitüre und Butter, 2 zu 4 (beziehungsweise 1 zu 2) zwischen Kaffee und Butter sowie 3 zu 4 zwischen Kaffee

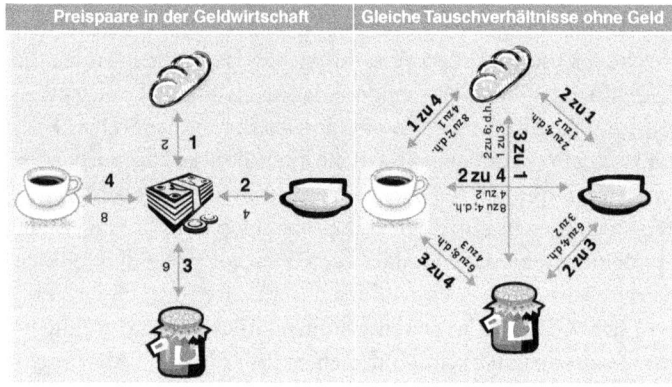

Abb. 3.1 Anzahl Preisrelationen mit und ohne Geld

und Konfitüre (siehe rechter Teil von Abb. 3.1). Die Preisangabe ist darum relativ, weil beispielsweise eine Verdoppelung aller Preise auf 2 für Brot, 4 für Butter, 6 für Konfitüre und 8 für Kaffee die genannten Tauschverhältnisse *nicht* verändert. Sie sehen dies unmittelbar, wenn Sie Abb. 3.1 auf den Kopf drehen und die entsprechenden Zahlen ablesen. Weshalb dient das Geld fast überall als Recheneinheit, obschon die Höhe eines pekuniären Betrags nichts über die realen Tauschverhältnisse zwischen Gütern aussagt? Der Grund ist, dass die einheitliche Angabe von Preisen in Geldeinheiten eine simple Möglichkeit bietet, um die Transparenz bei wirtschaftlichen Transaktionen zu verbessern. Wie der rechte Teil von Abb. 3.1 zeigt, ergeben sich aus der obigen fiktiven Wirtschaft, ohne das Geld, insgesamt sechs verschiedene Preispaare. Die einheitliche Angabe in Geldeinheiten reduziert die Anzahl Preise jedoch auf 4 (vgl. linker Teil der Abbildung). Mit einer größeren Anzahl an Gütern in einer Wirtschaft wird dieser Vereinfachungseffekt noch eklatanter. So gibt es zwischen 1000 Gütern ohne das Geld 499.500 Preisrelationen. Falls ein Gut die Funktion der Recheneinheit übernimmt, verringern sich die erforderlichen Preisrelationen jedoch auf 999.[3] Für das Preisgefüge ist es an sich nebensächlich, welches Gut zur Basis der gemeinsamen Recheneinheit erhoben wird. Gleichwohl ist es schon lange üblich, dass kein physisches Gut, sondern eine abstrakte Einheit, wie eine Währung, als gemeinsamer Wertmaßstab dient. Am einfachsten ist es natürlich, wenn jene Geldform, die als Zahlungsmittel in wirtschaftlichen Transaktionen allgemein zum Einsatz gelangt, gleichzeitig auch als Recheneinheit verwendet wird. Bedeutsam ist indes, dass die Herleitung der Funktion als Recheneinheit aus der Zahlungsmittelfunktion einen direkten Zusammenhang zwischen dem Geld und dem Preisniveau schafft. Ein allgemeiner Anstieg aller Preise, der auch als Inflation oder Teuerung bezeichnet wird, führt zwar nicht per se zu Veränderungen im relativen Tauschverhältnis zwischen Gütern, reduziert aber in jedem Fall den Wert, das heißt die Kaufkraft, des Geldes. Der entgegengesetzte Effekt tritt bei einer Deflation auf, das heißt bei einer allgemeinen Preisreduktion.

Geld als Wertaufbewahrungsmittel

Da Geld nicht sofort ausgegeben werden muss, sondern von den Wirtschaftsteilnehmern oft während einer gewissen Periode gehalten wird, dient es unweigerlich auch als Wertaufbewahrungsmittel. Da Bargeld keine Zinsen abwirft, eignet es sich freilich nur bedingt zum Sparen. Eine Vielzahl von Anlageformen erfüllt diese Funktion deutlich besser – man denke etwa an Einlagen bei Geschäftsbanken oder an Wertschriften wie Aktien oder Obligationen. Bei Inflation weist Bargeld sogar eine negative Rendite auf, da eine Teuerung die Kaufkraft eines zinslosen Vermögenswerts erodiert. Die Tatsache, dass Bargeld dennoch gehalten wird, unterstreicht seine anderen Funktionen; allem voran jene des Zahlungsmittels. Eine Währung muss jedoch über eine

---

[3] Für den allgemeinen Fall mit n Gütern lautet die Formel für die Anzahl relativer Güterpreise $n(n-1)/2$. Falls ein Gut als einheitlicher Wertmaßstab dient, braucht es nur noch $(n-1)$ Preise.

gewisse Wertstabilität verfügen. Ansonsten wird jeder versuchen, sein Geld so rasch als möglich wieder loszuwerden, um den Wertverlust, den der allgemeine Preisanstieg verursacht, zu vermeiden. Bei moderaten Inflationsraten ist dieser Effekt unbedeutend und eine Banknote wird im Durchschnitt vielleicht mehrere Tage oder sogar Wochen gehalten. Sehr hohe Teuerungsraten können die Wertstabilität des Geldes hingegen derart untergraben, dass dessen Haltung prohibitiv kostspielig wird. Anschauungsunterricht hierfür liefern die Erfahrungen aus Hyperinflationen, aus denen bizarr anmutende Anekdoten überliefert sind, wenn Preise innerhalb kurzer Zeit in schwindelerregende Höhen klettern (vgl. Abb. 3.2). Plötzlich wird für simple Einkäufe buchstäblich ein Haufen Papiergeld benötigt. Firmen müssen dazu übergehen, die Löhne wöchentlich oder sogar täglich auszuzahlen, da das Geld binnen einer kurzen Frist viel von seinem Wert einbüßt. Während einer Hyperinflation kann es beim Restaurantbesuch auch angezeigt sein, die Rechnung mit der Bestellung sofort zu begleichen, da die Gefahr besteht, dass die Preise nach dem Verzehr des Nachtischs schon weiter angestiegen sind. All dies verdeutlicht, dass keine Geldform ohne eine minimale Wertstabilität auskommt, um die Funktion eines breit akzeptierten Zahlungsmittels und einer allgemein gültigen Recheneinheit übernehmen zu können. Letztlich lässt sich die Akzeptanz einer Währung nicht erzwingen. Hohe Teuerungsraten zerstören das Vertrauen in das Geld und setzten in extremen Fällen eine Verdrängung hin zu einem alternativen Tauschmittel (z. B. Devisen oder Ersatzgüter wie Zigaretten) in Gang oder es droht sogar der Rückfall in die Tauschwirtschaft.

Selbstverständlich handelt es sich bei einer Hyperinflation um einen äußerst massiven Wertzerfall einer Währung, der

3 Geld als Schmiermittel der Wirtschaft

Hyperinflation Deutschland 1923
Der tägliche Einkauf erfordert viel Geld. Es ist praktischer zu wägen, als die Beträge zu berechnen.

Hyperinflation Deutschland 1923
Banknoten, die ihren Wert verloren haben, dienen als sogenannte „Monetentapeten".

Hyperinflation Zimbabwe 2008
Auch der Zimbabwe Dollar (Zim Dollar) eignet sich nach der Hyperinflation zur Wanddekoration.

Hyperinflation Zimbabwe 2008
Kein Kommentar.

Abb. 3.2 Historische Impressionen zur Hyperinflation

zum Glück relativ selten auftritt.[4] Zusammenfassend gilt jedoch, dass Inflation der für das Geld ausschlaggebenden Funktion als Zahlungsmittel, sowie die daraus abgeleiteten Funktionen als Recheneinheit und Wertaufbewahrungsmittel, zuwiderläuft. Nicht zuletzt deswegen zählt die Inflationskontrolle zu den unumstrittenen Zielen der Wirtschaftspolitik.

---

[4] Im 20. Jahrhundert sind Hyperinflationen unter anderem in Russland (1921–1924), Deutschland (1922–1923), Ungarn (1945–1946), Argentinien (1989–1990), Brasilien (1989–1990), der Ukraine (1991–1994) und Simbabwe (2006–2009) aufgetreten. Phasen mit hoher Inflation gab es schon vorher, so in Frankreich nach der Französischen Revolution (1789) und in den amerikanischen Südstaaten während des Sezessionskriegs (1861–1865).

3.2 Vom Warengeld zum Nominalgeld

Das Geld weist eine vergleichsweise lange Geschichte auf, welche bis in die Antike zurückgeht. Ohne hier auf die Details einzugehen, lässt sich festhalten, dass sich in praktisch allen Kulturen auf sämtlichen bewohnten Kontinenten ein allgemein akzeptiertes Zahlungsmittel durchgesetzt hat, sobald Gesellschaften begannen, sich arbeitsteilig zu organisieren und über das lokale Umfeld hinaus Handel zu treiben. Diese Tatsache offenbart, dass die Alternativen zum Geld mit gravierenden Nachteilen behaftet sein müssen. Beispielsweise erfordert die Tauschwirtschaft, die als Vorläuferin zur Geldwirtschaft gilt, eine doppelte Koinzidenz (oder paarweise Übereinstimmung) der Bedürfnisse. Das heißt: Bei einem direkten Tausch müssen beide Parteien dasjenige Gut begehren, welches die jeweilige Gegenpartei gerade abtreten möchte. Je größer die Anzahl an Gütern, die in einer Gesellschaft gehandelt werden, desto schwieriger gestaltet sich natürlich die Suche nach einem geeigneten Tauschpartner. Die Einführung von Geld, das als allgemein akzeptiertes Zahlungsmittel dient, beseitigt dieses Problem und sorgt dafür, dass Tauschhandlungen, die im gegenseitigen Interesse aller Beteiligten liegen, einfacher und in größerer Zahl zustande kommen. Es leuchtet ein, dass damit auch Wohlstandsverbesserungen einhergehen.

Eine andere Alternative zur Geldwirtschaft liegt in der hoheitlichen Organisation der Produktion. Zwar mögen Banknoten und Münzen in einer zentral und planmässig gesteuerten Wirtschaft nach wie vor zirkulieren; jedoch ist dann die Bindung des Geldes zu seiner Kaufkraft und Funktion als Knappheitsindikator stark verwässert. Dies lässt sich leicht daran erkennen, dass auf Schwarzmärkten, die in Planwirtschaften fast immer auftauchen, ganz andere Preise gelten und auch andere Währungen wie Devisen gefragt sind. Weitere bekannte Nachteile einer weitgehend staatlichen Organisation der Produktion sind der immense Verwaltungsaufwand sowie der enorme Bedarf an Informationen, der notwendig ist, um die Bedürfnisse der Endverbraucher zu eruieren. Dies sind einige der Probleme, an denen die existierenden Planwirtschaften des 20. Jahrhunderts schließlich zerbrochen sind. Die Geldwirtschaft ermöglicht hingegen die dezentrale Zuteilung von Gütern über Märkte, welche die Konsumbedürfnisse in Preissignale übersetzen und daher mit einem viel geringeren Grad an zentraler Koordination auskommen.

Warengeld

Waren, welche die Funktion eines allgemeinen Tauschmediums übernehmen, stellen eine erste Form des Geldes dar. Damit sich ein Gut als Warengeld eignet, muss es besondere Eigenschaften aufweisen. Dazu zählen die Teilbarkeit damit auch kleinere Beträge bezahlt werden können, die Haltbarkeit zur Erfüllung der Wertaufbewahrungsfunktion, die Transportierbarkeit damit auch Zahlungen über größere Distanzen vorgenommen werden können oder die homogene Beschaffenheit zur einheitlichen Angabe von Preisen und damit die Inspektionskosten zur Qualitätsbeurteilung eines Warengeldes tief bleiben. Um Fälschungen vorzubeugen, muss ein Warengeld ferner selten und nicht beliebig replizierbar sein. Zahlreiche Ausprägungen von Warengeld sind überliefert, etwa Getreide, Muscheln oder Edelsteine. Vielerorts haben sich letztlich jedoch Edelmetalle wie Silber, Gold oder Kupfer, die zu Münzen geprägt wurden, durchgesetzt.

In der jüngeren Vergangenheit haben sich manchmal Zigaretten als neuartige Form des Warengeldes entpuppt. Beispielsweise ist aus Gefangenenlagern des Zweiten Weltkriegs überliefert, dass sich Zigaretten spontan als ein allgemein akzeptiertes Zahlungsmittel etablierten, um die unterschiedlichen Waren aus den verteilten Lebensmittelrationen zu handeln und die Preise einheitlich anzugeben.[5] Wenn man sich die idealen Eigenschaften für ein

---

[5] Radford, Richard A., 1945: The Economic Organization of a P.O.W Camp, Economica, 189–201.

Gut, das als Warengeld dienen kann, nochmals in Erinnerung ruft, ist dies nicht überraschend. Zigarettenwährungen waren unter anderem auch auf den Schwarzmärkten in Deutschland nach dem Zweiten Weltkrieg oder unmittelbar nach dem Zusammenbruch der sowjetischen Planwirtschaft zu beobachten.

Obschon Warengeld spontan und ohne zentrale Planung auftauchen kann, sind mehrere Aspekte des Geldwesens von öffentlichem Interesse. Insbesondere ist es von Vorteil, wenn sich eine Gesellschaft auf ein einziges Tauschmedium – im modernen Kontext würde man von einer nationalen Währung sprechen – einigen kann, da eine breite Verwendung den Nutzen einer bestimmten Form des Geldes fördert. Selbstverständlich steigt die Attraktivität eines Warengeldes mit dem Personenkreis, der es als Zahlungsmittel verwendet und akzeptiert. Tendenziell setzt sich innerhalb einer Gesellschaft denn auch allmählich eine bestimmte Art des Geldes durch.[6] Mit der Ausrufung allgemein verbindlicher Normen, welche sich mit der Schaffung einer Zentralbank und einem Währungsmonopol durchsetzen lassen, kann der Staat die Vereinheitlichung im Geldwesen begünstigen. Damit ist bereits ein wichtiger Schritt hin zu einer Währung getan, die auf einem staatlichen Dekret basiert. Es wird in der Tat oft übersehen, dass auch altertümliche Währungsformen, einschließlich des früher verbreiteten Metallgeldes, ihren Wert größtenteils einer staatlichen Konvention verdankten, die den alltäglichen Gebrauch der zugrundeliegenden Ware, etwa Gold oder Silber, weit in den Hintergrund drängte.

---

[6] Man spricht in diesem Zusammenhang auch von positiven Netzexternalitäten des Geldes in dem Sinne, dass jeder weitere Verwender dazu beiträgt, eine Geldart zum verbreiteten Standard zu machen. Dieser Effekt spielt auch im internationalen Finanzsystem eine Rolle, da in der Regel eine Währung den grenzüberschreitenden Handel und Kapitalverkehr dominiert (zurzeit der US-Dollar). Siehe auch Kap. 8.5.

Minderwertiges Geld
Falschgeld, das von Betrügern in Umlauf gebracht wird, um sich zu bereichern, stellt ein nächstes monetäres Problem dar, das mit staatlichen Interventionen angegangen werden kann. Neben strafrechtlichen Sanktionen liegt eine Maßnahme gegen Fälschungen in der staatlich kontrollierten Ausgabe von Geld, das mit erkennbaren Sicherheitsmerkmalen versehen ist. Eine frühe Ausprägung davon ist das Münzregal, welches dem Staat das alleinige Recht zur Ausgabe von Münzen gewährte, damit diese eine einheitliche Form aufwiesen und mit einem für alle erkennbaren Metallgehalt versehen waren. Die Herkunft des bis heute vorhandenen Rillenmusters an den Rändern mancher Münzen kann als anschauliche Anekdote zur Problematik der Geldfälschung dienen. Diese Rillen sollten nämlich die früher weit verbreitete Praktik des Klippings sichtbar machen, bei dem unauffällig kleine Mengen an Edelmetall abgeschliffen wurden, um danach die Münze trotzdem zum Originalwert weiterzugeben. Abbildung 3.3 zeigt eine geklippte und ungeklippte Version einer Münze. Solange sich der Wert von Münzen am Edelmetallgehalt orientierte, war das Klipping ein einträgliches Geschäft. Diese Praktik sei heutzutage jedoch nicht zur Nachahmung empfohlen. Dies weniger wegen den rechtlichen Konsequenzen, welche weniger drakonisch als früher ausfallen – das Eintauchen von ertappten Falschmünzern in siedendes Öl ist aus dem Mittelalter überliefert – sondern weil im heutigen Nominalgeldsystem der Münzwert nicht mehr vom Metallgehalt abhängt. Folglich stellt das Klipping keinen Weg zur gewieften Bereicherung mehr dar.

Es entbehrt nicht einer gewissen Ironie, dass der Staat vielfach selber dazu überging, die Münzverschlechterung für seine eigenen Zwecke einzusetzen. Da das Prägerecht bis in die Neuzeit bei den Feudalherren (französisch: seigneur) lag, wurde der Ertrag aus der staatlich organisierten Münzverschlechterung als „Seigniorage" bezeichnet; ein Begriff der sich seither für den staatlichen Gewinn aus der Bewirtschaftung des Geldmonopols im

Ungeklippte und geklippte Siliqua Münze aus der späten Zeit des Römischen Reichs:

Die älteste erhalten gebliebene Banknote der Welt ist die sogenannte „Ming-Note":

Abb. 3.3 Klipping und erstes Papiergeld

Allgemeinen eingebürgert hat (vgl. Kap. 4.1). Mit der schleichenden Reduktion des Edelmetallgehalts ebnete die Seigniorage ungewollt den Weg zum Nominalgeldsystem. Wie dem auch sei: Aspekte, wie die Qualitätskontrolle des Geldes, aber auch die latente Gefahr, dass die Prägung von Münzen zur Finanzierung von Staatsausgaben missbraucht wird, nimmt Spannungsfelder vorweg, die das Zentralbankenwesen nach wie vor beschäftigen.

Papiergeld

Papiergeld stellt einen nächsten Entwicklungsschritt dar. Die ersten Formen davon tauchten in China um das 11. Jahrhundert auf – also viel früher als beispielsweise in Europa –, um die enorme Zunahme der monetären Transaktionen während der wirtschaftlichen Blütezeit der Song-Dynastie bewältigen zu können. Staatlich ausgegebenes Papiergeld war im chinesischen Reich ab dem 12. Jahrhundert ein gängiges Zahlungsmittel (siehe Abb. 3.3).

In Europa ging die Entwicklung von Papiergeld hingegen deutlich später von Banken und teilweise auch von Goldschmieden aus, welche Schuldscheine auf hinterlegte Mengen an Edelmetall ausgaben. Diese Empfangsscheine entwickelten sich nach und nach zu Banknoten, die ursprünglich vollständig mit einem gängigen Warengeld wie Gold gedeckt waren und sich aufgrund der einfacheren Transportierbarkeit zur Begleichung von größeren Beträgen eigneten. Wie zum Beginn von Kap. 2 besprochen wurde, erfolgte die Übertragung des Ausgabemonopols von Banknoten an die Zentralbanken, schrittweise, im Verlaufe des 19. und 20. Jahrhunderts.

Nominalgeld

Die graduelle Aufhebung der Konvertibilität von Banknoten führte zum Nominalgeld, dessen Tauschwert sich keineswegs direkt am stofflichen Wert irgendeines Gutes bemisst; ein Umstand, der im alternativen Begriff für das Nominalgeld, nämlich Fiatgeld (Geld per Anordnung aus dem Lateinischen „fiat" für „es werde"), passender zum Ausdruck kommt. Die Folgen davon sind wahrscheinlich weitreichender als der Übergang vom Waren- zu einem fest konvertierbaren Papiergeld. Dies nicht sosehr weil das Nominal- noch viel stärker als das Warengeld schlicht per hoheitlichen Akt geschaffen wird, sondern eher weil sich die Versorgung eines Währungsraums mit einem liquiden Zahlungsmittel viel flexibler gestalten lässt. Dies hat Vorteile, wenn es beispielsweise darum geht, den Geldumlauf an die variablen Zahlungsbedürfnisse aufgrund von saisonalen Zyklen oder Konjunkturschwankungen anzugleichen. Außerdem bindet Nominalgeld keine wertvollen Metalle, die damit kostengünstiger für industrielle Zwecke zur Verfügung stehen. Die Nachteile von Nominalgeld liegen im größeren Missbrauchspotenzial, indem es dem Staat viel leichter fällt, die Geldmenge für eigennützige Zwecke zu manipulieren. Die ersten Erfahrungen mit Banknoten, bei denen die Konvertibilität aufgehoben wurde, waren denn auch von Misserfolgen geprägt. Beispiele hierfür sind das Papiergeldsystem der Yuan Dynastie im chinesischen

Reich des 13. Jahrhunderts, die Ausgabe von sogenannten Assignaten nach der Französischen Revolution oder die Aufhebung der Pfundkonvertibilität während der Napoleonischen Kriege, die allesamt in einem übermäßigen Geldangebot mündeten und in einer massiven Inflation endeten. Nominalgeldsysteme benötigen eben Mechanismen, die sicherstellen, dass die Geldmenge in einer Wirtschaft begrenzt bleibt. Heutzutage gewährleistet jedenfalls nur noch das Vertrauen, dass die „Spielregeln" eingehalten werden und die Kaufkraft erhalten bleibt, sowie die allgemeine Akzeptanz als Zahlungsmittel den Wert einer Banknote.

3.3 Die Geldmenge: Ein dehnbarer Begriff

Die Geldmenge, die in einem Land zirkuliert, lässt sich nicht eindeutig anhand der theoretischen Definition bestimmen, wonach Geld alle Vermögenswerte umfasst, die allgemein zur Durchführung wirtschaftlicher Transaktionen akzeptiert werden. In der Realität gibt es eben ein breites Spektrum an Finanzprodukten, die als Zahlungsmittel dienen könnten und infolgedessen als Geld zu definieren wären. Je nachdem ob Definitionselemente wie die allgemeine Akzeptanz auf das von Zentralbanken emittierte Geld beschränkt sind oder breiter gefasst werden, unterscheidet sich der empirische Geldbegriff in einem beträchtlichen Ausmaß. Überdies sind Geldmengen zeitlich nicht konstant, weil beispielsweise in wachsenden Wirtschaften mehr Transaktionen stattfinden, was die Nachfrage nach Zahlungsmitteln erhöht. Zudem treten innerhalb eines Jahres saisonale Schwankungen im Geldbedarf auf, da zum Monats- oder Jahresende überdurchschnittlich viele Rechnungen anfallen. Da die Zentral- und Geschäftsbanken das Geldangebot laufend an solche monetären Trends und Schwankungen anpassen, ist der Geldumlauf ebenfalls ständigen Veränderungen unterworfen.

Die engste Definition umfasst das Bargeld, welches sich gemäß Abb. 3.4 weiter in Münzen und Banknoten unterteilen lässt. Bargeld, das heute eigentlich überall ausschließlich von der Zentralbank eines Landes ausgegeben wird, gilt als liquidester Vermögenswert. Neben physisch greifbaren Banknoten und Münzen zirkulieren Zahlungsmittel in modernen Wirtschaftssystemen zunehmend als Buchgeld, auch Giralgeld genannt. Damit sind Vermögenswerte gemeint, die auf Konten bei Finanzinstituten liegen und über direkte Buchungen finanzielle Forderungen begleichen können. Konkret erfolgt der bargeldlose Zahlungsverkehr mit Hilfe von Überweisungen, Schecks, Wechseln oder Bankkarten. Mit dem direkten Übertrag von Konto zu Konto lassen sich gerade größere Beträge bequem und relativ sicher begleichen. Die Entwicklung des Buchgeldes ist eng mit jener des Bankenwesens verbunden. Wichtige Innovationen gehen dabei auf die Abwicklung des Zahlungsverkehrs für den überregionalen Handel zurück. Die zeitlichen Verzögerungen und Risiken, wenn Güter über lange Distanzen transportiert werden mussten, machten den Einsatz von Bargeld unattraktiv. Um dieses Problem zu lösen, begannen italienische Banken während der Renaissance damit, ein bargeldloses Zahlungssystem aufzubauen. Dass Ausdrücke wie Giro, Konto, Saldo oder Skonto, die mit dem Buchgeld (das manchmal eben auch Giralgeld genannt wird) im Zusammenhang stehen, italienischen Ursprungs sind, deutet heute noch auf diesen Umstand hin. Fortschritte in der Computertechnologie und die damit verbundenen Effizienzgewinne bei der Informationsverarbeitung sind indes die treibenden Kräfte dafür, dass sich in den vergangenen Jahrzehnten der Zugang zum Buchgeld stark vereinfacht hat. Folglich ist es nicht überraschend, dass der elektronische Zahlungsverkehr zunehmend an Bedeutung gewinnt.

Das liquideste Buchgeld besteht aus den Guthaben, welche auf Konten bei der Zentralbank liegen (siehe Abb. 3.4). Diesbezüglich verpflichten gesetzliche Bestimmungen die Geschäftsbanken

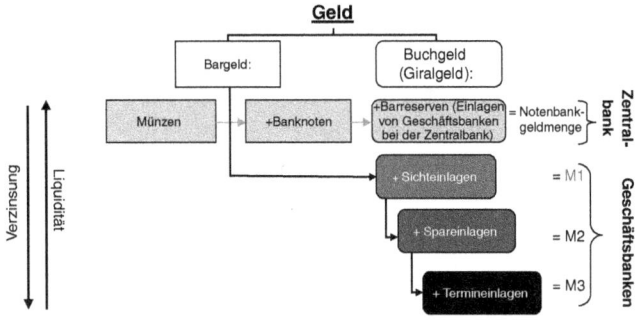

Abb. 3.4 Grobe Gliederung der Geldmengen

dazu, einen gewissen Anteil der bei ihnen deponierten Einlagen mit einer sogenannten Barreserve bei der Zentralbank zu unterlegen. Solche Mindestreservenvorschriften stellen ein Instrument bereit, um das Geldschöpfungspotential im Bankensystem zu begrenzen (vgl. Kap. 3.4). Überdies können auch überschüssige Reserven gehalten werden, welche die Geschäftsbanken über das verlangte Minimum hinaus bei der Zentralbank hinterlegen. Diese Möglichkeit spielt in Zeiten von Finanz- und Bankenkrisen eine große Rolle, wenn es infolge der um sich greifenden Unsicherheit angezeigt ist, größere Liquiditätspolster zu halten (vgl. Kap. 5.5). Die Summe aus dem Bargeld, das sich im Umlauf befindet, und dem in Form von Reserven gehaltenen Buchgeld bei der Zentralbank ergibt die sogenannte Notenbankgeldmenge, die gelegentlich auch als monetäre Basis bezeichnet wird.[7] Der Begriff der monetären Basis deutet an, dass das Zentralbankgeld

---

[7] Genau genommen sind die Begriffe der Notenbankgeldmenge und der monetären Basis nicht identisch. Aus historischen Gründen gehen die Münzen beispielsweise im Euroraum, in Großbritannien oder in der Schweiz nicht in die Zentralbankbilanz ein und sind somit nicht Teil der Notenbankgeldmenge, da das Recht zur Münzprägung nach wie vor beim Staat liegt. Münzen sind freilich immer ein, zwar kleiner, Teil der monetären Basis.

eben das pekuniäre Fundament einer Wirtschaft bildet. Im engsten Sinn ist Geldpolitik nichts anderes als die Veränderung der Notenbankgeldmenge, um damit breiter definierte Geldmengenaggregate und schließlich die gesamtwirtschaftliche Produktion und das Preisniveau zu beeinflussen. Das geldpolitische Instrumentarium, das in Kap. 4 besprochen wird, umfasst ausgewählte Beispiele von Transaktionen, die dafür zur Verfügung stehen.

Die bisherige Diskussion erweckt vielleicht den Eindruck, dass die Zentralbank allein für das Geldwesen zuständig sei. Eine Fokussierung auf die Notenbankgeldmenge liefert jedoch ein unvollständiges Bild, da Geschäftsbanken nahe Substitute zum Bargeld anbieten. Das Paradebeispiel hirfür sind sicherlich die bargeldlosen Zahlungen zwischen Bankkonten. Demzufolge beziehen breiter definierte Geldmengenaggregate – die M1, M2 und M3 genannt werden und die Sicht-, Spar- und Termineinlagen voneinander abgrenzen – die Rolle der Geschäftsbanken mit ein. Insbesondere enthält die Geldmenge M1 sämtliche Vermögenswerte, die jederzeit zur Begleichung von finanziellen Verpflichtungen dienen können. Konkret berücksichtigt M1 neben dem Bargeld einen Zusatz aus Sichteinlagen, die sämtliche Konten umfassen, auf die sofort und ohne Einschränkungen zugegriffen werden kann. Neben den Elementen von M1 erweitert M2 die Geldmenge um die Spareinlagen, bei denen Einschränkungen hinsichtlich der Liquidität bestehen, da beispielsweise auf gewissen Kontoklassen nur Beträge bis zu einem bestimmten Limit zurückgezogen werden dürfen. Die Geldmenge M3 umfasst auch die Termineinlagen und berücksichtigt dadurch sämtliche potentiellen Zahlungsmittel einer Volkswirtschaft. Obschon die genaue Abgrenzung zwischen Ländern variiert, besteht der entsprechende Zusatz grundsätzlich aus Vermögenswerten, die zwar erst auf Termin fällig werden, jedoch hinsichtlich ihrer Liquidität mit kurzfristigen Geldanlagen vergleichbar sind.

Die Aufstellung in Abb. 3.4 legt nahe, dass es in der Praxis verschiedene Geldbegriffe gibt. Geldmengenaggregate können mehr

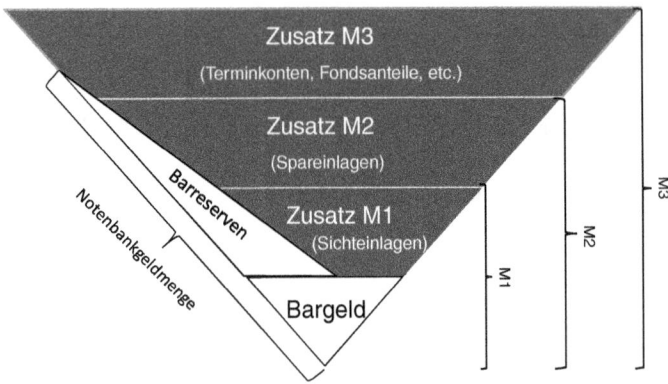

Abb. 3.5 Die invertierte Geldpyramide

oder weniger breit definiert sein, wobei die engeren Konzepte nur die liquideren Teile enthalten, die dafür wenig bis keinen Zins abwerfen. In quantitativer Hinsicht sind die Geldmengen bildlich in etwa gemäß einer umgekehrte Pyramide verteilt, an deren unteren Spitze das Bargeld und an der Oberkante die Geldmenge M3 liegt (siehe Abb. 3.5). Die mengenmäßige Zunahme von breiter definierten Geldmengen impliziert natürlich, dass das Geld in modernen Wirtschaften überwiegend als Buchgeld zirkuliert und deswegen nicht in physischer Form vorhanden ist. Dies kann sogar für jene Teile gelten, die direkt unter die Kontrolle der Zentralbank fallen. Die Notenbankgeldmenge verändert sich eben nicht nur über das Bargeld – oder salopp ausgedrückt, das Drucken von Banknoten mit der Notenpresse – sondern auch über die Sichteinlagen (Reserven) der Banken bei der Zentralbank. Ob das Geld eine dinghafte oder immaterielle Beschaffenheit aufweist, ist für dessen Funktionen bekanntermaßen nebensächlich.

Die genaue Abgrenzung von Geldmengen kann für monetäre Aussagen relevant sein. Anschauliche Beispiele dafür liefern Finanzkrisen. Bei einer Konsultation der entsprechenden Daten[8] werden Sie als Reaktion auf eine Krise, wie sie sich zum Beispiel nach dem Jahr 2008 fast weltweit bemerkbar gemacht hat, in der Regel eine deutliche Ausdehnung der Notenbankgeldmenge feststellen. Betrachtet man hingegen die Geldmenge M3, so wächst diese sehr viel schwächer oder verringerte sich sogar, da krisengeschüttelte Banken ihre Liquiditätspolster oft massiv erhöhen. Aussagen zur Geldmengenentwicklung hängen also durchaus von der empirischen Definition ab.

3.4 Wie Geschäftsbanken Geld schöpfen

Da Sichteinlagen auf Bankkonten ein geldähnliches Finanzprodukt sind, das dank der Entwicklung des elektronischen Zahlungsverkehrs zur direkten Begleichung wirtschaftlicher Transaktionen bereitsteht, beeinflussen die Geschäftsbanken die breit definierten Geldmengen maßgeblich. Diesbezüglich ist der wichtigste Prozess die Geldschöpfung, die eine Verbindung zwischen der Notenbankgeldmenge und den Barreserven bei der Zentralbank sowie dem Buchgeld auf Bankkonten und der Vergabe von Krediten durch die Geschäftsbanken herstellt.

In der Tat ist es schwierig, die Begriffe des Geldes und des Kredits sauber voneinander zu trennen. So erfolgt die Refinanzierung der Geschäftsbanken mit Zentralbankgeld oft in Form eines kurzfristigen Kreditgeschäfts (vgl. Kap. 4.2). Überdies kann sowohl eine Geldzahlung als auch ein Konsumkredit die Ausgaben für Güterkäufe decken. Konkret geschieht letzteres, wenn Waren auf

---

[8] Genaue Angaben zur Entwicklung der nationalen Geldmengen werden von jeder Zentralbank im Internet publiziert.

Rechnung bestellt oder mit der Kreditkarte[9] (sic!) bezahlt werden. Zumindest theoretisch wäre es also denkbar, dass Konsumkredite, die sporadisch gegeneinander verrechnet werden, eine weitere Alternative zum Geld bieten.[10] In der Praxis hat sich freilich nirgends eine reine Kreditwirtschaft durchgesetzt, da diese einen unrealistisch hohen Grad an gegenseitigem Vertrauen erfordern würde. Der Kreditgeber muss nämlich davon ausgehen, dass die ausgeliehene Summe in der Zukunft zurückgezahlt wird, weshalb sich ein Konsumkredit nur für Transaktionen mit einem hinreichend vertrauten Personenkreis eignet. Selbstverständlich ist der Kredit eine sinnvolle Ergänzung zum Geld und kann dazu dienen, die Finanzierung von wirtschaftlichen Vorhaben sicherzustellen, deren Erträge erst in ferner Zukunft anfallen werden. Dagegen verdankt das Geld seine Bedeutung vorwiegend der Funktion des allgemein anerkannten und bequemen Zahlungsmittels.

Die Geldschöpfung lässt sich relativ simpel anhand der Bilanzen der Zentralbank und der Geschäftsbanken illustrieren. Abbildung 3.6 listet schematisch die jeweiligen finanziellen Forderungen auf der Aktivseite und die Verpflichtungen auf der Passivseite der Bilanz auf. Für die Geschäftsbanken stellen die Einlagen (auch Depositen genannt), die auf den Bankkonten liegen, die wichtigste Verbindlichkeit dar, die bekanntlich zu einem gewissen Grad mit Barreserven bei der Zentralbank unterlegt sind. Eine vollständige Reservedeckung, die auf der linken Seite von Abb. 3.6 gezeigt und auch als Vollgeldsystem bezeichnet wird, unterbindet die Geld- und Kreditschöpfung. Die oben eingeführten Geldmengenkonzepte verdeutlichen diesen Umstand. Die

---

[9] Zahlungen mit der Kreditkarte tauchen darum nicht in den Geldmengen wie M1 auf. Es handelt sich dabei eben um einen kurzfristigen Kredit durch die Kreditkartenunternehmung. Die entsprechende Geldtransaktion findet erst mit der Begleichung der Rechnung zu Gunsten der Kreditkartenunternehmung statt.

[10] Dieser Vorschlag wurde bereits vom schwedischen Ökonomen Knut Wicksell (1851–1926) in seinem Hauptwerk *Geldzins und Güterpreise* (Verlag von Gustav Fischer) vorgebracht.

3 Geld als Schmiermittel der Wirtschaft 75

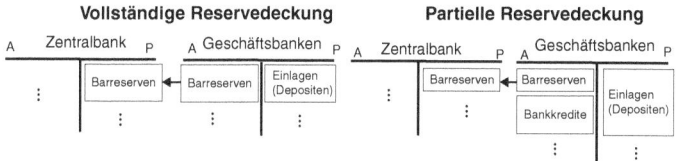

Abb. 3.6 Der Prozess der Geldschöpfung

Notenbankgeldmenge setzt sich nämlich aus der Barreserve und dem Notenumlauf zusammen, während beispielsweise die Geldmenge M1 aus dem Bargeldumlauf und den Sichteinlagen des Publikums bei den Banken besteht. Wenn die Sichteinlagen des Publikums bei den Banken vollständig durch eine entsprechende Barreserve gedeckt sein muss, dann entspricht die Geldmenge M1 der Notenbankgeldmenge und es findet eben keine Geldschöpfung statt.[11]

Ein entscheidender Nachteil der vollständigen Reservedeckung liegt darin, dass die Einlagen im Bankensystem nicht zur Kreditfinanzierung herangezogen werden können. Solange Bankkunden (Depositäre) nur sporadisch Geld von ihrem Konto abheben, gilt nämlich für hinreichend große Gruppen, dass jeweils nur ein Bruchteil der Bankeinlagen für Zahlungen eingesetzt wird. Der Rest sind Ersparnisse, die auf den Konten liegen bleiben. Dies ermöglicht im Prinzip eine partielle Reservehaltung, bei der die Geschäftsbanken die Einlagen nicht vollumfänglich durch Barreserven decken, sondern einen Teil in Form von Bankkrediten weitergeben (vgl. rechter Teil von Abb. 3.6). Die resultierende Diskrepanz zwischen Barreserven und Einlagen bedeutet freilich, dass

---

[11] Die Mathematik schafft hier vielleicht Klarheit. Für den besprochenen Fall haben wir: Notenbankgeldmenge = Bargeld + Barreserven. Wenn auf allen Konten nur Sichteinlagen liegen (d.h. wir betrachten den Fall von M1) gilt überdies: M1 = Bargeld + Sichteinlagen. Die vollständige Reservedeckung im Vollbankensystem impliziert aber: Barreserven = Sichteinlagen. Infolgedessen haben wir: M1 = Notenbankgeldmenge.

nun innerhalb des Bankensystems eine Geldschöpfung stattfindet. Deren Ausmaß ist theoretisch durch die Höhe der gehaltenen Barreserven restringiert. Falls die Geschäftsbank beispielsweise mindestens 10 % der Einlagen decken will oder muss und Reserven in der Höhe von 100 Währungseinheiten bei der Zentralbank hält, kann sie die Bilanzsumme auf maximal 1000 Währungseinheiten ausdehnen. Also beträgt das Geldschöpfungspotential in diesem Fall 1000/100=10 (das heißt Faktor 10).[12] Übrigens zeigt auch die invertierte Pyramide von Abb. 3.5 – aus einem anderen Blickwinkel –, dass über die Geldschöpfung eine Vervielfachung der Geldmenge innerhalb des Bankensystems stattfindet.

Vermutlich ist es auf den ersten Blick überraschend, dass ein Großteil des Buchgeldes nicht direkt von der Zentralbank, sondern indirekt durch die Geschäftsbanken kreiert wird. Warum soll sie dies im Rahmen des Währungsmonopols überhaupt tolerieren? Diese Frage nimmt einige wichtige Aspekte der Effizienz und Stabilität des Banken- und Finanzsystems vorweg, die in Kap. 5.4 genauer erörtert werden. Allerdings sollte aus der obigen Diskussion schon jetzt klar werden, dass Einschränkungen

---

[12] Die genaue Formel des Geldschöpfungspotentials lässt sich direkt aus den Definitionen der Geldmengen ableiten. Für das Beispiel der Geldmenge M1 gilt bekanntlich: M1 = Bargeld + Sichteinlagen. Die Notenbankgeldmenge ist definiert durch: Notenbankgeldmenge = Bargeld + Barreserven. Mit einer Definition des Barreservenanteils durch m = Barreserven/Sichteinlagen und des Bargeldanteils durch c = Bargeld/Sichteinlagen gilt:

$$\underbrace{\frac{M1}{\text{Notenbankgeldmenge}}}_{\text{Geldschöpfungsmultiplikator}} = \frac{\text{Bargeld} + \text{Sichteinlagen}}{\text{Bargeld} + \text{Barreserven}}$$

$$= \frac{c \times \text{Sichteinlagen} + \text{Sichteinlagen}}{c \times \text{Sichteinlagen} + m \times \text{Sichteinlagen}}$$

$$= \frac{1+c}{1+m}$$

Der Vervielfachungseffekt der Geldmenge im Bankensystem steigt also, je geringer der Anteil an Barreserven m und Bargeld c ist.

bei Geldschöpfung das Kreditgeschäft beeinträchtigen können. Überdies legen die Erfahrungen aus den Anfängen des Zentralbankenwesens (vgl. Kap. 2.2) nahe, dass es gerade die Forderung nach hohen Barreserven war, welche die Geschäftsbanken zur Entwicklung neuartiger Kreditinstrumente (wie damals den Wechsel oder den Scheck) oder zu Alternativen, wie transaktionsfähige Bankkonten, veranlasste. Um solche Finanzinnovationen zu unterbinden, müsste die Zentralbank das Währungsmonopol viel weiter als bisher fassen, um so eine vollständige und rigide Kontrolle über den gesamten Geldmarkt zu erlangen. Mal abgesehen vom dazu erforderlichen bürokratischen Kontrollaufwand und der enormen Zentralisierung staatlicher Macht, würde dies wohl auch Innovationen im Geldwesen hemmen. Es ist höchst fraglich, ob ein uneingeschränktes Währungsmonopol für die Zentralbank genügend Anreize geschaffen hätte, um nützliche Finanzdienstleistungen wie Girokonten, oder in jüngerer Zeit die Kreditkarten sowie den elektronischen Zahlungsverkehr, hervorzubringen.

3.5 Der Geldmarkt im Überblick

Die bilanziellen Zusammenhänge zwischen der Zentralbank und den Geschäftsbanken lassen sich auf weitere Teile des Wirtschaftssystems übertragen. In summarischer Weise erweitert Abb. 3.7 das Bild um den Staat sowie das private Publikum (private Personen/Firmen). Das Publikum ist sowohl mit der Zentralbank, über die Haltung von Banknoten, als auch mit den Geschäftsbanken, aufgrund der bereits besprochenen Kontoeinlagen, verbunden. Hingegen dürfen Privatpersonen und Firmen in der Regel kein Girokonto bei der Zentralbank eröffnen.

Anders ist die Situation für den Staat, für den es bekanntlich eine lange Tradition gibt, die Ausgaben neben der Steuererhebung und der Verschuldung beim Publikum auch über die Zentralbank zu finanzieren. Dabei werden die Verpflichtungen aus den

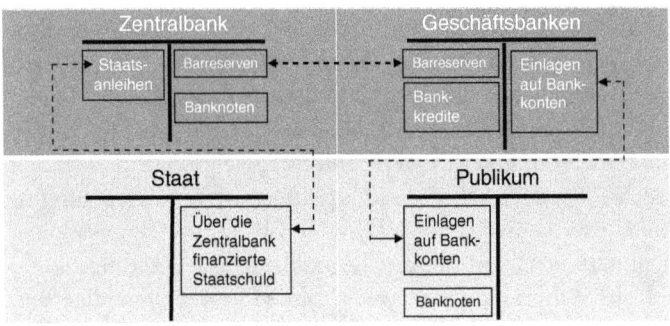

Abb. 3.7 Der Geldmarkt im Überblick

staatlichen Aktivitäten teilweise auf die Zentralbank übertragen. In der Praxis geschieht dies hauptsächlich über den Ankauf von Staatsanleihen durch die Zentralbank. Dieser Kanal ist gemeinhin auch als „Finanzierung des Staates über die Notenpresse" bekannt. Zu beachten gilt, dass diese sinnbildliche Ausdrucksweise heutzutage nur noch bedingt zutrifft, weil die Staatsfinanzierung nicht mehr über das physische Drucken von Banknoten erfolgt, sondern eher zusätzliches Buchgeld generiert.

Die summarischen Verbindungen der Zentralbank mit anderen Teilen der Wirtschaft legen einige Grundlagen für die folgenden Kapitel. So widmet sich Kap. 4 dem geldpolitischen Instrumentarium, das mit Hilfe von ausgewählten Transaktionen zwischen der Zentralbank und den Geschäftsbanken die Notenbankgeldmenge verändert. Die Verbindungen zwischen der Zentralbank und den Geschäftsbanken sind auch für die Stabilität des Finanz- und Bankensystems, die unter anderem in Kap. 5 besprochen wird, von Bedeutung. Letztlich schafft der Zusammenhang zwischen der Zentralbank und dem Staat eine Verbindung zwischen der Fiskal- und Geldpolitik und hat damit wichtige Implikationen für die erfolgreiche Inflationsbekämpfung, die ein Thema in den Kap. 6 und 7 bildet.

Weiterführende Literatur

Die mikroökonomischen Aspekte des Geldwesens werden in den Lehrbüchern zum Thema „Geld, Kredit und Banken" besprochen. Ein deutschsprachiger Text ist: Giescher, Horst, Bernhard Herz und Lukas Menkhoff, 2011, *Geld, Kredit und Banken*, Springer.

Eine unterhaltsam geschriebene Abhandlung zur Bedeutung des Geldes in der Wirtschaftsgeschichte ist: Ferguson, Niall, 2009: *Der Aufstieg des Geldes – Die Währung der Geschichte*, Econ Verlag.

Für eine detaillierte Geschichte des Geldes siehe: North, Michael, 2009: *Kleine Geschichte des Geldes*, Verlag C.H. Beck.

4
Ausgewählte geldpolitische Instrumente

Alle Übelstände in unserem Geldwesen entspringen der Zuvielausgabe von Noten seitens der Bank, der gefährlichen Macht, womit sie ausgestattet wurde, den Wert des Vermögens jedes Geldbesitzers nach ihrem Gutdünken zu vermindern und den Preis der Lebensbedürfnisse zu erhöhen, indem sie auf diese Weise die Staatsgläubiger und alle auf festes Einkommen angewiesenen Personen schädigt, welche den Verlust nicht auf andere Schultern abwälzen können.
David Ricardo (Britischer Ökonom und Parlamentsabgeordneter, 1772–1823)

4.1 Die Bilanz der Zentralbank

David Ricardo, der bekanntlich ein prominenter Vertreter der Currency School war (vgl. Kap. 2.2), bezieht sich im obigen Zitat auf die schlechten Erfahrungen, die Großbritannien mit der Aufhebung der Pfundkonvertibilität während der Napoleonischen Kriege gemacht hatte (vgl. Kap. 3.2). Die größte Herausforderung in einem Wirtschaftssystem mit Nominalgeld besteht in der Tat darin, dessen Angebot so zu dosieren, dass das allgemeine Preisniveau stabil bleibt. Damit eine tiefe und stabile Inflation auftritt, muss die Zentralbank die Geldmenge laufend an jene Faktoren anpassen, welche die Geldnachfrage beeinflussen. A priori ist es jedoch nicht leicht zu verstehen, wie genau die Geldmenge gesteuert wird. Um eine Geldmengenerhöhung zu umschreiben, wird umgangssprachlich gerne die vielzitierte „Notenpresse angeworfen" oder einfach darauf verwiesen, dass die Zentralbank dabei sei, „Geld zu drucken". Mit diesen Sprachbildern fällt es einem jedoch schwer, sich vorzustellen, wie große Summen von Zentralbankgeld wieder vernichtet oder, um es etwas präziser zu formulieren, der Wirtschaft entzogen werden können.

Die Passiven (Verwendung von Zentralbankgeld)

Um die Geldmenge zu steuern, bedienen sich Zentralbanken eines spezifischen geldpolitischen Instrumentariums, das sich am einfachsten mit Hilfe der Zentralbankbilanz aus Abb. 3.6 erläutern lässt. Wie dort bereits erläutert wurde, stellt die Notenbankgeldmenge für die Wirtschaft eine monetäre Basis bereit, auf der die breiter definierten Geldmengenaggregate aufbauen. Abbildung 4.1 zeigt eine verfeinerte Gliederung der Zentralbankbilanz. Im Einzelnen umfasst die Passivseite die Verpflichtungen und widerspiegelt dadurch die Verwendung der Notenbankgeldmenge, welche insbesondere aus dem Bargeld sowie den Barreserven besteht, die auf den Girokonten der Geschäftsbanken liegen. Das Drucken von Banknoten, das Prägen von Münzen sowie die Logistik zur Distribution von Bargeld gehörten sowohl früher als auch heute zu den Kernaufgaben von Zentralbanken. Trotz der rasanten Entwicklungen im elektronischen Zahlungsverkehr ist es bisher noch nicht absehbar, dass das Bargeld aus dem Alltag verschwinden wird. Offenbar ist es nach wie vor prädestiniert, um kleinere Beträge oder Zahlungen zwischen Privatpersonen abzuwickeln. Aufgrund der engen Verflechtungen mit den Transaktionen, die in der Wirtschaft stattfinden, folgt die kurzfristige Entwicklung des Bargeldes einem auffälligen saisonalen Muster und erreicht gegen das Jahresende, wenn besonders viele Rechnungen fällig sind und das Weihnachtsgeschäft blüht, jeweils einen Höchststand. Die Höhe der Barreserven hängt hingegen von weiteren Faktoren ab. Dazu zählt unter anderem das herrschende Vertrauen in das Banken- und Finanzsystem.

Die Aktiven (Entstehung von Zentralbankgeld)

Die Zentralbank versorgt die Wirtschaft nicht kostenlos mit Geld. Vielmehr ist es so, dass jeder Verpflichtung in Form von emittierten Banknoten oder von hinterlegten Barreserven immer eine äquivalente Forderung gegenübersteht. Die entsprechende Auflistung ist in der Zentralbankenbilanz auf der Aktivseite zu finden. Im Prinzip lassen sich die Aktiven anhand der Art der Forderung (z.B. Buchgeld, Staatsanleihen, Devisen, etc.) oder deren Laufzeit (Geld- und Kapitalmarktforderungen mit einer Laufzeit von weniger respektive mehr als einem Jahr) strukturieren. Um die geldpolitischen Instrumente zu verstehen, drängt sich jedoch eine Gliederung anhand der Entstehung der Notenbankgeldmenge auf. Forderungen können zunächst aus der Refinanzierung von Geschäftsbanken über die Zentralbank hervorgehen. Die in Kap. 2.3 besprochenen Diskontkredite, bei denen Zentralbankgeld gegen die Hinterlegung von Handelswechseln vergeben wurde, lagen am Ursprung dieser Klasse von geldpolitischen Instrumenten. Seither haben sich die Refinanzierungsmöglichkeiten sukzessive an die Finanzmarktentwicklung angepasst. Der Lombardkredit erweiterte beispielsweise die Kreditsicherheiten auf einen breiteren Korb von (lombardfähigen) Wertschriften. Refinanzierungskredite werden heute meistens im Rahmen sogenannter Repurchase Agreements (kurz Repos) vergeben, bei denen die Zentralbank das von den Geschäftsbanken nachgefragte Zentralbankgeld gegen die Hinterlegung von repofähigen Kreditsicherheiten gewährt. Gleichzeitig werden jedoch auch der Zeitpunkt und die Konditionen des Rückkaufs (repurchase) mitvereinbart. Forderungen können ferner aus Offenmarktgeschäften entstehen, bei denen die Zentralbank ihre Währung gegen Wertschriften direkt an den Finanzmärkten an- oder verkauft. Ein letzter Teil des Zentralbankgeldes resultiert aus Transaktionen zwischen der eigenen und einer fremden Währungen. Der Fremdwährungsbestand aus solchen Devisengeschäften sind die sogenannten Währungsreserven, die früher hauptsächlich aus Gold, gegenwärtig hingegen mehrheitlich aus globalen Leitwährungen wie dem US-Dollar oder dem Euro bestehen. Die Währungsreserven bestimmen unter anderem die Möglichkeiten und Grenzen der Wechselkurspolitik (siehe Kap. 8).

Der Zentralbankgewinn

Die Zentralbankbilanz aus Abb. 4.1 enthält ferner einen Passivposten für das Eigenkapital und das Jahresergebnis, also grob gesagt den Zentralbankgewinn (bzw. -verlust). Im breitesten Sinn erfasst der bereits besprochene Begriff der Seigniorage sämtliche Erträge, welche der Staat aus dem Monopol auf Zentralbankgeld erwirtschaftet. Im Einzelnen entspringt eine Gewinnquelle der sogenannten monetären Seigniorage, welche entsteht, weil die Bargeldemission oder die Erweiterung der Barreserven nahezu kostenloses Nominalgeld kreiert. Bei jeder neu ausgegebenen Banknote ist beispielsweise die Gewinnspanne – die Differenz zwischen dem Nominalwert und den Herstellkosten – beträchtlich. Das Währungsmonopol kann jedoch selbst bei einer konstanten Notenbankgeldmenge (d.h. ohne monetäre Seigniorage) lukrativ sein. Ein weitreichenderes Gewinnkonzept aus dem

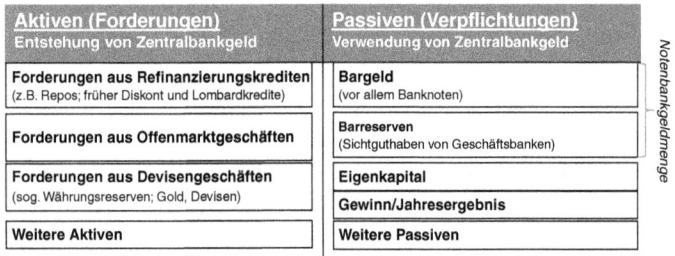

Abb. 4.1 Schematische Bilanz der Zentralbank

Währungsmonopol beruht nämlich darauf, dass die Forderungen der Bilanz in Abb. 4.1 zum Teil zinstragende Wertschriften umfassen, wohingegen sich die Verpflichtungen aus Bargeld und -reserven zusammensetzen, die wenig bis gar keine Zinskosten verursachen. Aus dieser Kombination resultiert ein Zinsertrag, der manchmal auch mit dem Begriff der Alternativkostenseigniorage umschrieben wird. Diese Gewinnquelle fließt, weil die Wirtschaftsteilnehmer, die Bargeld halten, und die Geschäftsbanken, die Barreserven hinterlegen, der Zentralbank einen nahezu kostenlosen Kredit gewähren, den sie zum Teil in zinstragende Wertschriften reinvestieren kann. Die Alternative wäre freilich, dass solche Wertschriften direkt von Privatpersonen, Firmen oder Geschäftsbanken gekauft würden. Indem sie Zentralbankgeld halten, entgehen ihnen also Zinsen, welche infolgedessen die „Alternativkosten" der Geldnachfrage darstellen und schließlich eine Seigniorage zugunsten der Zentralbank generieren.

Für die staatliche Budgetplanung ist freilich die tatsächliche Gewinnausschüttung an die öffentliche Hand relevant. Der jeweilige Übertrag, oder Transfer, von der Zentralbank an das Finanzministerium wird auch als fiskalische Seigniorage bezeichnet und langfristig natürlich aus den bereits erwähnten Quellen des Zentralbankgewinns gespeist. Vorübergehend ist es möglich, Gewinne zum Beispiel in Form von Eigenkapital zurückzuhalten, weshalb die fiskalische in manchen Jahren oft weit von der monetären Seigniorage oder der Alternativkostenseigniorage abweicht. Außerdem kann der buchhalterische Zentralbankengewinn stark von den Kursschwankungen, welche auf dem Wertschriftenportfolio (Obligationen, Aktien etc.) der Aktivseite auftreten, beeinflusst werden. Dies trifft ebenfalls auf die Währungsreserven zu, deren Wert maßgeblich von den Launen der Devisenkurse abhängt. So resultiert bei einer Abwertung der eigenen Währung ein Buchgewinn. Weil eine ausländische dann in mehr inländische Währungseinheiten umgerechnet wird, steigt nämlich der

Nominalwert von Devisen, wenn diese in inländischen Währungseinheiten ausgedrückt werden. Sie können sich überlegen, wie der umgekehrte Fall einer Aufwertung der Inlandwährung zu einem Buchverlust auf dem Devisenportfolio führt.

Die Veröffentlichung des Jahresergebnisses durch eine Zentralbank stößt in der Öffentlichkeit typischerweise auf ein beträchtliches Interesse. Häufig wird dabei der Höhe des Zentralbankgewinns und der Gewinnausschüttung eine Bedeutung zugemessen, die wenig bis nichts mit dem eigentlichen geldpolitischen Mandat der Zentralbanken zu tun hat. Selbstverständlich leistet die fiskalische Seigniorage einen willkommenen Beitrag zur öffentlichen Finanzierung. Es kann jedoch sehr gefährlich sein, die Geldpolitik einseitig auf die Gewinnausschüttung auszurichten, da dies einige gesamtwirtschaftliche Zusammenhänge ignorieren würde, die für die Qualität der Geldpolitik von großer Relevanz sind. Insbesondere ist die Seigniorage umso ertragreicher, je höher das Wachstum der Zentralbankgeldmenge ausfällt. Damit geht jedoch auch eine Aufblähung der Zentralbankbilanz und bald einmal des Preisniveaus einher, falls dem gestiegenen Geldangebot keine höhere Geldnachfrage gegenübersteht. Gesamtwirtschaftlich hat die Seigniorage demzufolge teilweise den Charakter einer „Inflationssteuer", die übrigens dann ein besonders ergiebiges – oder je nach Blickwinkel übles – Mittel der öffentlichen Finanzierung darstellt, wenn ein Teuerungsschub überraschend auftritt und so eine abrupte Entschuldung des Staates ermöglicht (vgl. auch Kap. 7.2). Im Zitat zum Kapitelbeginn weist David Ricardo auf genau diesen „Übelstand" hin. Kurzum: Die moderne Auffassung einer Zentralbank, die vornehmlich Ziele im öffentlichen Interesse, wie die Gewährleistung eines stabilen Preisniveaus, wahrnehmen soll, unterscheidet sich stark von einer privaten Geschäftsbank, für die ein (nachhaltig) hoher Gewinn als adäquates Erfolgsmaß gelten mag.

Bilanzsumme und Notenbankgeldmenge

Abbildung 4.1 zeigt natürlich nach wie vor eine schematische Gliederung. Die tatsächlich veröffentlichte Zentralbankbilanz ist viel detaillierter und schließt auf der Aktivseite unter anderem Posten für das Sachkapital oder den Banknotenvorrat mit ein. Auf der anderen Seite stellen das Bargeld und die Barreserven zwar wichtige Verbindlichkeiten dar, decken aber mitnichten die gesamte Passivseite ab. Neben der Notenbankgeldmenge kann die Zentralbank beispielsweise auch eigene Schuldverschreibungen ausgeben. Dies verdeutlicht, dass die Bilanzsumme der Zentralbank nicht unbedingt mit der Notenbankgeldmenge übereinstimmen muss, obschon normalerweise ein enger Zusammenhang zwischen den Beträgen dieser beiden monetären Größen besteht. Im Prinzip ist es allerdings möglich, dass die Zentralbank die Notenbankgeldmenge durch die Ausgabe eigener Schuldverschreibungen reduziert, obschon in diesem Fall die Bilanzsumme sogar steigen könnte. Zentral ist indes der Grundsatz, dass das geldpolitische Instrumentarium aus ausgewählten Finanztransaktionen besteht, welche die Notenbankgeldmenge erhöhen (Expansion der Geldmenge) oder senken (Restriktion der Geldmenge). Die weitere Bedeutung solcher Interventionen liegt erstens darin, dass sie sich unmittelbar auf die Kreditkonditionen der Geschäftsbanken übertragen, falls beispielsweise die Refinanzierungs- oder die Mindestreservenpolitik zum Einsatz kommt. Zweitens beeinflussen Offenmarktgeschäfte sowie Devisenmarktinterventionen die relativen Vermögenspreise und vor allem die Kurse in- und ausländischer Wertschriften. Die nachfolgenden Unterkapitel gehen im Einzelnen auf diese ausgewählten geldpolitischen Instrumente ein.

4.2 Refinanzierungskredite, Diskontpolitik und Leitzins

Die Refinanzierung der Geschäftsbanken über die Zentralbank bildet seit langem einen wichtigen Ansatzpunkt für geldpolitische Interventionen. Mit den entsprechenden Krediten vermag die Zentralbank die Liquidität im Bankensystem zu steuern. Konkret erfolgt dies über die bereits erwähnten repoähnlichen Transaktionen. Das Angebot an Refinanzierungskrediten ist für die Geschäftsbanken jedoch nicht gratis, sondern sie müssen dafür einen Zins entrichten, die geforderten Kreditsicherheiten mit einem hinreichend geringen Ausfallrisiko aufbringen sowie die ausgeliehene Summe an Zentralbankgeld am Ende der Laufzeit (die in der Regel einige Tage oder Wochen beträgt) zurückzahlen.

Da sich Haushalte und Firmen zu großen Teilen über Banken finanzieren (siehe Abb. 1.1), übertragen sich Veränderungen in ihren Refinanzierungskonditionen auf die Kreditvergabe und letztlich auf die gesamtwirtschaftliche Lage eines Landes. Basierend auf dem Monopol zur Ausgabe von staatlich anerkanntem Geld kann die Zentralbank die Kreditbedingungen in einem Währungsraum dirigieren. Im Besonderen sind die von ihr gewährten Konditionen hinsichtlich der Zinsen, der Laufzeit, des maximalen Kreditrahmens oder der geforderten Kreditsicherheiten bei der Refinanzierung von Geschäftsbanken für das gesamte Banken- und Finanzsystem tonangebend. So steigen für die Geschäftsbanken tendenziell die Refinanzierungskosten, falls die Zentralbank eine Erhöhung der Zinsen oder eine Reduktion des Zentralbankkreditvolumens sowie Einschränkungen bei den als Sicherheiten akzeptierten Wertschriften vornimmt. Sämtliche dieser Maßnahmen stellen Beispiele einer geldpolitischen Straffung dar, die gemäß Abb. 4.2 zu einer Reduktion der Refinanzierungskredite und der Barreserven in der Zentralbankbilanz führt. Die verminderten Barreserven reduzieren ihrerseits das bei den Geschäftsbanken vorhandene Potential zur Kreditvergabe und üben möglicherweise Übertragungseffekte auf das Einlagevolumen aus. Die gegenteiligen Entwicklungen treten bei einer Lockerung der Geldpolitik auf.

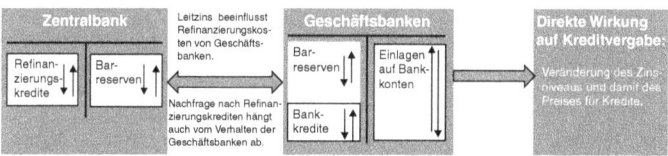

Abb. 4.2 Refinanzierungspolitik und ihre unmittelbaren Folgen

Hinsichtlich der Refinanzierungskredite an die Geschäftsbanken äußert sich die Geldpolitik primär in der Zinssteuerung. Der Zins, den die Zentralbank fordert, erlangt seine Bedeutung dadurch, dass er aufgrund der Sicherheit und der äußerst hohen Liquidität von Zentralbankgeld einen Referenzpunkt am kurzen Ende des Zinsgefüges markiert. Zinsen auf Bankeinlagen, Obligationen, für Firmenkredite oder Hypotheken sind mit einem Aufschlag versehen, der im Wesentlichen das Kreditausfallrisiko (je tiefer die Bonität eines Schuldners desto höher ist der Zins) oder die Laufzeit (je länger desto höher ist typischerweise der Zins)[1] widerspiegelt. Die Zinsen auf den Finanzmärkten bewegen sich also mehr oder weniger synchron mit jenen, die unter die

---

[1] Insbesondere vergleicht die sogenannte Zinsstruktur (auch Fälligkeitsstruktur genannt) den Verlauf zwischen den kurz- (v. a. jene auf dem Geldmarkt) und den langfristigen Zinsen (v. a. auf dem Kapitalmarkt). Je nach Zeitpunkt kann die Zinsstruktur sowohl positiv (d. h. die lang- liegen über den kurzfristigen Zinsen) als auch negativ verlaufen. Der positive Verlauf gilt allerdings als Normalfall, weil er häufiger auftritt. Der Grund dafür ist, dass die Anleger für das Halten einer langfristigen Wertschrift mit einer Liquiditätsprämie kompensiert werden wollen, um so den Nachteil einer langen Bindung von Vermögenswerten auszugleichen.

direkte Kontrolle der Zentralbank fallen (siehe Abb. 4.3). Erhöht die Zentralbank also den Zins, stellt dies eine Straffung der Geldpolitik dar, weil damit die Kosten für die Geldnachfrage und Kreditvergabe steigen. Dies dämpft natürlich die Wirtschaftsentwicklung, weil beispielsweise die Investitionstätigkeit bei den Firmen und Haushalten sinkt. Die umgekehrten Zusammenhänge gelten bei einer Lockerung der Geldpolitik, das heißt einer Reduktion des Zentralbankzinses.

Neben den direkten Effekten geht von einer Zinsänderung eine enorme Signalwirkung aus, weil die Zentralbank dadurch eine quantitativ fassbare Einschätzung der Wirtschaftslage vornimmt. Nachrichten zu den Zinsentscheiden werden denn auch mit großem Interesse aufgenommen und sorgen in der Regel für Schlagzeilen. Die entsprechende Kommunikation erfolgt in erster Linie über die Bekanntgabe des Leitzinses, der manchmal auch als offizieller Zins bezeichnet wird. Insbesondere teilt das für die Geldpolitik verantwortliche Organ der Zentralbank nach regelmäßig oder außerordentlich angesetzten Sitzungen mit, ob der Leitzins angehoben, gesenkt oder unverändert bleibt. Der Name des Leitzinses und die damit verbundenen Entscheidmechanismen unterscheiden sich zwischen den Zentralbanken. Wie im historischen Überblick in Kap. 2 bereits erwähnt wurde, fand der Leitzins im Diskontsatz auf Handelswechseln eine erste Ausprägung. Dies zeigt sich bis zum heutigen Tag darin, dass in Ländern wie Japan der Leitzins nach wie vor als Diskontsatz (engl. discount rate) bezeichnet wird, obschon der Wechsel als Finanzprodukt weitgehend ausgedient hat. Des Weiteren tritt der Refinanzierungsvorgang von Geschäftsbanken bei der Zentralbank manchmal nach wie vor unter dem Begriff der Diskontpolitik auf. In anderen Fällen gibt die Zentralbank den Leitzins direkt anhand des Refinanzierungssatzes bekannt, der je nachdem als Repo Rate (Schwedische Reichsbank), Bank Rate (Bank of England) oder auch anders bezeichnet wird. Der Leitzins der Europäischen Zentralbank orientiert sich an einem sogenannten

4 Ausgewählte geldpolitische Instrumente 91

Gemeinsamer Verlauf des Zinsniveaus anhand des Beispiels der USA. Veränderungen im Leitzins (Zielband der Federal Funds Rate) beeinflussen den Verlauf des Interbankenzinses (Federal Funds Rate, die im Zielband eingebettet ist) und übertragen sich (je nach Laufzeit und Bonität) mehr oder weniger auf andere Zinsen wie jene auf Bankkrediten, Staats-oder Unternehmensanleihen.

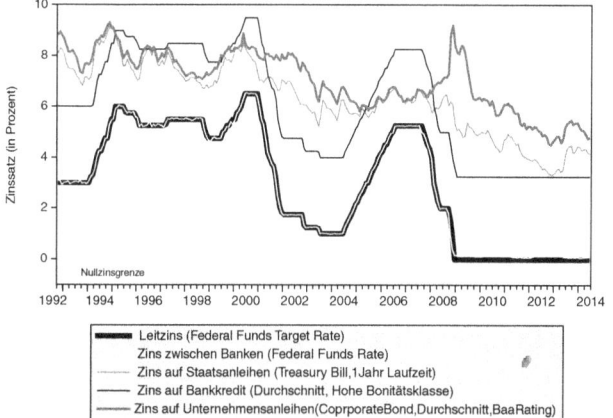

Verlauf der Leitzinsen. Beispiele aus dem Euroraum, den Vereinigten Staaten und Japan. Jede stufenweise Veränderung des Leitzinses signalisiert eine Änderung der geldpolitischen Ausrichtung der jeweiligen Zentralbank. Neue geldpolitische Konzepte können zu einer Änderung des Leitzinses führen. Z.B. haben die USA im Jahr 1992 vom Diskontsatz zur Federal Funds Rate gewechselt.

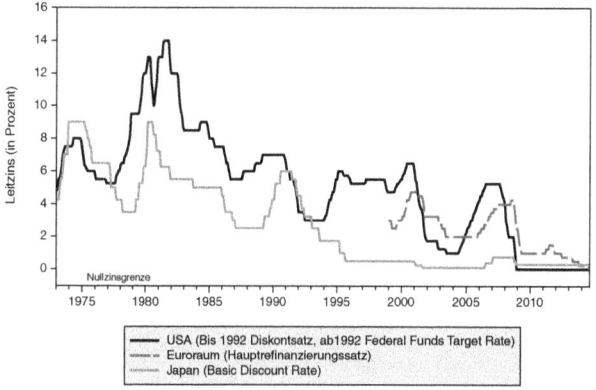

Abb. 4.3 Leitzins und Entwicklung des Zinsniveaus

Hauptrefinanzierungssatz. Gewisse Länder wie die Vereinigten Staaten von Amerika oder die Schweiz definieren den Leitzins in Form eines Zielbandes, welches den Schwankungsbereich eines Marktzinses begrenzt, der für die kurzfristige Kreditgewährung zwischen Geschäftsbanken maßgebend ist.[2] Je nach Organisationsstruktur der Zentralbank unterscheidet sich ferner die Größe und Zusammensetzung der Gremien, welche die Entscheidungen über den Leitzins vornehmen. Bekannte Beispiele für solche Gremien sind das Federal Open Market Committee (FOMC) des amerikanischen Federal Reserve Systems oder der EZB-Rat für den Euroraum.

Wie Abb. 4.3 exemplarisch anhand des Euroraums, Japans und der Vereinigten Staaten veranschaulicht, schwankt der Leitzins und liegt in der Regel während der Hochkonjunktur auf einem hohen Niveau und sinkt, sobald sich eine Rezession abzeichnet. Hinsichtlich der Bandbreite dieser Schwankungen ist der Leitzins gegen unten nicht frei, sondern stößt bei einem Wert von Null an eine Untergrenze (auf Englisch wird diese Nullzinsgrenze als zero-lower-bound bezeichnet). Ab diesem Niveau verunmöglicht das Phänomen der Liquiditätsfalle[3] weitere Senkungen der offiziellen Zinsen. Negative Refinanzierungszinsen würden nämlich schlicht bedeuten, dass die Zentralbank dazu übergehe, die Geschäftsbanken für die Nachfrage nach Notenbankgeld zu bezahlen. Folglich bestünde die Gefahr, dass die Notenbankgeldmenge, ohne einen

---

[2] Konkret ist dies die Federal Funds Rate für die USA oder der Dreimonats-Libor für den Schweizerfranken. Die Abkürzung „Libor" steht für London interbank offered rate und bestimmt, aufgrund der weltweit führenden Position von London im Finanzhandel, für zahlreiche Währungen den wichtigsten Referenzsatz für die kurzfristige Kreditvergabe zwischen Geschäftsbanken.

[3] Der Ausdruck, der auf Englisch „liquidity trap" lautet, geht auf John Maynard Keynes zurück, der vor dem Hintergrund der Großen Depression der 1930er Jahre auf die begrenzte Wirkung der Geldpolitik bei einem Nullzinsniveau aufmerksam machte.

eigentlichen gesamtwirtschaftlichen Zweck zu erfüllen, in astronomische Höhen steigen würde. Die Liquiditätsfalle impliziert also, dass an der Nullzinsgrenze selbst ein hohes Volumen an Refinanzierungskrediten mehr oder weniger wirkungslos zu verpuffen droht und die Zentralbank damit ihres wichtigsten geldpolitischen Instruments beraubt wird. Dies impliziert jedoch nicht, dass die Wirkung der Geldpolitik generell verloren geht, da noch andere Instrumente wie die Offenmarktpolitik (siehe Kap. 4.4) zur Verfügung stehen. Zum Schluss sind noch zwei Aspekte zu klären.

Wie gesagt besteht an der Nullzinsgrenze schlicht und einfach ein starker Anreiz, Geld als Barreserven zu horten. Um dieses Verhalten zu unterbinden, kann die Zentralbank dazu übergehen, die Barreserven von Geschäftsbanken mit einer Art „Kontogebühr" zu belegen. In diesem Zusammenhang wird manchmal auch von Negativzinsen gesprochen. Ein konkretes Beispiel hierfür liefert der sogenannte Einlagensatz, zu dem Geschäftsbanken kurzfristig Geld bei der Europäischen Zentralbank hinterlegen können und der ab Mitte 2014 erstmals im negativen Bereich lag. Ähnliche Maßnahmen, die den Geschäftsbanken eben Kosten für das Horten von Notenbankgeld aufbürden, sind unlängst auch in der Schweiz oder in Dänemark getroffen worden. Zu beachten gilt, dass solche Negativzinsen nicht den Refinanzierungssatz betreffen und infolgedessen nicht als Verstoß gegen die Liquiditätsfalle zu werten sind. Der Unterschied liegt schon nur darin, dass die Refinanzierung die Aktivseite der Zentralbankbilanz betrifft, wohingegen die Barreserven auf der Passivseite auftreten.

Darüber hinaus legen Zentralbanken, neben dem Leitzins, in der Regel auch den Kreditrahmen fest, der für die Refinanzierung von Geschäftsbanken maximal zur Verfügung steht. Was geschieht jedoch, wenn eine Geschäftsbank zur Erfüllung der Mindestreserveanforderungen, oder aus anderen Gründen, dringend auf Zentralbankliquidität angewiesen ist, welche über das vorgesehene Volumen hinausgeht? Für solche Fälle stellen

Zentralbanken eine sogenannte Engpassfinanzierung (die manchmal auch als Notfall- oder Spitzenfinanzierung bezeichnet wird) bereit, welche die Geschäftsbanken bei unerwarteten Liquiditätsengpässen in Anspruch nehmen dürfen. Die entsprechenden Zentralbankkredite sind jedoch mit einem Strafzins versehen, der über jenem ordentlicher Refinanzierungsgeschäfte liegt. Die Engpassfinanzierung ist zum Teil mit der Aufgabe der Zentralbank als Lender of Last Resort verbunden (siehe Kap. 5.5).

4.3 Mindestreserven

Anforderungen an die minimale Höhe der Barreserven bei der Zentralbank bilden ein weitaus gröberes Instrument, um die Kreditvergabe der Geschäftsbanken zu beeinflussen. Die Grundlagen, um eine solche Mindestreservenpolitik zu verstehen, wurden bereits in Abschn. 3.4 gelegt. Insbesondere gilt, dass der Mindestreservesatz, das heißt das verlangte Verhältnis zwischen den Barreserven und den Einlagen bei einer Geschäftsbank, den maximalen Kredit- und Geldschöpfungsspielraum beschränkt, was sich auf die breit definierten Geldmengenaggregate (M1, M2, M3) auswirkt. Im Einzelnen führt eine Erhöhung (Senkung) des Mindestreservensatzes zu einer Straffung (Lockerung) der Geldpolitik, weil die Geschäftsbanken zusätzliches Notenbankgeld in einem geringeren (größeren) Ausmaß über die Gewährung von Bankkrediten vermehren dürfen. Abbildung 4.4 zeigt schematisch die besprochenen Effekte auf.

Die Zentralbank überprüft die Mindestreservenvorschriften bei den Geschäftsbanken in regelmäßigen Abständen. Dabei ist zu beachten, dass die Mindestreservenpolitik den Kanal zu deren Beschaffung nicht unbedingt vorgibt. Beispielsweise stehen dazu die bereits besprochenen Refinanzierungskredite zur Verfügung.

Im Vergleich zu anderen geldpolitischen Instrumenten, wie dem Leitzins, finden Anpassungen der Mindestreservesätze nur

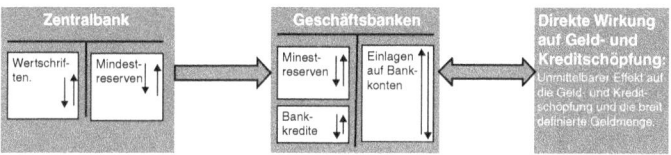

Abb. 4.4 Mindestreservepolitik und ihre unmittelbaren Folgen

noch selten statt.[4] Ein Grund dafür, dass die Mindestreserven als operatives Instrument der Geldpolitik nahezu bedeutungslos geworden sind, liegt im Aufwand, der bei den Geschäftsbanken auftreten würde, wenn sie fortwährend ihr Einlagen- und Kreditportfolio mit den Veränderungen bei den Barreserven in Einklang bringen müssten. Überdies werden die Mindestreserven auf den reservepflichtigen Einlagen bei den Geschäftsbanken erhoben und betreffen damit nur einen bestimmten Bereich des Bankensystems. Hingegen wirkt sich eine Leitzinsänderung auf das allgemeine Zinsniveau und damit unmittelbar auf weite Teile des Finanzsystems aus. Beispielsweise sind davon auch Firmen betroffen, die bei der Finanzierung von Investitionen nicht auf Bankkredite, sondern auf die Ausgabe von zinstragenden Wertschriften zurückgreifen. Gerade in Ländern, die neben einem Bankensystem auch über ausgereifte Finanzmärkte verfügen, würde eine Geldpolitik, die vorwiegend auf den Mindestreserven basiert, nicht die nötige Breitenwirkung entfalten.

Sporadische Anpassungen der Mindestreservenvorschriften sind meistens von fundamentalen Reformen im Geld- und Währungssystem begleitet. Die Barreserven verbinden bekanntlich das Notenbankgeld mit den Bankkrediten. Angesichts der Tatsache,

---

[4] Eine Ausnahme bildet die Chinesische Volksbank (Peoples Bank of China), die des Öfteren die Reserveanforderungen der Geschäftsbanken verändert. Zu bedenken gilt jedoch, dass bis heute wenige staatlich kontrollierte Geschäftsbanken das chinesische Finanzsystem dominieren, welches sich infolgedessen stark von den Verhältnissen in Europa und Nordamerika unterscheidet.

dass Kredithaussen des Öfteren in einer Finanzkrise enden, ist es vielleicht nicht überraschend, dass die Mindestreserven manchmal nach gravierenden Bankenkrisen zum Thema geworden sind. Kapitel 5.4 geht auf diesen Aspekt weiter ein.

4.4 Offenmarktpolitik

Neben der Refinanzierung von Geschäftsbanken zieht eine zweite Gruppe von geldpolitischen Instrumenten ausgewählte Vermögenswerte mit ein und bezweckt, über deren An- oder Verkauf, zeitweilig die entsprechenden Preise und Kurse zu beeinflussen. Eine erste Form davon ist die Offenmarktpolitik. Dabei tätigt die Zentralbank direkte Finanzmarktinterventionen, welche etwa zu einem Ankauf bereits emittierter Schuldverschreibungen führen, die von Banken, Versicherungen, oder Pensionskassen gehalten werden und in inländischer Währung denominiert sind.[5] Im Gegenzug wird dem Verkäufer einer Wertschrift ein äquivalenter Betrag an Barreserven auf seinem Konto (oder jenem seiner Geschäftsbank) bei der Zentralbank gutgeschrieben. Abbildung 4.5 fasst ein solches Offenmarktgeschäft zusammen und zeigt schematisch, wie sich dadurch die Notenbankgeldmenge erhöht. Selbstverständlich ist auch ein Verkauf von Wertschriften möglich, welcher zu einer Senkung der Barreserven und damit der Notenbankgeldmenge führt und folglich eine Straffung der Geldpolitik auslöst.

Offenmarktgeschäfte können im Prinzip dieselben Geschäftsbanken und Wertschriften wie die Refinanzierungskredite miteinbeziehen und unterscheiden sich von diesen, bei einer oberflächlichen Betrachtung, daher kaum. Ein Merkmal von direkten

---

[5] Der direkte Ankauf vom Staat wäre natürlich auch möglich. Dies würde jedoch eine unmittelbare Finanzierung der öffentlichen Hand über die Zentralbank darstellen, was mit einigen Nachteilen behaftet ist. Siehe dazu auch Kap. 7.2.

Abb. 4.5 Offenmarktpolitik und ihre unmittelbaren Folgen

Interventionen an den Finanzmärkten ist jedoch, dass in der üblichen Praxis die Handlungsmacht vollständig bei der Zentralbank liegt. Sie bestimmt, welche Wertschriften wann erworben werden und kann damit gezielt eine gewünschte Lockerung oder Straffung der Geldpolitik herbeiführen (hingegen gehen Refinanzierungskredite von der Initiative der Geschäftsbanken aus und hängen damit von ihren Liquiditätsbedürfnissen ab).[6] Überdies treten bei Offenmarktgeschäften nicht nur Geschäftsbanken als Gegenpartei auf. Dies kann dann von Vorteil sein, wenn die Zentralbank eine direkte Steuerung der Kreditbedingungen außerhalb des Bankensystems anstrebt. Schließlich führen die Offenmarktgeschäfte nicht nur eine Veränderung der Barreserven herbei, sondern verschieben das Angebot und die Nachfrage der gehandelten Wertschriften. Bei einem genügend großen Transaktionsvolumen hat dies Folgewirkungen auf deren Preis, oder Kurs, und löst somit Vermögenseffekte aus. Insbesondere führt ein substanzieller Ankauf von Wertschriften zu entsprechenden Kursgewinnen.

---

[6] Im Prinzip kann eine Offenmarktpolitik auch als „Preispolitik" betrieben werden, das heißt die Zentralbank legt die Bedingungen wie den Preis fest, zu denen sie Wertpapiere kauft und verkauft, und lässt den Markt die Menge bestimmen. Dieses Szenario ähnelt den bereits besprochenen Repurchase Agreements, bei denen die Zentralbank eben einen Teil ihrer Handlungsmacht preisgibt.

Verschiedene Motive können dem Einsatz von Offenmarkgeschäften zu Grunde liegen. Bereits besprochen wurde die Möglichkeit, an der Nullzinsgrenze eine weitere Lockerung der Geldpolitik zu bewerkstelligen. Zwar ist dies eine Extremsituation, die ausnahmslos während gravierender Finanzkrisen mit dramatischen Wirtschaftseinbrüchen aufgetreten ist. Die Erfahrungen aus der Großen Depression oder unlängst der Globalen Finanzkrise zeugen davon. In solchen Fällen ermöglichen offenmarktpolitische Instrumente eine direkte Versorgung der Wirtschaft mit zusätzlichem Notenbankgeld. Ein jüngeres Beispiel für eine solche Politik ist das sogenannte Quantitative Easing, bei dem es im Wesentlichen darum geht, Wertschriften mit langen Laufzeiten zu erwerben, um damit die langfristigen Zinsen zu senken. Offenmarktgeschäfte können jedoch auch außerhalb von Situationen zum Einsatz kommen, die eine ultraexpansive Geldpolitik erfordern. Beispielsweise tätigen Zentralbanken auf wichtigen Geldmärkten (aber auch auf Devisenmärkten) regelmäßig An- und Verkäufe zur Feinsteuerung der Kursentwicklung und insbesondere, um exzessive Kursfluktuationen zu dämpfen. Diese Interventionen sind auch als defensive Transaktionen bekannt und dienen der stabilen Geldmengenentwicklung, ohne dass damit eine Änderung der geldpolitischen Stoßrichtung einhergehen würde.

Die Zentralbank hat nur dann mit der Offenmarktpolitik ein potentes Instrument der Geldpolitik in der Hand, wenn die Finanzmärkte genügend groß und entwickelt sind; also im Klartext ein ausreichendes Volumen an in Inlandwährung denominierten Wertschriften zur Verfügung stellen. Offenmarktgeschäfte erfolgen bevorzugt mit liquiden Wertschriften, die also bei Bedarf rasch und problemlos wieder veräussert werden können. Überdies sollten die einbezogenen Schuldner eine hinreichend hohe Bonität (Kreditwürdigkeit) aufweisen, damit die Zentralbank ein vernachlässigbares Ausfallrisiko auf dem eigenen

4 Ausgewählte geldpolitische Instrumente 99

Wertschriftenportfolio tragen muss. Als Wertschriften, die sich für Offenmarktgeschäfte eignen, gelten namentlich inländische Staatsanleihen[7] oder andere standardisierte Schuldverschreibungen. Aufgrund von Bonitätsunterschieden und dem ungenügenden Volumen eignen sich Unternehmensanleihen oder Aktien weniger gut für Offenmarktgeschäfte. Überdies käme ein selektiver Ankauf von Firmenschulden einer Stützung ausgewählter Industrien und Firmen durch die Zentralbank gleich, was sich schwer mit einer Geldpolitik, die im Gesamtinteresse eines Landes liegen sollte, in Einklang bringen lässt. Infolgedessen sind viele Zentralbanken zurückhaltend, wenn es um den direkten An- oder Verkauf privater Vermögenswerte geht.[8]

Die für Offenmarkgeschäfte gewünschte Größe und Liquidität der Finanzmärkte ist in zahlreichen Schwellen- und Entwicklungsländer nach wie vor nicht gegeben. Auch in manchem Kleinstaat gibt der Finanzmarkt nicht genügend standardisierte und liquide Schuldverschreibungen für umfangreiche Offenmarktoperationen her. Hingegen bietet die Offenmarktpolitik in den

---

[7] Natürlich besteht hier wiederum die Gefahr, dass die Offenmarktpolitik der versteckten Finanzierung des Staates dient. Eine besondere Problematik tritt zurzeit im Euroraum auf, für den es bis anhin keine Staatsanleihen (sogenannte Eurobonds) gibt, die von einer Zentralregierung (sprich der Europäischen Union) ausgegeben werden. Infolgedessen ist die Europäische Zentralbank (EZB) gezwungen, bei Offenmarktgeschäften auf die Staatsanleihen und Wertschriften der einzelnen Mitgliedländer zurückzugreifen. Damit droht jedoch ein Konfliktpotential, wenn aus wirtschaftlichen oder politischen Gründen die Staatsanleihen gewisser Mitgliedsländern bevorzugt werden.

[8] Ein jüngeres Beispiel für eine solche Politik trat mit den sogenannten Mortgage Backed Securities (MBS) auf. Die MBS, welche mit Hypotheken besicherte Wertschriften sind, standen im Zentrum der Globalen Finanzkrise, die sich nach dem Zusammenbruch der Immobilienpreise in den USA über die Welt ausbreitete. Um den vollständigen Zusammenbruch des Marktes für MBS zu verhindern – und damit jener Geschäftsbanken, die darin stark involviert waren – initiierte das amerikanische Federal Reserve System nach 2008 ein groß angelegtes Programm, das unter anderem den Ankauf von MBS beinhaltete.

Vereinigten Staaten von Amerika, die über die größten und liquidesten Finanzmärkte der Welt verfügen, der Geldpolitik ein hervorragendes Instrument.

4.5 Devisenmarktinterventionen

Devisenmarktinterventionen stellen eine spezifische Form der Offenmarktpolitik dar, bei der die Zentralbank die eigene gegen eine fremde Währung an den Devisenmärkten an- oder verkauft. Typischerweise bezieht dies eine Geschäftsbank als Gegenpartei ein, die über die gewünschten Devisen oder in Auslandwährung denominierte Wertschriften verfügt und deren Barreserven sich nach einer Intervention entsprechend anpassen (siehe Abb. 4.6). Ein Devisenankauf gegen die eigene Währung erhöht also die Notenbankgeldmenge und geht folglich mit einer expansiven Geldpolitik einher. Das Gegenteil passiert bei einem Devisenverkauf.

Das Fehlen von genügend inländischen Wertschriften, die sich für Offenmarktoperationen eignen, oder die Feinsteuerung des Wechselkurses gelten als Motive für Devisenmarktinterventionen. Öfters ist allerdings das Bedürfnis ausschlaggebend, den Wechselkurs – sprich den Außenwert einer Währung – zu steuern. Namentlich stützt ein Devisenverkauf die eigene Währung, indem die zusätzliche Nachfrage durch die Zentralbank einen

Abb. 4.6 Devisenmarktinterventionen und ihre unmittelbaren Folgen

Aufwertungsdruck (auf die Inlandwährung) ausübt. Das Gegenteil gilt für einen Devisenkauf.[9] Wechselkurse wirken sich unmittelbar auf das relative Preisverhältnis zwischen in- und ausländischen Vermögenswerten sowie den Import und Export von Gütern und Dienstleistungen aus. Die Details dazu sind Gegenstand von Kap. 8.

Wenn ein Land ein System mit einem fixen Wechselkurs gewählt hat, muss die Geldpolitik wesensgemäß den Außenwert der Währung auf dem Niveau der anvisierten Parität stabilisieren. Kapitel 8.3 wird die Vor- und Nachteile eines solchen Wechselkursregimes näher erläutern. Jedenfalls werden Devisenmarktinterventionen in einem Fixkurssystem zum herausragenden geldpolitischen Instrument, weil die Zentralbank immer bereit sein muss, die eigene Währung zu einem festen Umtauschverhältnis, der sogenannten Wechselkursparität[10], zu handeln. Um dazu in der Lage zu sein, bedarf es natürlich eines gewissen Bestandes an Devisen; den sogenannten Währungsreserven. Ohne diese wäre eine Zentralbank nämlich nicht in der Lage, die eigene Währung falls nötig gegen Devisen zu kaufen, um einem etwaigen Abwertungsdruck standzuhalten.

Ein weitaus gröberes Instrument zur Intervention in den Devisenhandel bilden die Kapitalverkehrskontrollen, bei denen die

---

[9] Der guten Ordnung halber sei noch erwähnt, dass Devisenmarktinterventionen regelmäßig mit der Offenmarktpolitik kombiniert werden. Um die Folgeeffekte von Devisenmarktinterventionen auf die Notenbankgeldmenge zu neutralisieren, kann eine sogenannte Sterilisierung vorgenommen werden, indem die Zentralbank zwei Tage nach der Devisenmarktintervention (es dauert zwei Tage, um ein Wechselkursgeschäft abzuwickeln), ein Gegengeschäft mit inländischen Vermögenswerten auf dem offenen Markt tätigt. Dies neutralisiert den Effekt der Devisenmarktintervention auf die Notenbankgeldmenge.

[10] Im breiteren Sinn bezieht sich der Begriff der Parität (Wechselkursparität) auf das von der Zentralbank festgelegte Umtauschverhältnis zwischen Währungen. Im engeren Sinn definiert die Parität hingegen einen Referenzpunkt, an dem das Umtauschverhältnis (Währungsparität) oder das Kaufkraftverhältnis (Kaufkraftparität) zwischen zwei Währungen Eins zu Eins beträgt.

Zentralbank zahlreiche Beschränkungen zu den grenzüberschreitenden Transaktionen anordnet. Solche Eingriffe waren ein integraler Bestandteil des Bretton-Woods-Systems (vgl. Kap. 2.5), haben aber mit der internationalen Öffnung und der weltweiten Integration der Finanzmärkte stark an Bedeutung eingebüßt. In entwickelten Finanzsystemen werden Kapitalverkehrskontrollen höchstens als allerletzter Ausweg eingesetzt, um beispielsweise die Kapitalflucht während einer Finanz- und Währungskrise einzudämmen (mehr dazu in Kap. 8.6).

4.6 Wirkungsketten geldpolitischer Instrumente

Bisher wurden lediglich die isolierten Effekte des geldpolitischen Instrumentariums in Erwägung gezogen, wobei sich Leitzinsänderungen unmittelbar auf das allgemeine Zinsniveau, Offenmarktgeschäfte auf die Kurse der gehandelten Wertschriften und Devisenmarktinterventionen direkt auf den Wechselkurs auswirken. In den heutigen hochgradig vernetzten Bankensystemen und weitgehend integrierten Finanzmärkten ist die Wirkung von geldpolitischen Instrumenten damit jedoch nicht zu Ende, sondern überträgt sich sofort auf weitere Teile des Finanzsystems.

Insbesondere veranschaulicht Abb. 4.7, dass die geldpolitischen Instrumente in einem integrierten Finanzsystem eine vereinte Wirkung entfalten und, über verbundene Wege, die herrschenden Kreditbedingungen und Vermögenspreise in einem Währungsraum prägen. Ein bekanntes Beispiel hierfür ist die Interaktion zwischen dem Leitzins und dem Wechselkurs, welche zustande kommt, wenn sich die Erträge auf inländischen Anlagen verändern. Solange der grenzüberschreitende Kapitalverkehr genügend frei ist, führt eine geldpolitisch induzierte Zinserhöhung in der Regel zu einem ausländischen Kapitalzustrom,

4 Ausgewählte geldpolitische Instrumente 103

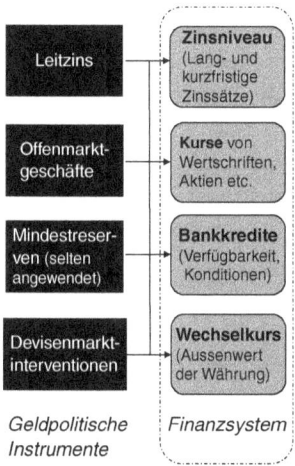

Abb. 4.7 Geldpolitische Instrumente

was die Nachfrage nach Inlandwährung in die Höhe treibt und damit einen Aufwertungsdruck auf dem Devisenmarkt ausübt. Bei einer Zinssenkung treten die umgekehrten Effekte auf. Eine Leitzinsänderung hinterlässt auch Spuren auf den Obligationen- und Aktienmärkten. Jede Veränderung des Zinsniveaus beeinflusst nämlich den Kurs von festverzinslichen Wertschriften, wie Obligationen. Ferner besteht bei einer Senkung des Leitzinses eine offensichtliche Ausweichmöglichkeit für Investoren darin, vermehrt Aktien zu kaufen, was manchmal ein kurzfristiges Kursfeuerwerk auslöst. Ähnliche Wirkungsketten lassen sich bei allen Instrumenten der Geldpolitik verfolgen. Es würde hier zu weit führen, sämtliche Möglichkeiten durchzuspielen.

Verschiedene Faktoren bestimmen, inwiefern die Übertragungseffekte zwischen geldpolitischen Instrumenten zur Geltung kommen. Dazu zählt die Finanzmarktentwicklung, welche sich in der Größe und der nationalen und internationalen Verflechtung von Finanzmärkten manifestieren. Überdies hängen die Reaktionen im Finanzsystem auch davon ab, ob eine geldpolitische Veränderung erwartet wird oder überraschend erfolgt. Bei einer erwarteten Veränderung fallen die Reaktionen normalerweise mäßig aus, da beispielsweise eine Leitzinsänderung bereits in einem Wechselkurs eingepreist wurde. Sprunghafte Effekte gehen von unerwarteten Änderungen aus.

Abbildung 4.7 zeigt die wichtigsten, jedoch bei weitem nicht alle geldpolitischen Instrumente, die einer Zentralbank zur Verfügung stehen. Insbesondere kann sie auch direkte Eingriffe bei den Zinsen oder beim Kreditvolumen vornehmen. Konkret geht es dabei meistens um regulatorische Vorschriften, welche Grenzwerte für maximal oder minimal zulässige Zinsen festlegen oder das Volumen und die Art von Bankkrediten einschränken. Infolge der zunehmenden Liberalisierung und Integration des Finanzsystems haben systematische Zinsbeschränkungen oder Kreditkontrollen durch die Zentralbank in den vergangenen Jahrzehnten stark an Bedeutung verloren. Geschäftsbanken und andere Finanzinstitute haben nämlich oft Wege gefunden, um solche Vorschriften zu umgehen. Überdies könnten selektive Vorschriften die Finanzmarktentwicklung behindern, einen unverhältnismäßig hohen Kontrollaufwand verursachen oder einfach dazu führen, dass sich der Handel auf Schwarzmärkte verlagert. Anstelle von geldpolitischen Interventionen können Zentralbanken die Konditionen bei den Geschäftsbanken und auf den Finanzmärkten bisweilen auch über zurückhaltendere Instrumente beeinflussen. Dazu zählen moralische Verhaltensappelle (auch Moral Suasion genannt) an die Teilnehmer im Banken- und Finanzsystem. Ob ein gütliches Zureden gehört wird, obschon es keinen rechtlichen Zwang entfaltet, hängt vornehmlich von der Reputation der Zentralbank als moralische Instanz in Finanzfragen ab.

Je nach Land, wirtschaftlicher Lage und geldpolitischem Konzept kommt ein anderer Mix aus geldpolitischen Instrumenten zum Einsatz. Vielerorts stellen die Refinanzierungskredite an Geschäftsbanken und die Veränderung des Leitzinses heutzutage das wichtigste Mittel zur Implementierung der Geldpolitik dar. Jedoch kommt den Offenmarktgeschäften in großen Ländern mit einem hoch entwickelten Finanzsystem manchmal auch eine bedeutende Rolle zu. Aufgrund der Auslandabhängigkeit nehmen kleine Länder, deren Wirtschaftslage stark vom grenzüberschreitenden Handel abhängt, des Öfteren auch Devisenmarktinterventionen vor. Das adäquate geldpolitische Instrumentarium kann sich sowohl zwischen Ländern als auch über die Zeit verändern. Ein anschauliches Beispiel für letzteres sind Bankenkrisen, während denen die Refinanzierungskredite aufgrund der Kreditklemme im Bankenwesen ihre Wirksamkeit weitgehend einbüßen können. Infolgedessen greifen Zentralbanken in Krisenzeiten vermehrt zu Offenmarkt- oder Devisenmarktinterventionen, die während der Globalen Finanzkrise auch als „unkonventionelle" oder „innovative" Maßnahmen betitelt worden sind. Angesichts der Tatsache, dass direkte Ankäufe von Wertschriften oder Devisen gegen Zentralbankgeld ein weit verbreitetes und schon lange praktiziertes Instrument der Geldpolitik sind, bleibt es schleierhaft, welche Konvention gebrochen wurde und wo genau die Innovation lag. Dessen ungeachtet ist die Stabilität des Finanz- und Bankensystems für die Wirkung der Geldpolitik von unschätzbarer Bedeutung. Das nächste Kapitel widmet sich genau diesem Thema.

Weiterführende Literatur

Angaben zum geldpolitischen Instrumentarium und dem geldpolitischen Konzept der Schweizerischen Nationalbank liefert: Baltensperger, Ernst, 2012, *Der Schweizer Franken – eine Erfolgsgeschichte*, NZZ Libro, Kap. 10.

Die Instrumente der Geldpolitik werden in den Lehrbüchern der Makroöknomik besprochen. Ein aktuelle Diskussion ist zu finden in: Miles, David, Andrew Scott und Francis Breedon, 2014: *Makroökonomie – Globale Zusammenhänge verstehen*, Wiley, Kap. 13.

Eine etwas detaillierte Abhandlung über das geldpolitische Instrumentarium der Europäischen Zentralbank liefert: Jarchow, Hans Joachim, 2003: *Theorie und Politik des Geldes*, Vandenhoeck & Ruprecht, Teil. IX.

Für eine lehrbuchmäßige Diskussion zum geldpolitischen Instrumentarium und zum geldpolitischen Konzept des amerikanischen Federal Reserve Systems siehe: Mishkin, Frederic, 2013: *The Economics of Money, Banking, and Financial Markets*, Pearson, Teil 4.

5
Geld, Kredit und Banken

Lumpen ergeben Papier – Papier ergibt Geld – Geld ergibt Banken – Banken geben Darlehen – Darlehen ergeben Bettler – Bettler ergeben Lumpen.
Spruch von Lumpensammlern aus dem 19. Jahrhundert

5.1 Finanzsystem und Finanzstabilität

Dieses Kapitel behandelt die Verbindungen zwischen der Zentralbank, dem Finanzsystem und dem Bankenwesen. Die bisherigen Ausführungen haben gezeigt, dass die Zentralbank gewissermassen an der Spitze des Finanzsystems steht. Dies bedeutet insbesondere, dass sich geldpolitische Entscheide, die mit Hilfe der bereits besprochenen Instrumente zu einer Veränderung des Zinsniveaus und der Notenbankgeldmenge führen, unmittelbar auf die Geschäftsbanken sowie die Finanz- und Devisenmärkte übertragen. Aus diesem und aus anderen Gründen stellen Krisen im Finanzsystem das Zentralbankenwesen vor grosse Herausforderungen, die rasch zum dominierenden Thema der Geldpolitik aufrücken, sobald Probleme, wie Bankenpaniken, auftreten.

Im Wesentlichen umfasst das Finanzsystem sämtliche Märkte und Institutionen, die in irgendeiner Form Finanzmittel und Vermögenswerte zwischen Sparern und Investoren transferieren. Das Charakteristische daran ist, dass ein Austausch zwischen gegenwärtigen und zukünftigen Zahlungen stattfindet, sei

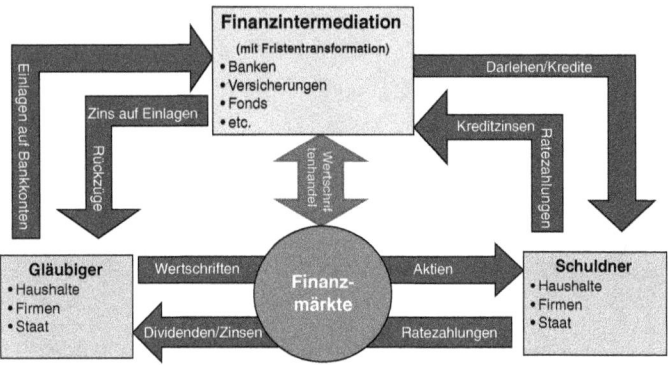

Abb. 5.1 Direkte und indirekte Wege im Finanzsystem

es in Form von Krediten, Zinsen, Dividenden, Ratenzahlungen oder anderen Leistungen. Im Einzelnen können solche Finanztransfers verschiedene Wege nehmen. Wie Abb. 5.1 summarisch darlegt, bieten Finanzmärkte eine Möglichkeit, wie Gläubiger ersparte Finanzmittel direkt an einen bestimmten Schuldner ausleihen können. Dies geschieht beispielsweise über die Ausgabe von Wertschriften wie Aktien, mit denen ein Eigentumsanteil an einem Unternehmen und dessen Gewinnen erworben wird, oder es wird ein Kredit oder festes Darlehen gewährt, das dem Gläubiger im Gegenzug vertraglich festgelegte Zins- und Ratenzahlungen zusichert. Des Weiteren treten im Finanzsystem sogenannte Finanzintermediäre auf. Diese umfassen sämtliche Unternehmen, die sich darauf spezialisiert haben, eine Zwischenstellung zwischen Gläubigern (oder Kreditgebern) und Schuldnern (oder Kreditnehmern) einzunehmen. Hier findet eine indirekte Übertragung von Vermögenswerten statt, indem Ersparnisse von einem Intermediär entgegengenommen und gebündelt werden, um die gesammelten Finanzmittel in der Folge als Darlehen oder Kredit weiterzugeben. Indirekte Finanzgeschäfte finden natürlich in der Geschäftsbank geradezu mustergültig statt. Jedoch nehmen auch Anlagefonds, Pensionskassen oder Versicherungen eine ähnliche Vermittlerrolle ein.

Das Finanzsystem erfüllt mehrere Funktionen, die für die Wirtschaft von essentieller Bedeutung sind. Dazu zählen die Vermögensverwaltung, das Bündeln von Ersparnissen und deren Überführung in Kredite, aber auch das Handhaben und Überwachen finanzieller Risiken, die beispielsweise die Existenzgrundlage für das Versicherungswesen bilden, sowie die Organisation des Zahlungsverkehrs. Wie wichtig diese Funktionen sind, wird einem oft erst beim Auftreten von Krisen bewusst, wenn das Finanzsystem die erwähnten Aufgaben eben nicht mehr wie gewohnt wahrnimmt. Störungen im Finanzsystem, die unter anderem in Form von Kursstürzen an der Börse, Zusammenbrüchen von Banken oder Währungskrisen auftreten können, bedeuten eben, dass Ersparnisse nicht mehr gesichert sind, die Kreditvergabe stockt, Pannen im Zahlungsverkehr und Finanzmarkthandel drohen oder eine Absicherung gegen Finanzrisiken plötzlich schwierig bis unmöglich wird. Die Auswirkungen davon können gravierend sein. Ausgewachsene Finanzkrisen ziehen oft schwere Rezessionen und andere katastrophenähnliche Ereignisse für die Wirtschaft nach sich. Infolgedessen gilt die Finanzstabilität als ein anerkanntes Ziel, das im gesamtwirtschaftlichen Interesse eines Landes liegt.[1]

Warum ist das Finanzsystem überhaupt krisenanfällig? Dafür gibt es verschiedene Gründe, die im Rahmen dieses Kapitels erörtert werden. Wichtig ist jedoch vorerst, dass Finanzgeschäfte von den Wirtschaftsteilnehmern immer auch eine Entscheidung über zu erwartende Ereignisse und Entwicklungen abverlangen,

---

[1] Die Bedeutung eines stabilen Finanzsystems geht weit über die wirtschaftlichen Aspekte hinaus. Neben den wirtschaftlichen Problemen gefährden Finanzkrisen auch die politische Stabilität. In manchen Fällen hatten Finanzkrisen soziale Unruhen zur Folge, in denen sich der Frust über den Verlust von Ersparnissen, die hohe Teuerung oder die Massenarbeitslosigkeit entlud.

die unweigerlich im Rahmen bestimmter Wahrscheinlichkeiten ungewiss sind. So birgt jeder Kredit ein Zahlungsversprechen in sich und wird bloß in der Annahme vergeben, dass die Schuldnerpartei in der Zukunft den vereinbarten Zins entrichtet und am Ende der Laufzeit die ausgeliehene Summe auch wieder zurückzahlt. Demgemäß besteht natürlich das Risiko, dass der Kreditnehmer seinen Verpflichtungen aus irgendwelchen Gründen nicht nachkommen kann oder will. Weil der Erfolg oder Misserfolg von Finanzgeschäften sich erst später offenbart, gehen finanzielle Entscheidungen immer mit einer Einschätzung über die Zukunft einher. Mit Fehleinschätzungen ist deshalb immer zu rechnen. Um Fehler möglichst zu vermeiden, ist das Finanzwesen in hohem Maße von verlässlichen Informationen über bevorstehende Entwicklungen abhängig. In vielen Fällen sind relevante Informationen jedoch nur bruchstückhaft vorhanden, einseitig zwischen den Parteien eines Finanzgeschäfts verteilt und damit anfällig für Manipulationen. Beim Beispiel der Kreditvergabe muss der Gläubiger aufgrund des Mangels an gesicherten Informationen eben zu einem gewissen Grad an den Erfolg des Kreditgeschäfts „glauben". Der Schuldner dürfte hingegen sehr viel besser über das Kreditausfallrisiko Bescheid wissen. Gerade wenn er gedenkt, hohe Finanzrisiken einzugehen, oder sogar die Absicht hegt, kriminelle Handlungen wie eine Veruntreuung zu begehen, gibt es starke Beweggründe, während der Aushandlung eines Kredits sparsam mit der Wahrheit umzugehen. All dies impliziert, dass finanzielle Transaktionen ein erhebliches Maß an Vertrauen voraussetzen. Ein Vertrauensschwund kann sich im Finanzwesen darum verheerend auswirken und schnell eine allgemeine Krise auslösen.

5.2 Die Rolle der Geschäftsbanken

Da Geschäftsbanken das Rückgrat moderner Finanzsysteme bilden, gehen die folgenden Abschnitte etwas genauer auf deren wirtschaftliche Aufgaben ein. Dabei sind mit den Geschäftsbanken sämtliche Finanzintermediäre gemeint, die gewerbsmäßig Einlagen entgegennehmen oder sich auf dem Finanzmarkt oder bei anderen Finanzintermediären refinanzieren und gleichzeitig auf eigene Rechnung Kredite vergeben. Charakteristisch für das klassische Bankgeschäft[2] ist zudem, dass sich die finanziellen Eigenschaften der Einlagen auf den Bankkonten grundlegend von jenen der Bankkredite unterscheiden. Bankkonten, auf denen Buchgeld liegt, bilden bekanntlich die Grundlage für den bargeldlosen Zahlungsverkehr. Um eine gute Alternative zum Bargeld zu bieten, müssen die entsprechenden Guthaben natürlich liquide sein, das heißt die Kontoinhaber sollten sofort und problemlos – mit Hilfe von Schecks, Bankkarten, Kontokorrent, etc. – auf ihre Guthaben zugreifen können. Bankkredite sind hingegen zweckgebunden und mit einer bestimmten Laufzeit versehen. Dieses Überführen von kurzfristigen und transaktionsfähigen Verpflichtungen (Bankeinlagen, die sofort abgehoben werden können) in langfristige und illiquide Forderungen (Bankkredite, die erst in der Zukunft fällig sind) wird etwas schwerfällig als Fristentransformation oder Laufzeiteninkongruenz (engl. asset transformation) bezeichnet.

Das klassische Bankgeschäft basiert im Wesentlichen auf einem Zusammenspiel zwischen dem Buchgeld auf den Bankkonten und der entsprechenden Kreditvergabe. Infolgedessen tritt der

---

[2] Weitere Bankgeschäfte, die hier nicht im Detail behandelt werden, umfassen den Geldwechsel und die Vermögensverwaltung. Ferner werden zahlreiche Aktivitäten, wie unter anderem die Beschaffung von Finanzmitteln für Firmen und Staaten, das Durchführen von Unternehmenszusammenschlüssen, die Emission von Aktien und Obligationen sowie deren Handel auf Finanzmärkten unter dem Begriff des Investmentbankings zusammengefasst.

Bereich der Wirtschaftswissenschaften, der sich mit diesen Themen auseinandersetzt, auch unter dem Titel dieses Kapitels – Geld, Kredit und Banken – auf. Kapitel 3.3 hat bezüglich dieser „Trilogie" bereits einige Grundlagen gelegt, indem die verschiedenen Geldmengenbegriffe aufzeigen, dass eine Vervielfachung der Notenbankgeldmenge innerhalb des Bankensystems stattfindet. Ferner hat Kap. 3.4 gezeigt, wie die Barreserven eine Verbindung zwischen der Zentralbank und den Geschäftsbanken herstellen. Die Überwachung der Geschäftsbanken, namentlich was die Kredit- und Geldschöpfung angeht, ist also für die Geldpolitik von hoher Relevanz. Da die Geldschöpfung für die heutige Finanzarchitektur von grundlegender Bedeutung ist, jedoch auch die Finanzstabilität latent gefährdet, wird dieser Aspekt im Folgenden genauer erläutert.

Zu diesem Zweck zeigt Abb. 5.2 eine schematische Bilanz von Geschäftsbanken.[3] Die Forderungen auf der Aktivseite bestehen im Wesentlichen aus den Barreserven und den ausstehenden Bankkrediten, die zum Beispiel als Hypothekarkredite an Haushalte, aber auch an Firmen oder öffentliche Einheiten vergeben wurden. Weitere Forderungen resultieren bei den Geschäftsbanken aus dem Finanz- und Devisenhandel, woraus entsprechende Aktiven in Form von Wertschriften- oder Fremdwährungsportfolios hervorgehen. Die Verbindlichkeiten auf der Passivseite bestehen vorerst einmal aus den Einlagen (Depositen), die auf Bankkonten liegen. Des Weiteren können Geschäftsbanken sich über Fremdkapital finanzieren, indem sie eigene Schuldverschreibungen ausgeben, bei anderen Banken kurzfristige Interbankkredite aufnehmen oder sich über einen anderen Weg im Finanzsystem refinanzieren. Schließlich stellen das Eigenkapital

---

[3] In der Realität besteht der Bankensektor natürlich aus einer Vielzahl von Großbanken, Sparkassen, Privatbanken, Investmentbanken und weiteren Finanzinstituten, die sich mehr oder weniger stark auf ein bestimmtes Segment der Finanzintermediation spezialisiert haben. Die Bilanz aus Abb. 5.2 ist stark vereinfacht und widerspiegelt primär die Situation eines Spar- und Kreditinstituts.

Abb. 5.2 Schematische Bilanz des Bankensektors

und die (noch nicht ausgeschütteten) Gewinne eine Verbindlichkeit gegenüber den Eigentümern oder den Aktionären einer Geschäftsbank dar.

Wenn die Einlagen nur partiell durch Barreserven gedeckt sind, besteht für die Geschäftsbank die Möglichkeit, Bankkredite teilweise über die Guthaben auf den Bankkonten mitzufinanzieren. Da die Einlagen zu großen Teilen transaktionsfähige Sichtschulden darstellen, die vergleichbare Funktionen wie das Bargeld erfüllen, ermöglicht die partielle Reservehaltung überdies, dass das Buchgeld innerhalb des Bankensystems vervielfacht wird. In der Bilanz von Abb. 5.2 schlägt sich dies darin nieder, dass die Einlagen die Barreserven (Zentralbankgeld) übersteigen. Solange sie die Mindestreservenvorschriften nicht verletzen, können Geschäftsbanken die Bilanzsumme in der Tat relativ einfach ausdehnen, indem sie beispielsweise neue Bankkredite gewähren und die entsprechende Summe auf dem Bankkonto der kreditnehmenden Gegenpartei gutschreiben. Dieser Vorgang wird auch als Kreditschöpfung bezeichnet. Eine Einlageschöpfung liegt hingegen vor, wenn einer Geschäftsbank neue Ersparnissen zufließen, die auf den Bankkonten der Kunden landen. Falls diese Einlagen nicht ungenutzt als Barreserven liegen bleiben, sondern als Kredit zurück in die Wirtschaft fließen sollen, resultiert daraus ebenfalls eine Diskrepanz zwischen den Barreserven und den

Bankeinlagen. Infolge der gegenseitigen Abhängigkeiten, ist es in der Praxis schwierig bis unmöglich, die Kredit- und Einlageschöpfung auseinanderzuhalten. Insgesamt ist es für die Geldschöpfung sowieso kennzeichnend, dass sie auf der partiellen Reservehaltung beruht und eine Hebelwirkung zwischen dem Geld- und dem Kreditwesen entfalten.

Obschon die Zentralbank die Geldschöpfung steuern und begrenzen kann, hat die Schaffung von Buchgeld innerhalb des Bankensystems auf den ersten Blick etwas Anrüchiges an sich. Wie noch gezeigt werden wird, ist dieser Vorgang für die Finanzstabilität in der Tat alles andere als unproblematisch. Jedoch gilt es zunächst festzuhalten, dass das Vervielfachen der Geldmenge im Bankensystem, und damit die partielle Reservehaltung, auch ein geeignetes Mittel liefert, um die divergierenden Bedürfnisse von Sparern, welche Einlagen auf dem Bankkonten halten, und Investoren, welche Bankkredite nachfragen, miteinander in Einklang zu bringen. Auf der einen Seite tragen Geschäftsbanken mit Dienstleistungen, wie die Kontoführung, die Sicherung von Vermögen oder die direkte Verbuchung von bargeldlosen Transaktionen, wesentlich zur Vereinfachung des Zahlungsverkehrs bei. Dazu müssen die Einlagen selbstverständlich liquide sein. Dass Beschränkungen beim Zugang zu Bankkonten das wirtschaftliche und gesellschaftliche Zusammenleben erschweren, wird einem in Ländern (und Zeiten) bewusst, in denen solche Finanzdienstleistungen nicht selbstverständlich sind (bzw. waren). Auf der anderen Seite sind Bankkredite für Privatpersonen und für kleinere und mittlere Unternehmen oft die einzige Möglichkeit, um Konsumbedürfnisse oder Investitionen zu finanzieren, die nicht aus den eigenen Mitteln gedeckt werden können. Ein Kredit, der nicht langfristig und zu fixen Konditionen vergeben wird, sondern (wie eine Bankeinlage) jederzeit zurückgefordert werden könnte, wäre indes nur von beschränktem Nutzen.

5.3 Die Anatomie von Bankenkrisen

Die Vorteile des Bankgeschäfts zeigen sich darin, dass in modernen Wirtschafssystemen der Zahlungsverkehr, die Ersparnisbildung, die Vermögensverwaltung oder die Kreditvergabe zu großen Teilen über Finanzintermediäre erfolgt.[4] Wenn sich Geschäftsbanken im Rahmen des Geldschöpfungsprozesses zu jedem Zeitpunkt verpflichten, die Einlagen auf Bankkonten auszuzahlen, und damit dennoch langfristige Kredite finanzieren, birgt dies hingegen auch Gefahren für die Stabilität des Bankensystems. Bankenkrisen bilden in der Tat seit jeher einen festen Bestandteil der Wirtschaftsgeschichte. Um dies zu illustrieren, zeigt Abb. 5.3 für die letzten Jahrzehnte die Anzahl der Länder, die mit einer systemischen Bankenkrise zu kämpfen hatten. Phasen der Instabilität im Bankenwesen traten natürlich schon lange vorher auf. Angesichts dessen ist es wohl kein Zufall, dass das Wort „Bankrott", welches sich heute auf Pleiten im Allgemeinen bezieht, seinen semantischen Ursprung im Bankenwesen hat. Insbesondere beschreibt der Wortteil „Bank" die Wechselbank (italienisch „banca"), auf welcher die Geldhändler in den italienischen Stadtstaaten der Renaissance ihre Münzen zum Tausch anboten. Der Wortteil „rott" kommt her vom italienischen „rotta" für „gebrochen", wenn ein Geldwechsler pleitebedingt seinen Tisch räumen, oder eben entzweien, musste.

---

[4] Selbst für Firmen ist die indirekte Finanzierung über Intermediäre wie eine Geschäftsbank wichtiger als die direkte Finanzierung über Finanzmärkte. In den USA gilt, dass etwas mehr als 50 % der externen Finanzierung von Firmen durch Kredite von Finanzintermediären abgedeckt ist (Der entsprechende Anteil von Aktien beträgt hingegen nur rund 10 %). In Kontinentaleuropa und Japan liegt der Anteil der Kreditfinanzierung durch Banken deutlich höher. Genaue Zahlen hierzu liefern: Hackethal, Andreas, und Reinhard H. Schmidt, 2004: Financial Patterns: Measurement, Concepts and Empirical Results, Goethe-Universität Working Paper No. 125.

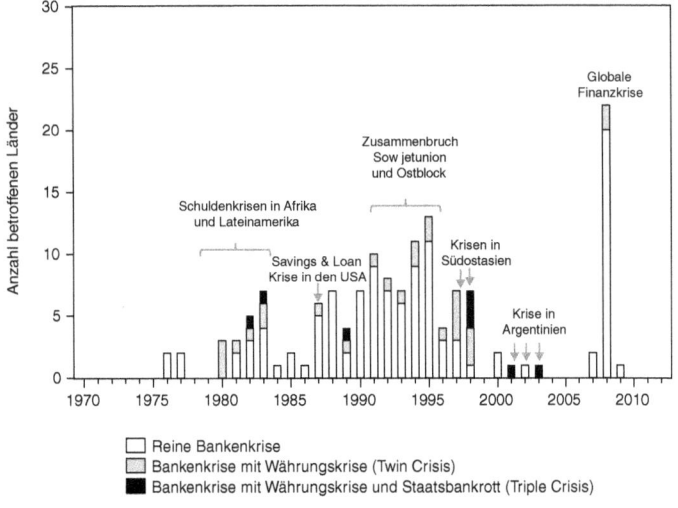

Abb. 5.3 Anzahl Länder mit einer Bankenkrise (1970–2012). (Daten: Laeven, Luc, und Fabian Valencia (2012), Systemic Banking Crises Database: An Update. IMF Working Paper 12/163)

Das Insolvenzrisiko

Welchen besonderen Gefahren ist das Bankgeschäft ausgesetzt? Erstens droht ein Insolvenzrisiko. Im Allgemeinen beschreibt die Insolvenz eine Situation, bei der ein Schuldner sowohl Heute als auch in der Zukunft nicht in der Lage sein wird, die eingegangenen finanziellen Verpflichtungen zu erfüllen. Mit anderen Worten ist eine Überschuldung eingetreten. Für eine Geschäftsbank impliziert dies insbesondere, dass bereits vergebene Bankkredite faul geworden sind und die entsprechenden Zahlungen damit teilweise oder ganz ausfallen werden. Die Begrenzung des Ausfallrisikos – die Gefahr, dass ein Kreditnehmer die vereinbarten Zahlungen eben nicht mehr leisten kann oder will – ist demnach ein zentraler Erfolgsfaktor im Kreditgeschäft.

Eine entsprechende Risikoeinschätzung bedarf vertiefter Kenntnisse über die persönlichen und wirtschaftlichen Umstände der Schuldnerpartei sowie die Kontrolle, dass die einmal vergebenen Finanzmittel nicht zweckentfremdet werden. Diesbezüglich haben Geschäftsbanken den Vorteil, dass sie sich auf die Prüfung von Kreditnehmern spezialisiert haben und darum von einem entsprechenden Erfahrungsschatz und von langjährigen Kundenbeziehungen profitieren können. Trotzdem sind Fehleinschätzungen nie ausgeschlossen, da mit einer Kreditvergabe ein Entscheid fällt, der wesensgemäß mit Unsicherheit behaftet ist. Sporadische Kreditausfälle sind damit einzukalkulieren und sollten für eine Geschäftsbank auch verkraftbar sein. Falls hingegen katastrophal schlechte Wirtschaftsentwicklungen, beispielsweise infolge eines Konjunktureinbruchs, oder begangene Fehler bei der Kreditvergabe die Insolvenzzahlen hochschnellen lassen, resultieren daraus massive Verluste, die eine Geschäftsbank früher oder später in Bedrängnis bringen können. Außerdem kann die Insolvenzgefahr auch die Verluste auf dem Wertschriftenportfolio anschwellen lassen, wenn sich eine Geschäftsbank am Finanzmarkt verspekuliert hat. Die Negativschlagzeilen, die solche Spekulationsverluste mit sich bringen, sollten jedoch nicht darüber hinwegtäuschen, dass verheerende Einbußen in der Vergangenheit viel öfter auf Krediten, und namentlich beim anscheinend banalen Hypothekengeschäft nach Platzen von Blasen im Immobilienmarkt, zu verzeichnen waren.[5]

Das Illiquiditätsrisiko

Zweitens besteht ein Illiquiditätsrisiko, welches sich im Allgemeinen auf die Gefahr bezieht, dass eine Person oder eine Firma nicht über die nötigen flüssigen Mittel verfügt, um die laufenden Rechnungen zu bezahlen. Mit anderen Worten ist eine vorübergehende Zahlungsunfähigkeit eingetreten. Im Vergleich zu anderen

---

[5] Siehe Admati, Anat, und Martin Hellwig: 2014, *Des Bankers' neue Kleider*, Finanzbuchverlag, Seiten 93 ff.

Industrien weist das Bankenwesen einzigartige Liquiditätsprobleme auf. Wie die Bilanz in Abb. 5.2 verdeutlicht, liegt dem klassischen Bankgeschäft eine Fristentransformation und damit die partielle Reservehaltung zu Grunde, die eine Geschäftsbank im Prinzip jederzeit und unerwartet in Bedrängnis bringen kann. Zwar treten keine Liquiditätsprobleme auf, solange die Kontoinhaber Geld in einem normalen Umfang abheben, da den Einlagen auf der Passivseite der Bilanz auch Liquiditätspolster wie die Barreserven bei der Zentralbank auf der Aktivseite gegenüberstehen. Dies gilt jedoch nicht mehr, sobald die Kontoinhaber, aus welchen Gründen auch immer, massiv von ihrem Rückzugsrecht Gebrauch machen. Die fundamentale Diskrepanz zwischen liquiden Einlagen und illiquiden Bankkrediten fördert dann das Risiko einer Bankenpanik zu Tage, bei der es die Kontoinhaber mit der Angst zu tun kriegen und infolgedessen daran zweifeln, ob ihre Guthaben noch sicher seien; das heißt, bei Bedarf jederzeit zurückgezogen werden können. Das Gefährliche daran ist, dass diese Angst einen Teufelskreis in Gang setzen kann, bei dem hohe Rückzüge die liquiden Barreserven verringern, was wiederum die Angst vor einer Illiquidität antreibt und letztlich in einen regelrechten Ansturm auf die Bank (engl. bank run) mündet. Der Kreis oben rechts in Abb. 5.4 veranschaulicht den Mechanismus einer klassischen Bankenpanik. Im Prinzip kann diese aus einer grundlosen Phobie hervorgehen, die sich zu einer Massenhysterie ausweitet. Tatsächlich treten Bankenpaniken jedoch fast nie aus heiterem Himmel auf, sondern eher, nachdem bekannt wurde, dass eine Geschäftsbank mit faulen Krediten oder Verlusten auf dem Wertschriftenportfolio zu kämpfen hat. Auf sich allein gestellt, können Geschäftsbanken sowieso nur wenig gegen solch widrige Entwicklungen ausrichten, da die Bankkredite typischerweise feste und lange Laufzeiten aufweisen und sich infolgedessen nicht sofort liquidieren, das heißt in flüssiges Geld umwandeln, lassen.

Der Faktor Unsicherheit

Die Ausführungen zum Illiquiditätsrisiko zeigen, wie Unsicherheiten über zukünftige Entwicklungen und das Vertrauen in das Finanzsystem die Höhe der Barreserven, und damit das Kreditwachstum, erheblich stören können. Es ist in der Tat typisch, dass Geschäftsbanken während einer Banken- und Finanzkrise dazu übergehen, große Liquiditätspolster anzulegen, auf die im Notfall zurückgegriffen werden kann. Dies führt jeweils zu einer teils massiven Übererfüllung der Mindestreservenvorschriften, was Folgeeffekte auf die Höhe der Geldmenge sowie die gesamtwirtschaftliche Entwicklung auslöst. Insbesondere kann während einer Bankenkrise die Geldschöpfung regelrecht zusammenbrechen. Dadurch droht ein Kollaps der breit definierten Geldmenge, was freilich auch die Kreditvergabe an Firmen und Haushalte reduziert und sich dämpfend auf den Konsum und die Investitionen auswirkt. Es gilt also festzuhalten, dass der Geldschöpfungsprozess aus Kap. 3.4 keine mechanische Angelegenheit ist, sondern, unter anderem, von der Einschätzung der Wirtschaftsteilnehmer über zu erwartende Liquiditätsrisiken abhängt.

Einlagenversicherungen

Bis weit ins 20. Jahrhundert war das Bankenwesen mit Fällen übersät, bei denen nervöse Kontoinhaber einen Ansturm auf eine Bankfiliale unternahmen, um ihre Guthaben aus Angst vor einem drohenden Bankrott so rasch wie möglich abzuziehen. Als Reaktion auf die verheerenden Bankzusammenbrüche während der Großen Depression (siehe Kap. 2.4) wurden schließlich Einlagenversicherungen (auch Depositenversicherung genannt) gegründet, welche die Verluste von Kontoguthaben infolge einer Bankenkrise abdecken. Dabei ist der Grundgedanke, dass die Aussicht auf einen Schadenersatz das Vertrauen in des Bankensystem stärkt und so den Teufelskreis aus Abb. 5.4 durchbricht, indem die Kontoinhaber keinen Anreiz mehr haben, panikartige Rückzüge zu tätigen. Tatsächlich sind mit der Versicherung

120 Wie funktionieren Zentralbanken?

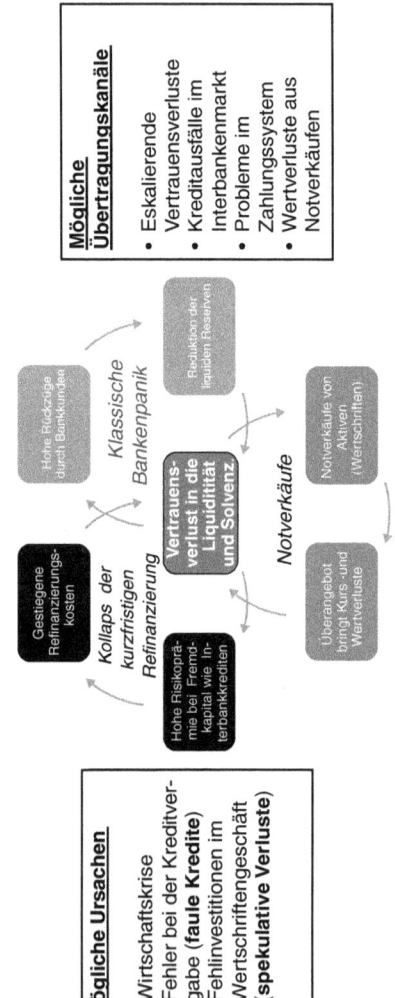

Abb. 5.4 Von der Bankenpanik zur Bankenkrise

von Einlagen klassische „bank runs" seltener geworden.[6] Bankeinlagen gelten heute denn auch als eine der zuverlässigeren Finanzierungsquellen von Geschäftsbanken. Dennoch neigt das Bankensystem nach wie vor zu einer gewissen Fragilität, weil die Teufelskreise, welche über einen eskalierenden Vertrauensverlust einen abrupten Kollaps von Geschäftsbanken verursachen, auch bei anderen Bilanzteilen als den Bankeinlagen aufgetreten sind (siehe Abb. 5.4). Namentlich kann das Wertschriftenportfolio auf der Aktivseite davon betroffen sein, falls etwa eine arg gebeutelte Geschäftsbank zum Verkauf von Wertschriften gezwungen ist. Allerdings schaffen solche Notverkäufe (engl. fire sales) möglicherweise ein Überangebot an Wertschriften am Finanzmarkt und läuten damit eine weitere Runde des Kurszerfalls ein, welcher das Vertrauen in die Solvenz und Liquidität von Geschäftsbanken zusätzlich untergräbt. Ferner sind Teufelskreise auch bei der Refinanzierung über das Fremdkapital möglich. Selbst wenn drohende Insolvenz- oder Illiquiditätsrisiken lediglich auf Gerüchten beruhen, lassen diese die Zinsen für die kurzfristige Refinanzierung von Geschäftsbanken in die Höhe schnellen. Auch hier gilt, dass eine solche Entwicklung eine Angriffsfläche für eine Vertrauenskrise bietet, die sich selbst weiter anheizt. Ein prominentes Beispiel hierfür liefert die Globale Finanzkrise, während der ein Kernproblem darin bestand, dass der Interbankenmarkt, auf dem sich Geschäftsbanken gegenseitig kurzfristige Kredite zu gewähren pflegen, aufgrund der Erschütterungen im Bankensystem unverhofft zusammenbrach. Zusammenfassend gilt, dass

---

[6] Für eine umfassende Übersicht über die Einlagenversicherungen siehe Demirgüc-Kunt, Asli, und Enrica Detragiache, 2004: Does deposit insurance increase banking system stability? An empirical investigation, Journal of Monetary Economics, 49, 1373–1406. Es ist umstritten, inwiefern Einlagenversicherungen die Stabilität des Bankensystems fördern. Eine Gefahr besteht nämlich darin, dass sich Geschäftsbanken aufgrund der staatlichen Garantie ihrer Einlagen in einer falschen Sicherheit wiegen und dadurch zu hohe Risiken z. B. bei der Kreditfinanzierung eingehen. Siehe dazu auch Kap. 5.8.

sich Liquiditätsrisiken im klassischen Bankgeschäft, das auf der Fristentransformation und der partiellen Reservehaltung aufbaut, aufgrund von sich selbst erfüllenden Ängsten der Kontoinhaber wahrscheinlich nie vollständig aus der Welt schaffen lassen.

Eskalation zur generellen Bankenkrise

Abbildung 5.3 zeigt eindrücklich, dass Bankzusammenbrüche wiederholt gehäuft, das heißt in zahlreichen Ländern gleichzeitig, aufgetreten sind. Besonders extreme Fälle wie die Großen Depression oder die Globale Finanzkrise haben sogar weite Teile der Weltwirtschaft in Mitleidenschaft gezogen. Dieses Eskalationspotential kommt nicht von ungefähr, wenn man bedenkt, dass sich die in Abb. 5.4 dargestellten Teufelskreise im Prinzip über das gesamte Banken- und Finanzsystem ausbreiten können. In Anlehnung an ansteckende Krankheiten spricht man in diesem Zusammenhang auch von den Ansteckungs- oder Übertragungseffekten (engl. contagion) einer Bankenkrise, die sich sozusagen epidemisch auszubreiten vermag. Ein anderes viel zitiertes Bild ist jenes des Dominoeffekts, bei dem der Zusammenbruch einer Geschäftsbank eine Kettenreaktion anstößt. Dabei ist der Impuls natürlich besonders heftig, wenn es sich beim verursachenden Institut um eine Großbank handelt, die mit dem Finanzsystem stark verflochten ist. Die drohende Katastrophe eines großen Bankzusammenbruchs stellt die Bankenregulierung vor nahezu unlösbare Probleme, die in diesem Kapitel noch für einigen Diskussionsstoff sorgen werden. Wie dem auch sei: Die Ausweitung einzelner Bankenpaniken zur generellen Bankenkrise erfolgt über die Kanäle, die im vorigen Abschnitt bereits angesprochen worden sind. Erstens kann der Zusammenbruch einer einzelnen Bank das Vertrauen in das gesamte Banken- und Finanzsystem schädigen, falls zu befürchten ist, dass Probleme, wie eine Zahlungsunfähigkeit oder Überschuldung, auch anderswo vorhanden sind. Zweitens können Notverkäufe von Wertschriften durch marode Geschäftsbanken einen Abwärtssog an den Finanzmärkten erzeugen, der den Wert des Wertschriftenportfolios auf der Aktivseite der Bilanz schrumpfen lässt und damit das Bankensystem weiter destabilisiert. Drittens gewähren sich Banken auf dem Interbankenmarkt gegenseitig Kredite und sind auch über die Zahlungssysteme und die Finanzmarktinfrastruktur eng miteinander verflochten. Dies eröffnet einen weiteren Übertragungskanal, über den der Zusammenbruch einer Geschäftsbank die Insolvenz- oder Illiquiditätsprobleme ihrer Konkurrentinnen verschlimmern kann.

Ausgewachsene Bankenkrisen bergen jedenfalls ein enormes Schadenspotential in sich, was nochmals die Bedeutung eines funktionierenden Bankensystems für die Wirtschaft und Gesellschaft bezeugt. Gerade für die Organisation des Zahlungsverkehrs, für die Kontoführung und die Abwicklung von Transaktionen sind stabile Geschäftsbanken nahezu unentbehrlich. Ähnliches gilt für einzelne Haushalte sowie für kleinere und mittlere Unternehmen, wenn es um die Kreditfinanzierung geht. Falls diese aufgrund von Störungen im Bankensystem versiegt, schränkt dies die Konsum- und Investitionstätigkeit in zahlreichen Wirtschaftssektoren ein. Eine solche Situation wird auch als Kreditklemme bezeichnet und hat des Öfteren einen Einbruch der Wirtschaftsleistung verursacht oder vertieft. Überdies bringt eine Bankenkrise die Zentralbank in eine prekäre Lage, weil Leitzinssenkungen oder Offenmarktgeschäfte sich nur noch beschränkt auf die Kreditkonditionen bei den Geschäftsbanken übertragen, was den Handlungsspielraum der Geldpolitik einschränkt. Um die Funktionstüchtigkeit des Zahlungssystems zu gewährleisten, Kreditklemmen zu verhindern und die Wirkung der geldpolitischen Instrumente zu erhalten, sind Zentralbanken an stabilen Verhältnissen im Finanzsystem besonders interessiert. Darum sind die Notenbanken schon früh – nämlich während des 19. Jahrhunderts (vgl. Kap. 2.3) – dazu übergegangen, als

Bank der Geschäftsbanken zu agieren und diesen in Krisenzeiten beizustehen. Das stabilitätsfördernde Instrumentarium, über das die Zentralbank verfügt, umfasst heute zahlreiche Maßnahmen: Erstens spielt die Gestaltung der Mindestreserven eine, allerdings beschränkte, Rolle. Wichtiger sind indes die Interventionen im Rahmen des Lender of Last Resort , die Bankaufsicht, das Setzen von Eigenkapitalvorschriften oder die Überwachung der Finanzinfrastruktur. Die folgenden Kapitel diskutieren diese Instrumente der Reihe nach.

5.4 Barreserven und Trennbankensystem

Da die Geldschöpfung gepaart mit einer partiellen Reservehaltung inhärente Stabilitätsrisiken birgt, liegt die Versuchung nahe, der Gefahr von Bankenkrisen einfach mit Hilfe großer Polster aus liquiden Barreserven zu begegnen. Mit den Mindestreservenvorschriften hätte die Zentralbank dazu ja auch ein probates Instrument zur Hand. Der Haken dabei ist, dass die Geldschöpfung der Wirtschaft gleichzeitig einen Segen und einen Fluch beschert. Höhere Barreserven bürden den Geschäftsbanken eben auch zusätzliche Kosten auf, schränken die Kreditvergabe ein und untergraben damit, zu einem gewissen Grad, zentrale Funktionen des Bankensystems. Um die Güterabwägung zwischen der Stabilität und dem Nutzen des Bankensystems zu verstehen, ist es vielleicht aufschlussreich, die Extremposition einer vollständigen Deckung der Einlagen durch Barreserven zu betrachten.

Abbildung 5.5 veranschaulicht, wie eine vollständige Reservedeckung von Einlagen das Bankgeschäft faktisch in eine Giralund eine Residualbank trennen würde. Erstere wäre mit Hilfe von Vollgeld für die Sicherung der Einlagen auf Bankkonten und den bargeldlosen Zahlungsverkehr verantwortlich. Letztere

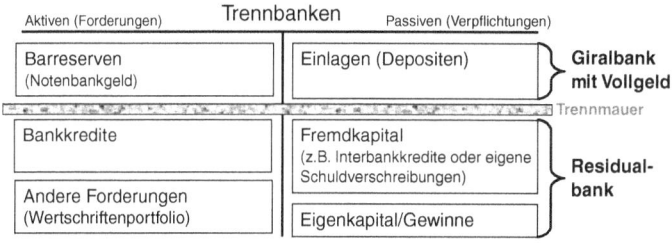

Abb. 5.5 Eine Trennmauer in der Bankenbilanz

wäre hauptsächlich für die Kreditvergabe zuständig und dürfte diese nur noch mit Fremd- oder Eigenkapital decken. Ein solches Trennbankensystem wurde schon mehrmals als Reaktion auf folgenschwere Bankenkrisen vorgeschlagen, jedoch aufgrund inhärenter Schwächen dieser Idee bis zuletzt immer wieder verworfen.[7] Insbesondere verursacht die Abtrennung einer Giralbank einige Zusatzprobleme, ohne gleichzeitig die wesentlichen Gefahrenquellen von Bankzusammenbrüchen zu beseitigen. Vorerst einmal fallen bei einer Giralbank definitionsgemäß keine Gewinne aus der Weitergabe von Einlagen an. Im Gegensatz zum heutigen Bankgeschäft, bei dem die Kreditzinsen teilweise als Zinsgutschriften den Bankeinlagen zugutekommen, werfen die Barreserven nämlich wenig bis keinen Zinsertrag ab. Im Trennbankensystem wären die Kosten für die Dienstleistungen der

---

[7] Ein Beispiel aus der Großen Depression ist der sogenannte Chicago-Plan, der von Ökonomen aus dem Umfeld der Universität Chicago (darunter auch Irving Fisher) entworfen wurde und unter anderem einen Mindestreservesatz von 100 % vorsah. Der Plan wurde von der damaligen Regierung unter Präsident Franklin D. Roosevelt verworfen. Als Reaktion auf die Globale Finanzkrise wurde im Jahr 2014 in der Schweiz eine Volksinitiative lanciert, welche die Einführung eines Vollgeldsystems verlangt. Für eine Diskussion dieses Vorschlags siehe Niepelt, Dirk, Vollgeld, Liquidität und Stabilität, Neue Zürcher Zeitung vom 12. Mai 2014 sowie Baumberger, Jörg, Die Voll-/Leergeld-Reform, Neue Zürcher Zeitung vom 27. Mai 2014.

Kontoführung oder der Abwicklung von bargeldlosen Zahlungen also andersartig, etwa über Gebühren bei den Bankkunden, zu finanzieren. Des Weiteren ist nicht gewährleistet, dass die Einrichtung eines Trennbankensystems das Risiko von Bankenkrisen drastisch reduzieren würde. Zwar wäre die Gefahr eines klassischen „bank runs" gebannt, da die Einlagen vollständig mit liquiden Barreserven gedeckt wären und die Kontoinhaber damit nie einen Anreiz hätten, ihre Guthaben panikartig zurückzuziehen. Allerdings können Liquiditätsrisiken, die eine Bankenpanik antreiben, bekanntlich auch bei der Residualbank auftreten, wenn diese langfristige Kredite mit kurzfristigen Schulden deckt oder Abschreibungen durch Kreditausfälle oder Kursverluste auf Wertschriften erleidet. Gerade die jüngste Globale Finanzkrise ist ein Beleg für genau diese Gefahr, indem die aufgetretenen Probleme hauptsächlich von Investmentbanken oder Geldmarktfonds[8] ausgingen, die sich wenig bis gar nicht über Bankeinlagen refinanzieren und damit große Ähnlichkeiten mit einer Residualbank aufwiesen. Schließlich fallen in einem Trennbankensystem die Einlagen wesensgemäß zur Kreditfinanzierung weg und das Vollgeld beschneidet bekanntlich die Kredit- und Geldschöpfung (vgl. Kap. 3.4). Dies ist an sich nicht problematisch, solange eine Geschäftsbank auf andere Finanzierungsquellen wie Interbankkredite, die Ausgabe eigener Schuldverschreibungen oder die Aufnahme von Eigenkapital zurückgreifen kann. Falls diesbezüglich Einschränkungen auftreten, weil das Gros der Haushalte und Firmen beispielsweise keine Bankaktien erwerben möchte aber aus Gründen der Planungssicherheit dennoch eine langfristige fixe

---

[8] Investmentbanken sind in Fußnote 2 dieses Kapitels erklärt worden. Ein Geldmarktfonds refinanziert sich im Wesentlichen über die Ausgabe von kurzfristigem Fremdkapital und reinvestiert dieses in liquide Wertschriften. Geldmarktfonds werden bevorzugt von Großinvestoren in Anspruch genommen, um ihre überschüssige Liquidität verwalten zu lassen.

Disposition der Schuldenfinanzierung wünscht, könnten gravierende Kreditbeschränkungen mit entsprechenden Folgeeffekten für die gesamtwirtschaftliche Entwicklung auftreten.

Obschon ein Trennbankensystem, oder in einem entsprechend kleineren Ausmaß auch hohe Mindestreserven, wirtschaftliche Folgekosten hätten, und wichtige Gefahren im modernen Bankgeschäft nicht beseitigen würden, weist die obige Diskussion auf einen oft verkannten Aspekt des Geldwesens hin. Sie verdeutlicht nämlich, dass in der heutigen Bankenarchitektur, die Universalbanken und partielle Reserven zulässt, die Guthaben auf Bankkonten im Alltag zwar eine nahezu perfekte Alternative zum Bargeld bieten, jedoch nicht den maximal möglichen Grad an Liquidität und Sicherheit aufweisen. Solange die Geldschöpfung möglich ist, besteht nämlich grundsätzlich die Gefahr, dass Kontoguthaben bei einer Geschäftsbank einer Bankenpanik zum Opfer fallen. Zwar ist diese Gefahr sehr gering, weil Einlagenversicherungen ein Auffangnetz bieten oder die Ansprüche von Bankkunden gemäß dem Konkursrecht in der Regel vorrangig befriedigt werden. Dies sollte jedoch nicht darüber hinwegtäuschen, dass Bankguthaben ein Leistungsversprechen einer bestimmten Geschäftsbank beinhalten, das im Prinzip hinfällig werden kann, wenn das entsprechende Geldinstitut in Schwierigkeiten gerät. Da das Bargeld durch die Zentralbank gedeckt ist, erlischt der entsprechende Anspruch, zumindest was den Nominalwert angeht, erst mit dem Währungsmonopol.[9] Insgesamt verdeutlicht all dies, dass letztendlich nur die Zentralbank die aggregierte Menge an eng definiertem Geld bestimmt, welches

---

[9] In extremen Fällen kann es selbstverständlich passieren, dass die staatliche Ordnung untergeht und mit ihr das Währungsmonopol zerbricht. Es ist jedoch häufiger vorgekommen, dass der Staat seinem Leistungsversprechen über die Generierung einer Inflation nicht nachgekommen ist. Die Teuerung vermindert nämlich den realen Wert, das heißt die Kaufkraft, des Geldes.

die Eigenschaft der annähernd bedingungslosen Liquidität aufweist. Wie das folgende Unterkapitel zeigt, tritt dieser Umstand in Krisenzeiten offensichtlich in Erscheinung.

5.5 Der Lender of Last Resort

Im Verlauf des 19. Jahrhunderts sind die damaligen Notenbanken dazu übergegangen, für das Finanzsystem in ihrem Land als Lender of Last Resort [10] aufzutreten (vgl. Kap. 2.2). In deutschen Worten übernahmen sie also die Verantwortung der „Geldgeberin letzter Instanz", um somit eine stabile Geldversorgung sicherzustellen und die latent vorhandenen Liquiditätsprobleme im Bankensystem zu mildern. Einige Zentralbanken, wie beispielsweise das Federal Reserve System in den Vereinigten Staaten, wurden ursprünglich extra zu diesem Zweck gegründet. Dementsprechend sind mit dem Lender of Last Resort sämtliche Rettungsmaßnahmen durch die Zentralbank[11] gemeint, welche als Liquiditätshilfe an kriselnde Geschäftsbanken gewährt werden, aber mitunter auch für andere Finanzinstitute oder gewisse Finanzmärkte, auf denen katastrophale Kurseinbrüche drohen, bestimmt sind. Im Einzelnen bieten sich zu diesem Zweck verschiedene Maßnahmen an, einschließlich die in Kap. 4.2 besprochene Engpassfinanzierung, aber auch Notkredite an bestimmte

---

[10] Der Ausdruck stammt ursprünglich aus dem Rechtswesen. Insbesondere bezeichnet der „dernier ressort" im Französischen jene Rechtsinstanz, deren Entscheid nicht mehr an eine höhere Instanz weitergezogen werden kann. Beim Lender of Last Resort zeigt sich dies in der Tatsache, dass eine Geschäftsbank keine Beschwerde- oder Rekursmöglichkeiten hat, falls ihr die Liquiditätshilfe von der Zentralbank verwehrt wurde.

[11] Andere Institutionen können ebenfalls als Lender of Last Resort auftreten. Ein prominentes Beispiel ist der Internationale Währungsfonds (IWF), der als internationaler Lender of Last Resort für krisengeschüttelte Staaten fungiert. Siehe dazu auch Kap. 8.6.

Geschäftsbanken, die Auslagerung von problematischen Bilanzteilen (faule Bankkredite, Schrottanleihen, etc.) in eine sogenannte Bad-Bank oder Notankäufe ausgewählter Wertschriften. Schließlich kann eine Zentralbank lediglich als Krisenmanagerin auftreten und die geordnete Abwicklung einer pleitebedrohten Geschäftsbank koordinieren.

Bei einer Lender-of-Last-Resort-Politik gelangen Instrumente wie Refinanzierungsgeschäfte oder auch Offenmarktoperationen zum Einsatz, die auch in der allgemeinen Geldpolitik verwendet werden. Hingegen zeichnen sich notfallmäßige Interventionen durch einen selektiven Einsatz des geldpolitischen Instrumentariums aus, indem Notenbankgeld vorzugsweise bestimmten Geschäftsbanken zufließen soll. Wie dem auch sei: Zentralbanken sind deshalb als letzte Zufluchtsinstanz zur Liquiditätsgewährleistung prädestiniert, weil sie dank des staatlich gewährten Währungsmonopols selbst dann das nötige Nominalgeld aufbringen können, wenn alternative Geld- und Kreditquellen versiegt sind.

Abbildung 5.6 illustriert die Funktionsweise einer Liquiditätshilfe schematisch für den klassischen Fall einer finanziell angeschlagenen Geschäftsbank, die sich mit gefährlich hohen Verlusten auf ausstehenden Bankkrediten oder in ihrem Wertschriftenportfolio konfrontiert sieht. Falls zudem die Aufnahme von Fremdkapital schwierig bis unmöglich geworden ist oder gar massive Rückzüge bei den Bankeinlagen eintreten, könnte dies das Eigenkapital auslöschen. Folglich droht der Bankrott. Mit der Gewährleistung von Liquiditätshilfen, welche die Barreserven alimentieren, kann die Zentralbank einer arg gebeutelten Geschäftsbank zur Seite stehen.

Die Lender-of-Last-Resort-Politik zielt darauf ab, die im Bankensystem inhärent vorhandenen Liquiditätsprobleme möglichst früh zu unterbinden, um so den negativen Übertragungseffekten zuvorzukommen, welche Bankenkrisen antreiben. Zur Erinnerung: Für Zentralbanken sind Bankenkrisen schon nur deshalb

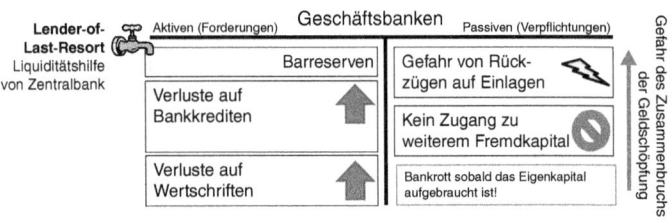

Abb. 5.6 Liquiditätshilfe beim Lender of Last Resort

besorgniserregend, weil sie den Geldschöpfungsprozess beeinträchtigen und somit einen unerlässlichen Kanal für geldpolitische Interventionen stören. Menschen neigen nämlich dazu, auf eine eskalierende Instabilität im Finanzsystem mit einer höheren Bargeldnachfrage zu reagieren. Geschäftsbanken verhalten sich oft ähnlich, indem sie sich für allfällige Krisen mit größeren Liquiditätspolstern in Form von Barreserven wappnen. Bildlich zeigt sich dies darin, dass die Bilanzsumme in Abb. 5.6 einbricht, was mit einem Zusammenbruch der Geldschöpfung innerhalb des Bankensystems und damit der breit definierten Geldmengen (M1, M2, M3) einhergeht. Ohne Gegenmaßnahmen, welche die Zentralbank in ihrer Rolle als Lender of Last Resort ergreifen kann, beschwört dies die Gefahr sinkender Preise, das heißt einer Deflation, herauf, wie sie beispielsweise während der Großen Depression (vgl. Kap. 2.4) oder in gewissen Ländern auch während der Globalen Finanzkrise zu beobachten war. Aus gesamtwirtschaftlicher Sicht geht es beim Lender of Last Resort also auch darum, die Geldmenge zu stabilisieren.

Für Lender-of-Last-Resort-Interventionen bestehen seit dem 19. Jahrhundert anerkannte Grundsätze, die vor allem auf die britischen Ökonomen Henry Thornton (1760–1815) und Walter Bagehot (1826–1877) zurückgehen. Um das Banken- und

Finanzsystem zu stabilisieren, sollten Zentralbanken sich demnach darauf verpflichten, 1.) in Krisenzeiten großzügige Liquiditätshilfen zur Verfügung zu stellen, die 2.) mit einem hohen Zins versehen sind und 3.) nur gegen qualitativ gute Kreditsicherheiten (engl. collateral) gewährt werden, welche anhand ihres Wertes in „normalen Zeiten" zu beurteilen sind.[12] Falls diese drei Bedingungen vorab ankündigt werden, und eine Zentralbank sich auf deren Einhaltung festlegen kann, besteht die berechtigte Hoffnung, dass damit das Risiko von Bankenpaniken infolge von Illiquiditätsproblemen drastisch sinkt. Ähnlich wie bei der Einlagenversicherung soll die Lender-of-Last-Resort-Politik nämlich den folgenschweren Teufelskreisen zuvorkommen, die sich in massiven Rückzügen auf Bankkonten, Notverkäufen bei Wertschriften oder dem Wegbrechen von Refinanzierungswegen für Geschäftsbanken niederschlagen (vgl. Abb. 5.4). Wenn erstens davon ausgegangen werden kann, dass die Zentralbank auf solche widrigen Entwicklungen mit großzügigen Liquiditätshilfen reagiert, stoppt dies nämlich die Vertrauensverluste, welche im Zentrum von Abb. 5.4 stehen und die Bankenkrise eskalieren lassen. Zweitens verhindert ein hoher Zins, der deutlich über dem gängigen Marktzins von vor einer Krise liegen sollte,[13] dass die Liquiditätshilfe für sachfremde Zwecke missbraucht wird. Der Lender of Last Resort ist als notfallmäßige Refinanzierung gedacht, die nur in ausserordentlichen Fällen angezapft werden

---

[12] Für eine umfassende Diskussion über diese Grundsätze und die Aufgabe von Zentralbanken als Lender of Last Resort siehe: Goodhart, Charles, 1999: Myths about the lender of last resort, International Finance, 2, Seiten 339–360.

[13] Oft wird in diesem Zusammenhang von einem „Strafzins" gesprochen, der über dem Marktzins liegen sollte. Dies ist jedoch nicht sinnvoll, da beispielsweise Interbankmärkte während einer Bankenkrise zusammenbrechen können. Konkret zeigt sich dies darin, dass die entsprechenden Marktzinse innerhalb von kurzer Zeit in ungeahnte Höhen steigen. Falls der Zins für eine Lender-of-Last-Resort-Intervention über diesem Niveau liegen sollte, würde dies schlicht bedeuten, dass die Zentralbank keine Liquiditätshilfe zu annehmbaren Konditionen gewähren will.

sollte. Drittens bezweckt die Unterlegung der Liquiditätshilfe mit qualitativ guten Kreditsicherheiten, dass – wie übrigens auch in ordentlichen Zeiten – die Zentralbank nicht faule Bankkredite oder Wertpapiere von Schuldnern mit einer zweifelhaften Kreditwürdigkeit (Schrottpapiere, marode Staatsanleihen, Junk Bonds etc.) in die Bilanz aufnimmt.

Zusammenfassend gilt, dass der Lender of Last Resort ein Instrument der Liquiditätssicherung darstellt und infolgedessen nur in Fällen funktionieren kann, denen Illiquiditätsprobleme zu Grunde liegen. Diese betreffen beispielsweise eine Geschäftsbank, die nur vorübergehend über unzureichende flüssige Mittel verfügt, um ihren laufenden finanziellen Verpflichtungen nachzukommen. Falls die betroffene Geschäftsbank hingegen insolvent wäre, sollte sie besser fallengelassen werden. Da Insolvenz definitionsgemäß bedeutet, dass die finanziellen Verpflichtungen niemals erfüllt werden können, würde eine Lender-of-Last-Resort-Intervention in diesem Fall einer verdeckten Form der staatlichen Rekapitalisierung gleichkommen. Der Bankrott würde sozusagen nur verschoben, aber nicht verhindert. Falls trotzdem Notkredite in größerem Umfang einer insolventen Geschäftsbank zuteilwerden, besteht in der Folge die Gefahr, dass die später realisierten Verluste bei der Zentralbank landen, was letztlich zu Lasten der Gewinnausschüttung an die öffentliche Hand geht.

Tücken des Lender of Last Resort

Die Tücken des Lender of Last Resorts liegen darin, dass sich diese Politik in gewissen Fällen in eine ausufernde, und deswegen manchmal hoch umstrittene, Aufgabe der Zentralbanken entwickelt hat. Im Einzelfall ist es nämlich alles andere als einfach, die bedeutsame Unterscheidung zwischen einer illiquiden und einer insolventen Geschäftsbank vorzunehmen. Die Wertverluste auf Bankkrediten und anderen Forderungen bestimmen letztlich darüber, ob eine Geschäftsbank die ausstehenden Verpflichtungen an die Kontoinhaber oder an andere Schuldner je erfüllen kann.

Diese Beträge sind a priori unbekannt und hängen freilich davon ab, ob sich die Wirtschafts- und Geschäftslage besser oder schlechter als erwartet entwickeln wird. Gerade während einer Krise sind die entsprechenden Prognosen mit besonders großen Fragezeichen behaftet. Damit ist eine Zentralbank bei einer Lender-of-Last-Resort-Intervention nie vor Fehleinschätzungen gefeit, bei denen sich später herausstellt, dass Liquiditätshilfen an eine insolvente Geschäftsbank gewährt wurde. Es gibt auch eine zynische Variante dieses Problems, die auftritt, wenn eine Insolvenz vorab mehr oder weniger offensichtlich war, jedoch eine Geschäftsbank aus politischen Gründen gerettet wurde, um die unvermeidlichen Verluste in die Zukunft, sprich unter die Schirmherrschaft der nächsten Regierung, zu verlagern. Jedenfalls bedeutet das Schadenspotential für die öffentliche Hand, dass Bankenrettungen immer eine hochpolitische Dimension aufweisen und darum selten durch Zentralbanken in Eigenregie durchgeführt werden, sondern in enger Absprache mit der Regierung eines Landes erfolgen.

Neben der Gefahr, dass Banken aus politischen und nicht aus wirtschaftlichen Gründen gerettet werden, schwächen Lender-of-Last-Resort-Interventionen immer auch die Selbstverantwortung im Bankgeschäft. Vor allem verletzt die staatliche Stützung maroder Geschäftsbanken grundlegende Prinzipien der Marktwirtschaft. Falls nämlich der Staat, beziehungsweise die Zentralbank, Fehler beim Liquiditätsmanagement korrigiert, schafft dies eine Asymmetrie zwischen den daraus resultierenden Gewinn- und Verlustpotentialen. Die Aussicht auf eine staatliche Rettung kann Geschäftsbanken dazu ermuntern, bei der Vergabe von Bankkrediten, der Wahl der Finanzierung oder bei anderen Aspekten des Bankgeschäfts nicht mehr die notwendige Sorgfalt walten zu lassen. Sollten sich die eingegangen Risiken nämlich auszahlen, werden davon in erster Linie die leitenden Mitarbeiter und Eigentümer einer Geschäftsbank in Form von hohen Bonuszahlungen und Gewinnen profitieren. Falls hingegen riskante Geschäfte schiefgehen und enorme Verluste verursachen sollten, wurde im vorhergehenden Abschnitt dargelegt, dass zumindest ein Teil davon auf die Zentralbank, und am Schluss den Steuerzahler, abgewälzt werden könnte. Letztendlich führt dies natürlich zu gänzlich unerwünschten Anreizeffekten, die in den Wirtschaftswissenschaften unter dem sperrigen Begriff des moralischen Wagnisses (engl. moral hazard) bekannt sind.[14] Das „Perverse" daran ist, dass mit dem Instrument des Lender of Last Resort je nachdem genau jene Illiquiditäts- und Insolvenzrisiken gefördert werden, die es eigentlich zu bekämpfen gilt.

Infolge der unerwünschten Verhaltenseffekte auf die Entscheidungsträger in der Politik und bei den Geschäftsbanken ist der Lender of Last Resort kein Allheilmittel gegen Banken- und Finanzkrisen. Mit einem zurückhaltenden Einsatz von Liquiditätshilfen können einige der oben erwähnten Fehlanreize immerhin begrenzt werden. Damit sich Geschäftsbanken und andere Finanzinstitute nicht in einer falschen Sicherheit wiegen, werden Zentralbanken beispielsweise nicht müde zu betonen, dass Liquiditätshilfen ein Privileg seien und dass niemand einen generellen Anspruch darauf ableiten darf. Die Erfahrungen aus den zahlreichen Banken- und Finanzkrisen in der Vergangenheit haben freilich gezeigt, dass weder eine Zentralbank, noch eine Regierung es sich leisten kann, dem Kollaps des Bankensystems oder dem Zusammenbruch ganzer Finanzmärkte tatenlos zuzuschauen. Obschon Finanzkrisen einen enormen Schaden für die Wirtschaft anrichten können und infolgedessen eine staatliche Rettung manchmal unvermeidlich scheint, schließt dies nicht aus, die Geschäftsleitung von maroden Teilen des Banken- und

---

[14] Das moralische Wagnis tritt nicht nur bei Bankenrettungen auf. Eines von zahlreichen Beispielen betrifft den Abschluss einer Versicherung (sagen wir gegen Diebstahl), die den Versicherungsnehmer dazu ermuntern könnte, weniger sorgfältig mit dem versicherten Gegenstand umzugehen.

Finanzsystems zur Verantwortung zu ziehen. Vielleicht lässt sich die Zwangslage bei einer Bankenrettung am besten anhand der folgenden Anekdote – ob sie sich wirklich zugetragen hat, ist unbekannt – veranschaulichen: Als der Präsident einer systemrelevanten Großbank einen Zentralbankpräsidenten anfragte, wie er reagieren würde, wenn ein Präsident einer systemrelevanten Großbank ihn verzweifelt um Liquiditätshilfe bitten würde, um einen unmittelbar bevorstehenden Bankrott abzuwehren, lautete die Antwort: „Ich würde die Angelegenheit gerne und ohne zu zögern mit seinem Nachfolger besprechen!"[15]

Trotz des möglichen Verlustrisikos für die öffentliche Hand und der Gefahr, dass Fehlentscheidungen im Finanz- und Bankenwesen nicht wie anderswo mit dem Konkurs bestraft werden, kommen moderne Finanzsysteme schon nur aufgrund des hohen Vernetzungsgrads zwischen Finanzinstituten nicht mehr ohne einen Lender of Last Resort aus. Die Sachzwänge, die sich daraus ergeben, drohen jedoch dann überhand zu nehmen, wenn eine Geschäftsbank systemrelevant geworden ist, das heißt, dass deren Kollaps das gesamte Finanz- und Wirtschaftssystem mit in den Abgrund ziehen würde. Hier akzentuieren sich die Nachteile einer Lender-of-Last-Resort-Politik. Die enormen Schockwirkungen in Form katastrophaler Wirtschaftseinbrüche, die nach einem Konkurs systemrelevanter Banken drohen, machen in solchen Fällen eine Bankenrettung nämlich so gut wie unumgänglich. Dies eliminiert natürlich die Möglichkeit eines Bankrotts und hebelt damit das wichtigste Disziplinierungsinstrument des freien Wettbewerbs aus. Darum ist das Dilemma, das damit auftritt, auch unter dem Begriff der „To-big-to-fail-Problematik" bekannt. Die Güterabwägung zwischen der stabilitätsfördernden Wirkung und

---

[15] Siehe Goodhart, Charles, 1999: Myths about the lender of last resort, International Finance 2, S. 353.

den unerwünschten Nebeneffekten einer Lender-of-Last-Resort-Politik lässt sich bei systemrelevanten Großbanken und weiteren, mit dem Finanzsystem stark verflochtenen Finanzinstituten, eigentlich nur über zusätzliche regulatorische Eingriffe, wie die Bankenaufsicht und Eigenkapitalregulierung, entschärfen.

5.6 Aufsicht und Eigenkapitalvorschriften

Die bisherige Diskussion hat das Schadenspotential eines instabilen Finanz- und Bankensystems sowohl für die Implementierung der Geldpolitik durch die Zentralbank als auch für die gesamte Wirtschaft und Gesellschaft herausgestrichen. Angesichts dessen wäre es natürlich wünschbar, wenn Finanz- und Bankenkrisen erst gar nicht auftreten würden, anstatt die Folgen über das riskante Gewährleisten von Liquiditätshilfen zu bekämpfen oder über die mühselige Abwicklung von Finanzinstituten zu bewältigen. Zwar ist ein Finanzsystem, dass einerseits für Investitionen aufkommt sowie weitere monetäre Risiken abdeckt und andererseits vollkommen krisenresistent ist, kaum vorstellbar. Ein bescheideneres, und auch realistischeres Ziel regulatorischer Maßnahmen wäre es, die Wahrscheinlichkeit einer Krise auf ein tragbares Niveau zu senken und dafür zu sorgen, dass Störungen nur in einem begrenzten Ausmaß auftreten können und nicht das Finanzsystem als Ganzes gefährden.

Entgegen der landläufigen Meinung ist das Finanz- und Bankenwesen einer verhältnismäßig starken prudenziellen Regulierung unterworfen. Damit sind sämtliche staatlichen Vorschriften und Maßnahmen gemeint, von denen man sich eine präventive Wirkung gegen Finanz- und Bankenkrisen verspricht. Ein Beispiel hierfür sind die Mindestreserven aus Kap. 4.3, die in dieser Art von keinem anderen Sektor verlangt werden (Firmen

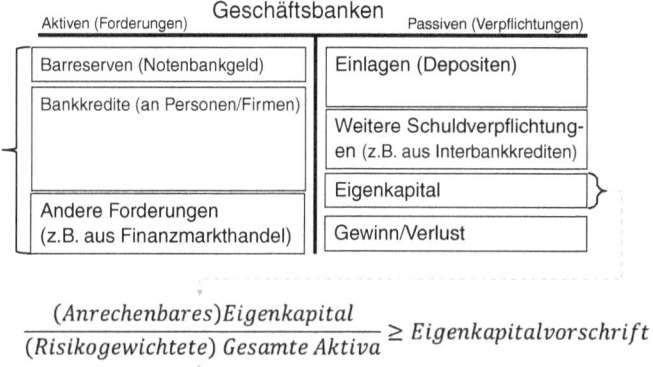

$$\frac{(Anrechenbares) Eigenkapital}{(Risikogewichtete)\ Gesamte\ Aktiva} \geq Eigenkapitalvorschrift$$

Abb. 5.7 Bankenbilanz und Eigenkapitalvorschriften

und Haushalte müssen kein Konto bei der Zentralbank unterhalten). Weitere Vorsichtsmaßnahmen, die sektorspezifisch für das Finanzsystem gelten, umfassen unter anderem die Produkt- und Preisregulierung von Bankdienstleistungen, Wertschriften oder anderen Finanzinstrumenten, die Versicherungspflicht wie sie beispielsweise bei Depositen üblich ist (Einlagenversicherung), Eigenkapitalvorschriften für Geschäftsbanken, die Regulierung des Marktzutritts, indem für das Betreiben einer Geschäftsbank eine staatliche Lizenz erforderlich ist, die Rechnungs- und Offenlegungspflichten von Finanzdaten sowie die generelle Überwachung und Inspektion von Geschäftsbanken und des Zahlungssystems.

Alles in allem sind die Mindestanforderungen an das Eigenkapital vermutlich die einschneidendste Form der prudenziellen Bankenregulierung. Um die Eigenkapitalvorschriften zu erläutern, kehrt Abb. 5.7 nochmals zur schematischen Bilanz der Geschäftsbanken zurück. Die Eigenkapitalvorschriften betreffen die Passivseite der Bilanz und damit die Finanzierungsstruktur des Bankgeschäfts. Insbesondere geht es um das zulässige Verhältnis zwischen dem Eigen- und Fremdkapital. Konkret werden Eigenkapitalvorschriften als Quote zwischen dem Eigenkapital und den gesamten Aktiva, sprich der Bilanzsumme, formuliert. Falls die ungewichteten Werte genommen werden, welche direkt in der Bilanz stehen, spricht man von einer sogenannten bilanziellen Eigenkapitalquote. Ein Anteil von sagen wir 4 % reines Eigenkapital an den Aktiva, wie er bei Großbanken durchaus gängig ist, sagt auch etwas über den Verschuldungsgrad (engl. leverage ratio) aus, da im vorliegenden Fall die restlichen 96 % mehr oder weniger fixe Schuldverpflichtungen umfassen müssten, die beispielsweise aus eigenen Schuldverschreibungen, Interbankkrediten oder Depositen bestehen können. Das Manko einer Regulierung, die auf reinen Bilanzwerten basiert, liegt darin, dass diese wenig über die eingegangenen Risiken aussagen. Eine Geschäftsbank, die vornehmlich Startkapital an Jungunternehmen gewährt, müsste möglicherweise gleich viel Eigenkapital wie eine andere Bank halten, deren Forderungen aus einem breit diversifizierten Portfolio aus Wertschriften einer hohen Bonitätsklasse besteht. Um diesen Unterschieden gerecht zu werden und nicht die Finanzierung von gewagten Investitionen mit einer verhältnismässig tiefen Eigenkapitalquote zu belohnen, ist es seit den 1990er Jahren üblich, die Eigenkapitalvorschriften anhand von risikogewichteten Aktiva zu formulieren. So müssen Geschäftsbanken riskantere Aktiva, etwa Kredite an Firmen, mit mehr Eigenkapital unterlegen als beispielsweise bei Investitionen in als sicher geltende Staatsanleihen. Die dazu gültigen internationalen Standards wurden vom sogenannten Basler Ausschuss der Bank für Internationalen Zahlungsausgleich (BIZ) ausgearbeitet.[16] In der Praxis hängen die Eigenkapitalvorschriften von unzähligen

---

[16] Die Bank für Internationalen Zahlungsausgleich BIZ (engl. Bank for International Settlements, BIS) wurde in den 1930er Jahren eröffnet, um die deutschen Reparationszahlungen aus dem Ersten Weltkrieg effizienter abzuwickeln. Neben einigen Aufgaben im internationalen Zahlungsverkehr fungiert die BIZ heute als

Detailfragen ab. Insbesondere ist es nicht immer klar, welche Posten in der Bilanz genau dem Eigenkapital zugerechnet werden können,[17] wie die Aktiva in der Bilanz zu bewerten sind und wie die Risikogewichtung der Aktiva vorzunehmen ist.[18]

Eigenkapitalvorschriften wirken deshalb stabilisierend, weil das Eigenkapital eigens als Bilanzkomponente vorgesehen ist, welche allfällige Verluste auf den Aktiven, aber auch hohe Rückzüge

---

Forum für den internationalen Gedankenaustausch zu geld- und währungspolitischen Fragen. Die Mitgliedschaft in der BIZ ist den wichtigsten Zentralbanken der Welt vorbehalten. Eine wesentliche Aufgabe der BIZ bestand in den vergangenen Jahrzehnten im Ausarbeiten minimaler Eigenkapitalvorschriften, die über Staatsgrenzen hinweg gültig sein sollten. Diese internationalen Minimalstandards wurden in den letzten Jahrzehnten mehrmals revidiert und erweitert. In Anlehnung an den Standort der BIZ werden die entsprechenden Maßnahmen auch als Basler Vorschriften (engl. Basel rules; Basel accords) bezeichnet. Die neueste Version der international gültigen Eigenkapitalvorschriften tritt unter dem Stichwort „Basel III" auf.

[17] So unterscheiden die Basel III Vorschriften der BIZ zwischen einer Kernkapitalquote, die mindestens 4.5 % betragen sollte und sich auf das eingezahlte Grundkapital (bzw. Gesellschaftskapital bei Aktiengesellschaften) und die Gewinnrücklagen bezieht. Die Gesamtkapitalquote, die mindestens 8 % betragen sollte, bezieht sich auf die gesamten Eigenmittel, die neben dem Kernkapital (engl. common equity) noch weitere Bilanzposten wie das Ergänzungskapital oder Drittrangmittel umfasst. Zusätzlich wurde mit den Basel III Vorschriften noch ein antizyklischer Kapitalpuffer eingeführt, der in Zeiten des wirtschaftlichen Aufschwungs alimentiert werden sollte.

[18] Die letzten Punkte spielten angeblich bei den Fehlentwicklungen vor und während der Finanzkrise von 2008 eine große Rolle. So heizt die Bewertung der Aktiven zu Marktpreisen (sogenanntes mark-to-market) angeblich eine Bankenkrise an, da Kurszerfälle von Wertschriften oder an den Aktienbörsen sofort als Verluste bei den Geschäftsbanken verbucht werden müssen, was das Vertrauen in die Stabilität des Banken- und Finanzsystem weiter untergräbt. Hinsichtlich der Risikogewichtung wurden Forderungen wie die sogenannten Mortgage Backed Securities (siehe auch Fußnote 8 zu Kap. 4.) vor der Krise ein tiefes Kreditausfallrisiko attestiert, und mussten damit mit relativ wenig Eigenkapital unterlegt werden. Jedoch stellte sich in der Krise heraus, dass diese Wertpapiere drastisch an Wert verlieren und gelten demzufolge als eigentlicher Auslöser der Globalen Finanzkrise.

von Depositen, absorbiert. Je höher das Eigenkapital, desto größere Verluste kann eine Bank verkraften, ohne vertragliche Verpflichtungen gegenüber Kreditnehmern, Depositären oder ihren Schuldnern zu brechen. In einer Marktwirtschaft sollten private Unternehmen im Prinzip frei darüber entscheiden können, wieviel Eigenkapital sie halten wollen, um Verluste ohne einen Bankrott zu überstehen. Das Motiv, um diesbezüglich bei den Geschäftsbanken staatliche Vorschriften zu erlassen, liegt in den bereits diskutierten speziellen Umständen, dass erstens ein Bankrott weitreichende Übertragungseffekte auf andere Geschäftsbanken und die gesamte Wirtschaft haben kann und zweitens der Druck zur Rettung systemrelevanter Geschäftsbanken durch die öffentliche Hand den Bankrott als disziplinierendes Instrument einer Marktwirtschaft aushebelt. Eigenkapitalvorschriften haben gegenüber anderen Regulierungsinstrumenten zur Stabilisierung des Finanzsystems mehrere Vorteile: Namentlich bleibt der Anreiz zur Sorgfalt im Bankgeschäft erhalten, indem ein hoher Eigenkapitalanteil die Grundlage dafür bildet, dass allfällige Fehleinschätzungen und die daraus resultierenden Verluste zulasten der Eigentümer einer Geschäftsbank und nicht etwa einer Drittpartei wie der Zentralbank (also letztlich der öffentlichen Hand) gehen. Zudem schränken die Eigenkapitalvorschriften primär die Finanzierungsstruktur zwischen Fremd- und Eigenmitteln auf der Passivseite der Geschäftsbank ein. Der Handlungsspielraum bei der Vergabe von Bankkrediten, die der Wirtschaft zur Verfügung gestellt werden, bleibt hingegen im Großen und Ganzen erhalten.

Das notwendige Instrument zum Durchsetzen von Eigenkapitalvorschriften liegt darin, das Bankgeschäft unter eine staatliche Lizenzpflicht zu stellen. Bei einer Nichteinhaltung von Regulierungsvorschriften droht damit der Lizenzentzug. Die Vergabe von Bankenlizenzen erfolgt in gewissen Ländern, wie in Großbritannien (und für Großbanken auch in den Vereinigten Staaten und im Euroraum), durch die Zentralbank, der damit eine umfassende Verantwortung bei der Bankenregulierung zukommt;

speziell was die Prüfung der Eigenkapitalvorschriften sowie die Marktzutrittskontrolle von neuen Finanzinstituten angeht. Der Vorteil, die Aufsicht über einzelne Geschäftsbanken bei der Zentralbank anzusiedeln, liegt darin, dass sie damit einen direkten Zugang zu Informationen über das Bankensystem bekommt und überdies eine größere Kontrolle über die entsprechenden Entwicklungen erlangt. Jedoch unterhalten zahlreiche Länder, wie beispielsweise die Schweiz (und für wesentliche Teile des Bankensystems auch die Vereinigten Staaten und die Mitglieder des Euroraums), eigenständige Aufsichtsbehörden für die Geschäftsbanken. Der Vorteil institutionell getrennter Währungs- und Bankaufsichtsbehörden liegt in der Vermeidung von Interessenkonflikten, wenn sich die geldpolitischen Ziele der Erhaltung der Geldwertstabilität einmal nicht mit jenen bei der Bankenregulierung decken sollten, sowie der Verhinderung einer Konzentration an Macht und Verantwortung bei der Zentralbank.

Die Regulierung des Banken- und Finanzsystems lässt sich in einzel- und gesamtwirtschaftliche Aspekte unterteilen. Bei der sogenannten mikroprudenziellen Regulierung steht die Stabilität der einzelnen Einheit, also beispielsweise einer Geschäftsbank, im Vordergrund. Da die Geld- und Währungspolitik auf gesamtwirtschaftliche Entwicklungen abzielt, steht für die Zentralbank wesensgemäß eher die makroprudenzielle Regulierung im Vordergrund, bei der es um die Erhaltung der Stabilität des gesamten Finanzsystems geht. Gerade die Probleme der Globalen Finanzkrise haben gezeigt, dass die Unterscheidung zwischen diesen Regulierungsansätzen keine Wortklauberei ist. Trotz des globalen Ausmaßes hatte die Finanzkrise ihren Ursprung nämlich in einem verhältnismäßig kleinen Segment riskanter Hypotheken, sogenannte „subprime mortgages", im amerikanischen Häusermarkt. Die Bündelung solcher Hypotheken in handelbare Wertschriften, die Mortgage Backed Securities genannt werden, übertrug die Kreditverluste auf das Bankensystem, nachdem die Immobilienpreise in den USA im Jahr 2007 eingebrochen waren und infolgedessen zahlreiche Hausbesitzer in finanzielle Schwierigkeiten gerieten. Die Unsicherheit darüber, welche Geschäftsbanken wie viele dieser Wertschriften in der Bilanz stehen hatten und damit von Kreditausfällen betroffen wären, zerstörte das Vertrauen in die Stabilität des Banken- und Finanzsystems, was aufgrund der Größe des amerikanischen Finanzsektors rasch mit globalen Folgewirkungen verbunden war. Bedeutsam an dieser Episode ist eben, dass die zugrundeliegenden Fehlentwicklungen nur bedingt in einzelnen Geschäftsbanken zu suchen waren, sondern auch auf der Vernetzung beruhten, die sich über derivative Finanzprodukte oder den Interbankenmarkt ergeben hatte. Wie bei jedem anderen System gilt gerade in der komplexen Welt des Finanzwesens, dass das Ganze mehr sein kann als die Summe der Einzelteile. In systemtheoretischer Hinsicht sind Finanz- und Bankenkrisen denn auch als vorübergehende Phasen zu werten, während denen Rückkoppelungseffekte zwischen den Systemkomponenten auftreten und an sich kleine Veränderungen, wie der Zusammenbruch einer einzelnen Bank, plötzlich unerwartet große Auswirkungen haben.

5.7 Sicherung des Zahlungssystems und der Finanzmarktinfrastruktur

Dank des Währungsmonopols können Zentralbanken dazu beitragen, das Bankensystem und die Finanzmärkte zu stabilisieren. Ihr Augenmerk gilt diesbezüglich vornehmlich den Übertragungseffekten, die sich unter anderem über die Infrastruktur im Finanzwesen entfalten können (vgl. Kap. 5.3). Im Allgemeinen ist die Bedeutung eines effizienten Zahlungssystems und einer stabilen Finanzmarktinfrastruktur der breiten Öffentlichkeit wohl zu wenig bewusst und findet selbst in politischen Debatten kaum Beachtung. Für die Wirtschaft ist die Infrastruktur, welche das Verschieben von Buchgeld oder den Handel mit Finanzprodukten bewerkstelligt, hingegen unerlässlich. Zwar mag die Ausgabe,

Verrechnung, Begleichung und Registrierung finanzieller Forderungen den unspektakulären Anschein einer buchhalterischen Aufgabe haben. Im Finanzsystem kommt ihr aber eine vergleichbare Rolle mit der Verkehrsinfrastruktur zu, ohne die beim Transport von Personen und Waren wenig bis gar nichts bewegt würde. Wie beim Verkehr muss die Finanzmarkt- und Zahlungsinfrastruktur nicht unbedingt von einer staatlichen Institution geschaffen und betrieben werden. Es ist in der Tat so, dass neben den Zentralbanken auch Geschäftsbanken, oder von ihnen errichtete Gemeinschaftsunternehmen, wesentliche Teile der Infrastruktur im Finanzsystem unterhalten. Sowieso haben Innovationen im Bereich der elektronischen Informationsverarbeitung sowohl den Zahlungsverkehr als auch den Finanzmarkthandel in den letzten Jahrzehnten revolutioniert und in vielerlei Hinsicht vereinfacht. Freilich hat dies auch zu einem höheren Vernetzungsgrad im Finanzwesen geführt. Wie bei einem Stau auf einem dichtbefahrenen Autobahnabschnitt zieht eine Blockade somit rasch große Folgewirkungen nach sich, wenn nach einer aufgetretenen Störung Finanztransaktionen nicht mehr verrechnet oder abgewickelt werden oder sogar die Infrastruktur für Finanztransaktionen teilweise zusammengebrochen ist.

Die Stabilität der Finanzinfrastruktur hängt teilweise davon ab, wie finanzielle Forderungen abgewickelt und verrechnet werden. Ein Großteil des Handels und der Zahlungen im Finanzsystem fällt einfach bilateral zwischen Großbanken oder anderen Finanzinstituten an. Man spricht in diesem Zusammenhang auch von direkten oder außerbörslichen Transaktionen, die „over the counter" (OTC) stattfinden. Wesentliche Teile des Handels von Finanzderivaten auf Wertpapieren oder Devisen laufen so ab. Die Vorteile der bilateralen Abwicklung liegen in der Einsparung von Gebühren und den freien Gestaltungsmöglichkeiten der gehandelten Wertschriften und Vermögenswerte. Die Nachteile sind, dass sich die entsprechenden Zahlungsströme schwer beobachten lassen und keine zentral verfügbaren Informationen über die Handelsaktivitäten zur Verfügung stehen. Wie Abb. 5.8 zeigt, liegt die Alternative in der Abwicklung von Zahlungen über eine Handelsplattform, die als intermediäre Verrechnungsstelle fungiert und als sogenannte zentrale Gegenpartei auftritt. Das Paradebeispiel hierfür ist eine Aktienbörse. Teile des Handels mit Öl, aber auch mit Devisen und Obligationen, erfolgen ebenfalls auf Handelsplattformen. Der Vorteil dabei ist, dass alle Preisinformationen und Angaben über das Transaktionsvolumen bei der Handelsplattform zusammenlaufen und sich dadurch die Entwicklungen auf einem bestimmten Finanzmarkt leichter beobachten, überwachen und regulieren lassen. Um die Transparenz von Zahlungen zu fördern, hat die zentrale Abwicklung von Transaktionen also große Vorteile. Der Nachteil ist, dass Börsen oder andere Formen der zentralen Verrechnung eine gewisse Standardisierung der gehandelten Finanzprodukte benötigen. Dies mag für Devisen, gewisse Rohstoffe wie Öl oder identisch gestückelte Aktien kein Problem sein. Eine Standardisierung von Nahrungsmitteln, Kunstgegenständen oder von Versicherungsprodukten für ausgewählte Personen oder Objekte lässt sich hingegen nicht oder nur schwer bewerkstelligen.

Des Weiteren stehen im Zahlungswesen zwei Verrechnungsansätze zur Verfügung. Der erste ist das Bruttoabwicklungsverfahren (engl. real time gross settlement system), bei dem jeder Betrag einzeln und in Echtzeit verrechnet wird. Um die Abermillionen von Transaktionen zu decken, welche bei Geschäftsbanken oder auf den Devisenmärkten täglich anfallen, erfordert ein Verrechnungssystem, das den Gesamtbetrag jeder Gut- und Lastschrift sofort erfasst, entsprechend hohe Kontostände als Liquiditätspolster. Eine Möglichkeit, um dies zu umgehen, liefert das Nettoabwicklungsverfahren (net settlement system), bei dem zu festgelegten Zeitpunkten nur die ausstehenden Salden zwischen verschiedenen Konten gegeneinander beglichen werden. Solange die akkumulierten Bewegungen auf einem Konto sich mehr oder weniger

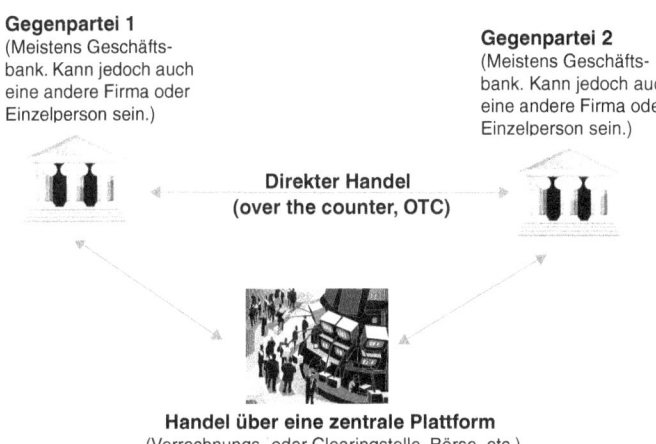

Abb. 5.8 Mögliche Organisation des Zahlungsverkehrs und Finanzmarkthandels

die Waage halten, reduziert dieses Vorgehen den Liquiditätsbedarf erheblich. Dies impliziert, dass sich die ausgelösten Zahlungen nicht mehr an den Gesamtbeträgen, sondern nur noch an den durchschnittlichen Salden, orientieren. Ferner verringert ein Nettoabwicklungssystem die Anzahl Buchungen, die vorgenommen werden müssen. Dieser Effizienzgewinn geht allerdings zu Lasten der Sicherheit, da bei einer ausgelösten Zahlung nicht automatisch gewährleistet ist, dass die Gegenpartei am Ende des Tages auf ihrem Konto auch über eine ausreichende Deckung verfügt. Die Wahl zwischen dem Brutto- und dem Nettoabwicklungsverfahren unterliegt also dem klassischen Zielkonflikt zwischen Effizienz und Sicherheit.

Insgesamt bedarf es einer gewissen Überwachung und Koordination, um einen reibungslosen Ablauf von Finanztransaktionen sicherzustellen. Zentralbanken übernehmen diese Aufgabe zu großen Teilen, indem sie Zahlungssysteme, insbesondere was die Transaktionen zwischen Geschäftsbanken angeht, manchmal selbst betreiben oder zumindest regulieren und überwachen. Gerade die Globale Finanzkrise hat gezeigt, dass die Zahlungsinfrastruktur, die von Zentralbanken betrieben oder überwacht wird, sowie Börsentransaktionen, die der Börsenaufsicht unterstanden, relativ stabil funktioniert haben. Hingegen trat Instabilität vor allem bei der Schatteninfrastruktur auf, namentlich was den direkten Handel gewisser Derivate zwischen Geschäftsbanken anging.

5.8 Grenzen der Regulierung

Jedes Krisenereignis im Finanzsystem gibt unweigerlich Anlass zu einer Debatte über Regulierungslücken. Bisher resultierte daraus vorwiegend eine Ausweitung der Banken- und Finanzmarktregulierung. Die Eckpfeiler des heutigen Regulierungsgebäudes lassen sich denn auch auf bestimmte historische Ereignisse zurückführen. Davon zeugen unter anderem die Aufgabe der Zentralbank als Lender of Last Resort, die aus den Bankenkrisen des 19. Jahrhunderts hervorgegangen ist, aber auch die Einlagenversicherung, die als wegweisende Reaktion auf die Bankzusammenbrüche während der Großen Depression gilt, oder die heutige Form der Eigenkapitalvorschriften, welche sich infolge der Globalisierung im Finanzsystems seit den 1980er Jahren durchgesetzt haben und auch als eine der ersten Maßnahmen nach der Globalen Finanzkrise verschärft wurden.

Finanzkrisen gehen fast immer darauf zurück, dass Teile des Finanzsystems (meistens Geschäftsbanken) „in einer unentschuldbaren Weise unvorsichtig waren und nicht genügend Liquidität hielten und sich stattdessen darauf verlassen, dass Kredite immer zur Verfügung stehen". Falls infolgedessen Liquiditätsengpässe oder massive Kreditausfälle auftreten, ist in der Regel die Zentralbank gefordert, die dann „Geld über jeden möglichen

Weg verleiht und auf Methoden zurückgreift, die vorher noch nie verwendet wurden". Beim Lesen dieser Zitate liegt die Vermutung nahe, dass sie sich auf eine Finanzkrise aus der jüngeren Vergangenheit beziehen. Tatsächlich betrifft das Fehlverhalten im ersten Zitat die Pole and Thornton Bank, die im Jahr 1825 eine kleine Finanzkrise in England ausgelöst hatte. Das zweite Zitat stammt aus dem Mund des damaligen Gouverneurs der Bank of England, Jeremiah Harman, der im Begriff war, erste Ansätze einer Politik des Lender of Last Resort anzuwenden.[19] Dies wirft die Frage auf, warum Ereignisse wie Bankenpaniken, spekulative Übertreibungen an den Finanzmärkten oder die verantwortungslose Kreditvergabe offenbar die bedrückende Neigung haben, sich zu wiederholen.

Trotz der festen Beteuerungen, die noch nach jeder Finanzkrise von Bankern oder Politikern abgegeben wurden, dass sich ein solches Ereignis nie mehr wiederholen soll, wird es wohl nie gelingen, ein vollkommen stabiles Finanzsystem auf die Beine zu stellen. Wie bereits zu Beginn dieses Kapitels erklärt wurde, liegt dies in der Natur der Sache, da das Finanzsystem für die Wirtschaft und Gesellschaft ein Forum bietet, um finanzielle Forderungen und die entsprechenden Risiken zu tauschen. Zur Rekapitulation: Alle Finanztransaktionen teilen die Eigenschaft, dass deren Erfolg oder Misserfolg von wirtschaftlichen und politischen Entwicklungen sowie dem zukünftigen Verhalten der involvierten Parteien abhängt und infolgedessen mit Unsicherheit behaftet sind. Demnach treten im Finanzwesen früher oder später unerwartete

---

[19] Das Originalzitat stammt von Marianne Thornton, der Schwester von Henry Thornton, und bezog sich auf die Geschäftsleitung der Thornton Bank „[which] had been inexcusably imprudent in keeping more cash in the House, but relying on [the bank's] credit ... which would enable them to borrow whenever they pleased". Das Ironische an dieser Geschichte ist, dass Henry Thornton bekanntlich die Grundsätze für die Lender-of-Last-Resort-Politik gelegt hat, wobei es unter anderem darum geht, eine unsorgfältige Kreditvergaben nicht mit Liquiditätshilfen zu belohnen (siehe Kap. 5.5). Das Originalzitat von Jeremia Harman lautet: „We lent by every possible means and in modes we had never adopted before."

Wendungen auf, die schmerzhafte Verluste verursachen. Fehleinschätzungen können einerseits unabsichtlich erfolgen, andererseits manchmal auch bewusst und mit böser Absicht provoziert werden, um auf Kosten anderer Parteien zu profitieren. Diesbezüglich stehen in den meisten Finanzkrisen in erster Linie die Geschäftsbanken und ihre Mitarbeiter in der Kritik. Es gibt tatsächlich genügend Beispiele dafür, dass Banker unverantwortlich hohe Risiken willentlich eingegangen sind oder ihre anvertraute Position gegenüber den Kunden auf schamlose Weise ausgenützt haben.[20] Da an jedem maroden Finanzgeschäft mehrere Parteien beteiligt sind, ist es jedoch zu einfach, die Geschäftsbanken zum Alleinschuldigen für Probleme im Finanzsystem zu machen oder sogar abenteuerliche Verschwörungstheorien aufzustellen, die den komplizierten Ursachen von Finanzkrisen kaum gerecht werden. Exemplarisch gilt bei einem Kreditausfall, dass die Bank zwar bei ihrer Überwachungsfunktion versagt hat; gleichwohl spielt dabei die Überschätzung der eigenen finanziellen Möglichkeiten beim Kreditnehmer auch eine Rolle. Oder für vergangene Staatsbankrotte wurden mehrfach Investoren, welche marode Staatsanleihen gekauft haben, zum Sündenbock erkoren. Dies ist jedenfalls die Sicht mancher Politiker, die eine unsolide Budgetplanung meistens selber abgesegnet hatten und freilich auch von zahlreichen Bürgern, die unrealistische Ansprüche an den Staat stellen oder die öffentliche Verschuldung für ein belangloses Problem halten.

---

[20] Zwei Beispiele sind in den Fußnoten 1 und 4 von Kap. 2 beschrieben. Einen der bekanntesten Schwindel in der Finanzgeschichte betraf die Bank von Charles Ponzi, die Anfang der 1920er Jahren den Einlegern in Boston (USA) einen jährlichen Zins von 45 % versprach. Diese Verzinsung wurde über ein Schneeballsystem möglich gemacht, das heißt neu deponierte Guthaben in der Bank wurden einfach für Zinsgutschriften herangezogen. Im Amerikanischen bezeichnet man solche Schneeballsysteme noch heute als „Ponzi schemes". Der Finanzbetrug mit den bisher größten Verlusten ist hingegen der Madoff Skandal von 2008. Bernard Madoff hatte jahrzehntelang einen Investmentfonds nach dem Schneeballprinzip betrieben und hinterließ nach dessen Zusammenbruch einen Schaden in Milliardenhöhe.

Aus ähnlichen Gründen, gemäß denen es kein krisenloses Finanzsystem geben kann, stellen regulatorische Eingriffe niemals ein Allheilmittel gegen Instabilität im Banken- und Finanzwesen dar. Es wäre beispielsweise naiv zu glauben, dass Zentralbanken, oder auch andere Behörden, die mit der Gewährleistung der Finanzstabilität betraut worden sind, selbst vor Fehleinschätzungen oder Fehlverhalten gefeit wären. Ferner gibt es überzeugende Argumente dafür, dass zu umfangreiche regulatorische Interventionen selbst eine destabilisierende Wirkung auf das Finanzsystem entfalten können. Auf die kontraproduktiven Effekte einer ungezügelten Lender-of-Last-Resort-Politik wurde weiter oben bereits hingewiesen. Als weiteres prominentes Beispiel für die ambivalenten Effekte der Zentralbankpolitik auf die Finanzmarktstabilität gilt die Zinssetzung während Finanzkrisen. Da diese in der Regel mit schweren Rezessionen einhergehen und die Gefahr einer Deflation mit sich bringen, senken Zentralbanken in Krisenzeiten die Zinsen. Zwar stimuliert dies die Gesamtnachfrage (vgl. Kap. 6.2), weckt jedoch auch die Gefahr von übertriebenen Kurssteigerungen bei Aktien und Immobilien, die sich als alternative Anlagen zu festverzinslichen Wertschriften anbieten. Im Allgemeinen ist es für die Zentralbank also schwierig, eine aggressive Tiefzinspolitik zu verfolgen, ohne gleichzeitig das Risiko spekulativer Übertreibungen an der Börse oder am Immobilienmarkt einzugehen. Im Gegenteil ist es übrigens ähnlich umstritten, wie eine Zentralbank auf Überhitzungserscheinungen auf Finanzmärkten reagieren soll. So hat der ehemalige Gouverneur des amerikanischen Federal Reserve Systems, William McChesney Martin (1906–1998), die bekannte Maxime aufgestellt, dass es die Aufgabe der Zentralbank sei „die Punschgläser einzusammeln, sobald die Party so richtig in Fahrt kommt". Dies erfordert freilich, dass eine Zentralbank in der Lage ist, eine sich aufbauende Blase an den Finanzmärkten zuverlässig zu erkennen. Diesbezüglich sind jedoch gewisse Zweifel angebracht. Falls eine spekulative Übertreibung vollkommen offensichtlich wäre, würden gerade Spekulanten den größten Anreiz haben, sich mit weiteren Investitionen zurückzuhalten, um damit der Gefahr von Verlusten beim Platzen einer Blase zu entgehen. Genau dies würde indes dazu führen, dass die Kurse auf ein stabiles Niveau zurückkehren. Eine proaktive Politik gegen Finanzmarktblasen beruht also letztlich auf dem Glauben, dass eine Zentralbank eher in der Lage ist, eine spekulative Übertreibung zu identifizieren, als jene Anleger und Investoren, deren Einkommen direkt von der Finanzmarktentwicklung abhängt.

Die in diesem Kapitel geführte Diskussion zu Fragen der Finanzstabilität sollte nicht darüber hinwegtäuschen, dass die Zentralbank letztendlich Ziele verfolgt, die im breiten Interesse der gesamten Wirtschaft und nicht nur des Finanzsektors liegen. Eine Evaluation der Zentralbankpolitik anhand der Kursentwicklungen an den Finanzmärkten oder eine einseitige Ausrichtung auf die Stabilität des Bankensystems wird einer erfolgreichen Geld- und Währungspolitik jedenfalls nicht gerecht. Das nächste Kapitel geht detailliert auf die Effekte und Zielkonflikte der Geldpolitik ein, wenn es um die Verwirklichung der gesamtwirtschaftlichen Ziele der Preisniveau- und Konjunkturstabilität geht.

Weiterführende Literatur

Eine kritische Darstellung der Eigenkapitalregulierung liefern: Admati, Anat, und Martin Hellwig, 2014: *Des Bankers neue Kleider*, Finanzbuchverlag.

Eine kompakte und lesenswerte Übersicht über die Funktionen von Banken sowie die Möglichkeiten und Grenzen der Regulierung liefert: Baltensperger, Ernst, 1996: Banken und Finanzintermediäre, in: Von Hagen, Jürgen, Axel Börsch-Supan und Paul J.J. Welfens, *Springers Handbuch der Volkswirtschaftslehre*, Springer.

Einen umfassenden geschichtlichen Überblick über die Finanzkrisen geben: Reinhard, Carmen, und Kenneth Rogoff, 2010: *Dieses Mal ist es anders: Acht Jahrhunderte Finanzkrisen*, Finanzbuchverlag.

Eine gute Darstellung zu den Hintergründen der globalen Finanzkrise ist zu finden in: Sinn, Hans Werner, 2009: *Kasino-Kapitalismus: Wie es zur Finanzkrise kam, und was jetzt zu tun ist*. Econ Verlag.

6
Lang- und kurzfristige Effekte der Geldpolitik

Inflation ist immer und überall ein monetäres Phänomen.
Milton Friedman (Amerikanischer Nobelpreisträger für
Wirtschaftswissenschaften, 1912–2006)

6.1 Geldpolitik und Inflation – Die Neutralität des Geldes

Wie die Zentralbank das Kreditvolumen, die Zinsen und die Wechselkurse mit Hilfe des geldpolitischen Instrumentariums steuert, war Gegenstand von Kap. 4. Zuvor wurde bereits betont, dass das Geldwesen einen möglichst reibungslosen Ablauf von Zahlungen bezweckt und weitere wichtige Funktionen wahrnimmt, wenn es um die einheitliche Angabe von Preisen und die Wertaufbewahrung geht. Wie im letzten Kapitel geschildert, kann die Zentralbank sowohl zu einer stabilen Entwicklung im Finanz- und Bankensystem beitragen, als auch für Fehlentwicklungen in Form von Finanzkrisen, welche wirtschaftliche Einbußen verursachen oder die Preisstabilität gefährden, mitverantwortlich sein. All dies verdeutlicht, dass die Auswirkungen der Geldpolitik keineswegs an den Grenzen des Finanzsystems halt machen, sondern sich auf die gesamte Wirtschaft übertragen. Angesichts dessen zielt die Geldpolitik darauf ab, mit der Gestaltung der monetären Bedingungen die wirtschaftliche Lage und Entwicklung zu verbessern.

Vor diesem Hintergrund mag es überraschen, dass das geldpolitische Instrumentarium langfristig wenig bis keinen Einfluss auf wirtschaftliche Schlüsselgrößen wie den Wohlstand, das Handelsvolumen oder die Arbeitslosigkeit ausübt. Um dies zu verstehen, ist es wichtig, an dieser Stelle eine Unterscheidung zwischen nominalen und realen Wirtschaftsgrößen vorzunehmen. Im engeren Sinn drücken reale Größen wirtschaftliche Aktivitäten anhand des tatsächlichen Konsums von Gütern oder Dienstleistungen aus. In realwirtschaftlicher Hinsicht ist das Einkommen und Vermögen natürlich nur wertvoll, insofern es einen Zugang zu nützlichen Produkten gewährt. Solange Menschen nicht der Geldillusion verfallen sind – das heißt sie begehren das Geld nicht an sich, sondern nutzen es nur als Mittel zum Zweck – ist neben der Höhe eines Gehaltes oder dem gegenwärtigen Kurs eines Vermögenswerts auch das Preisniveau sowie die allgemeine Preisentwicklung für die reale Kaufkraft maßgebend. Diese wird in einem Land üblicherweise anhand eines repräsentativen Warenkorbs gemessen, dessen Preisindex auch eine Kaufkraftbereinigung über die zeiträumliche Entwicklung der Wirtschaft gestattet.[1] Im breiteren Sinn trägt selbstverständlich ein umfassendes Spektrum an Realwerten zur Lebensqualität bei. Dazu

---

[1] Die Preisentwicklung eines fixen Warenkorbes liefert ein mögliches Maß für die Teuerung. Dieses wird typischerweise relativ zu einem Basisjahr berechnet, wobei definitionsgemäß gilt, dass der Preisindex an diesem Referenzzeitpunkt auf 100 Einheiten normiert ist, das heißt $P_0 = 100$. Der prozentuale Preisanstieg des Warenkorbs misst dann die Inflation. Falls der Wert des Preisindexes im Jahr t beispielsweise $P_t = 103$ lautet, betrug die Inflation, oder die Teuerung, seither $(103/100-1)=0{,}03$ oder 3 %. Mit Hilfe des Preisindexes können auch nominale in reale Werte überführt werden. Ein Vergleich von realen Werten zwischen den Zeitpunkten t und 0 erfolgt über den Korrekturfaktor $100/103$, das heißt, wenn Y_t der nominale Wert einer Wirtschaftsgröße ist, dann beträgt dessen realer Wert $y_t = Y_t * (100/103)$.

zählen die Zufriedenheit mit der Arbeit, der Freizeitgenuss, eine gute Gesundheit und vieles mehr. Es gilt wiederum, dass die eigentliche Wertschätzung sämtlicher Dinge, die für das menschliche Wohlbefinden von Bedeutung sind, sich nicht am Geld bemisst sondern anhand letztlich relevanter Größen; etwa die Wahrscheinlichkeit, die Stelle zu verlieren, die Stunden, die für die Freizeit zur Verfügung stehen oder der Gesundheitszustand. Da der Wohlstand eines Landes sich an realen Größen orientiert, bei denen das Geld höchstens als indirekte Messgröße auftritt, wird klar, dass die monetären Bedingungen für die reale Wirtschaftsentwicklung letztlich von untergeordneter Bedeutung sein müssen.

Bei nominalen Größen, die in Geldeinheiten gemessen werden, sehen die Zusammenhänge völlig anders aus. Da das Geld als Recheneinheit fungiert, gelten das allgemeine Preisniveau und dessen Veränderung, sprich die Inflation, als Paradebeispiele für einen Nominalwert. Außerdem werden die Zinsen und die Wechselkurse, die etwa von Tageszeitungen publiziert werden, ebenfalls nominal – oder eben in Geldeinheiten – angegeben. Es ist intuitiv einleuchtend, dass vom Geldangebot nominale Effekte ausgehen. So droht bei einem Geldüberhang, das heißt die Zentralbank schafft oder toleriert ein größeres Geldangebot als die entsprechende Nachfrage, die Gefahr von Kaufkraftverlusten infolge des allgemeinen Preisanstiegs. Dass Inflation letzten Endes ein monetäres Phänomen ist, das auftritt, wenn zu viel Geld zu wenigen Gütern gegenübersteht, gilt als erhärtetes Faktum. Es ist in der Tat frappant, wie der langfristige Anstieg der Geldmenge ein praktisch proportionales Preiswachstum (Inflation) hervorruft. Der linke Teil von Abb. 6.1 veranschaulicht dies für zahlreiche Länder, bei denen das jahrzehntelange Durchschnittswachstum der Geldmenge M2 auf der horizontalen Achse eng mit der durchschnittlichen Inflation während derselben Periode auf der vertikalen Achse korreliert ist. Im Gegensatz dazu tritt ein proportionaler Zusammenhang mit dem Wohlstandsniveau, gemessen anhand

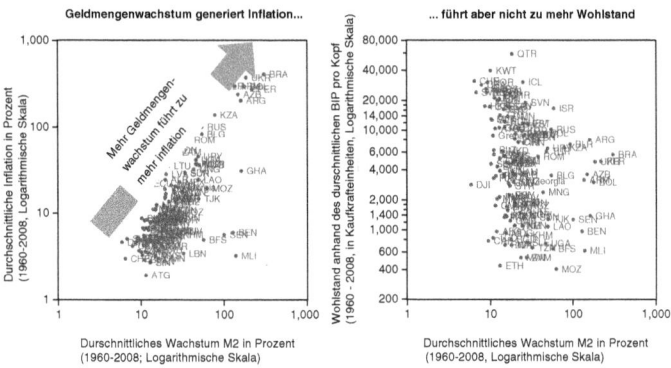

Abb. 6.1 Geldmengenwachstum, Inflation und Wohlstand. (Daten: Penn World Tables und International Financial Statistics)

des realen Bruttoinlandsprodukts pro Kopf, wie im rechten Teil von Abb. 6.1 gezeigt, keinesfalls auf. Es wäre wohl auch ein paradiesischer Zustand, wenn sich die Lebensumstände mühelos über die Vermehrung von Nominalgeld verbessern ließen.

Die proportionalen Effekte des Geldes beschränken sich mitnichten auf die Inflation, sondern treten auch anderswo auf. Eine enge Koppelung besteht beispielsweise zwischen dem Nominalzins und der erwarteten Inflation. Gemäß dem sogenannten Fisher-Effekt werden nämlich Inflationsängste in den Nominalzins eingepreist, weshalb Phasen mit einer hohen erwarteten Teuerung mit einem hohen Nominalzinsniveau einhergehen. Der obere Teil von Abb. 6.2 illustriert diesen Zusammenhang exemplarisch anhand von Daten für die Schweiz. Anleger sind letztlich eben nicht an monetären Erträgen interessiert, sondern werden so gut wie möglich antizipieren, inwiefern sich die vereinbarten Geldzahlungen in der Zukunft in Güter und Dienstleistungen ummünzen lassen. Ex-ante bemisst sich der für Anlageentscheidungen relevante, das heißt um die Kaufkraftentwicklung bereinigte, Realzins näherungsweise anhand der Differenz zwischen

6 Lang- und kurzfristige Effekte der Geldpolitik

Fisher Effekt berechnet anhand einer 10-jährigen Bundesobligation für die Schweiz mit Hilfe der Methode von Mishkin (1981): Der Nominalzins absorbiert die erwartete Inflation. Der erwartete Realzins verläuft mehr oder weniger konstantund weist in diesem Beispiel einen Wert von ungefähr 2 Prozent auf. Die erwartete Inflation und der Nominalzins weisen gemeinsame Schwankungen auf.

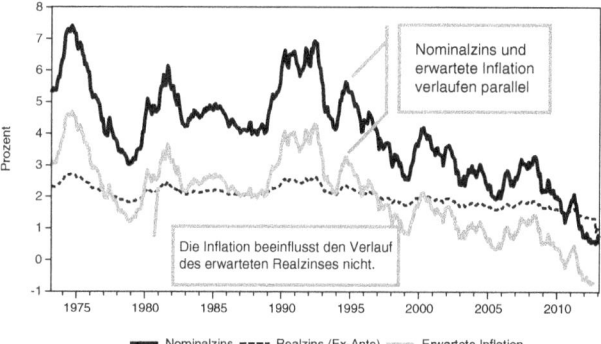

Der realisierte Realzins schwankt hingegen mit der unerwarteten Inflation. Ein überraschender Teuerungsschub, wie z.B. während den Ölpreiskrisen der 1970er Jahre, reduziert den realisierten Realzins. Berechnung anhand einer 10-jährigen Bundesobligation für die Schweiz mit Hilfe der Methode von Mishkin (1981).

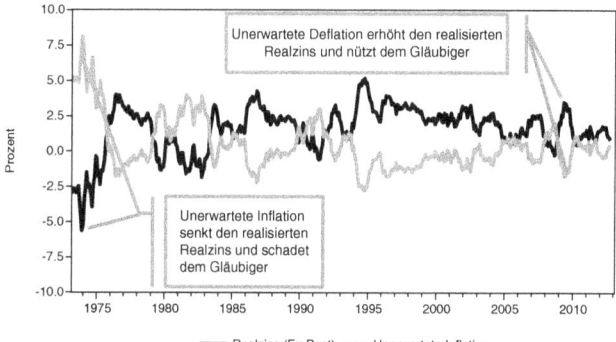

Literaturhinweis: Mishkin, Frederic, 1981: The Real Interest Rate: An Empirical Investigation, NBER Working Paper No. 622. Daten: Statistisches Monatsheft, Schweizerische Nationalbank.

Abb. 6.2 Effekte zwischen Zinsen und Inflation

dem nominalen Zinssatz und der erwarteten Inflationsrate.[2] Im Gegensatz zu den nominalen Grössen verharrt der erwartete Realzins auf einem mehr oder weniger konstanten Niveau und hängt infolgedessen nicht davon ab, ob das jeweilige Umfeld von hohen oder niedrigen Teuerungsraten geprägt ist.

Neutralitätseigenschaft des Geldes

Die langfristige Unabhängigkeit der Realwirtschaft von monetären Entwicklungen, derweil eine enge Bindung mit nominalwirtschaftlichen Größen wie den Preisen auftritt, wird als Neutralität des Geldes bezeichnet. Diese Eigenschaft ist für die strategische Ausrichtung der Geldpolitik ungemein wichtig, da die Zentralbank dank dem direkten Zusammenhang zwischen dem Geld und der Inflation letztendlich über die Kontrolle des Geldangebots oder des Zinsniveaus stabile Preise herbeiführen kann. Dagegen ist eine nachhaltige Förderung des Wohlstandes zum Scheitern verurteilt, da Geld in realer Hinsicht lediglich ein Mittel zum Zweck der Durchführung wirtschaftlicher Transaktionen bereitstellt. Ein Überangebot an Nominalgeld vermag die Wirtschaftsleistung nicht andauernd zu steigern, da es weder Konsumwerte schafft, noch zu Fortschritten bei der Produktion von Gütern oder Dienstleistungen beiträgt. Eher lässt sich die Argumentationskette umkehren. Um wiederzuspiegeln, dass der reale Zugang zu Wirtschaftsprodukten knapp ist, muss die Geldmenge langfristig eben auch in einem entsprechenden Maß knapp

---

[2] Beträgt der nominale Zinssatz also 5% und die Inflation beläuft sich auf 3%, ergibt dies einen realen Zinssatz von ungefähr 2%. Die genaue Formel für den Realzins lautet: Realer Zinssatz=(Nominaler Zinssatz-Inflationsrate)/(1+Inflationsrate). Bei tiefer Inflation beträgt der Nenner dieses Bruchs approximativ 1 und kann also vernachlässigt werden. Dann resultiert die sogenannte Fisher-Gleichung:

$$\text{Realer Zinssatz} \approx \text{Nominaler Zinssatz} - \text{Inflationsrate}$$

gehalten werden, sodass die Kaufkraft erhalten bleibt. Diese Feststellung impliziert, dass selbst langfristig die Preisniveaustabilität fast nie einer konstanten Geldmenge bedarf. Vielmehr ist es so, dass Veränderungen bei der Geldmenge durchaus vonnöten sind, um Trends und Schwankungen in den Zahlungsgewohnheiten oder der wirtschaftlichen Entwicklung eines Landes zu absorbieren. Einer bekannten Regel des Monetarismus zufolge – einem geldtheoretischen Ansatz, der sich in den 1960er und 1970er Jahren intensiv mit der Geldmengenentwicklung befasst hat[3] – sollte sich das Wachstum der breit definierten Geldaggregate langfristig ungefähr an jenem der Realwirtschaft orientieren.

Zu beachten gilt, dass sich die Neutralitätseigenschaft hauptsächlich auf die paarweise Beziehung zwischen Geldmenge und Preisniveau sowie zwischen Nominalzins und Inflationserwartungen bezieht, aber keinesfalls die Währungsordnung als solche betrifft. Ein zweckdienlich ausgestalteter Rahmen mit sinnvollen formellen Regeln und informellen Normen zum Geld- und Währungswesen fördert selbstverständlich den Wohlstand. Allem

---

[3] Prominente Vertreter des Monetarismus waren die amerikanischen Ökonomen Milton Friedman (1912–2006) und Allan Meltzer (geb. 1928) sowie der gebürtige Schweizer Karl Brunner (1916–1989). Der Monetarismus übte zu seiner Blütezeit einen beträchtlichen Einfluss auf die Politik der Zentralbanken aus, von denen einige nach dem Zusammenbruch des Bretton-Woods-Systems dazu übergingen, ihre Geldpolitik auf explizite Geldmengenziele auszurichten. Ein Problem dabei war, dass die Geldmenge, infolge veränderter Zahlungsgewohnheiten und technologischer Entwicklungen im Zahlungsverkehr, ihre Indikatorfunktion für die wirtschaftliche Lage je länger je mehr einbüßte. Infolgedessen sind viele Zentralbanken seit den 1980er Jahren zum sogenannten Inflation Targeting übergegangen, bei dem die Entwicklung eines Preisindexes als direkte Zielvariable der Geldpolitik dient (vgl. Kap. 2.6). Das intellektuelle Erbe des Monetarismus lebt bis heute fort, indem einige der Kernideen, oft in weiterentwickelter Form, nach wie vor einen breiten Zuspruch finden. Dazu zählen unter anderem die Skepsis gegenüber einem stabilitätspolitischen Machbarkeitsglauben dank umfassender Eingriffe der Zentralbank sowie das Befürworten klarer Mandate und Regeln für die Geldpolitik. Für eine Diskussion des Monetarismus aus heutiger Perspektive, siehe Baltensperger, Ernst, 2014: Unheilvolle Überforderung, Schweizer Monat.

voran wäre wirtschaftliches Handeln ohne ein breit anerkanntes Zahlungsmittel nur beschränkt möglich. Ein monetäres Chaos kann ein Land ins Elend stürzen. Dies gilt bei einer andauernden Instabilität im Finanzsystem genauso wie bei einer ungesund hohen Inflation.

Kosten der Inflation

Zudem sollte das Konzept der Neutralität des Geldes nicht darüber hinwegtäuschen, dass Inflation der Wirtschaft schadet. Die Gründe dafür sind zahlreich und vielfältig: Inflationskosten resultieren erst einmal direkt, wenn Firmen genötigt werden, ihre Preise an die herrschende Teuerung anzupassen.[4] Unterschiede bei der Inflation – selbst wenn sie sich im einstelligen Prozentbereich bewegen – sind alles andere als harmlos. Aufgrund des exponentiellen Charakters des Preiswachstums lösen kleine Veränderungen ungeahnt große Effekte aus. Anschauungsunterricht dafür liefert eine Daumenregel, der zufolge sich der Zeitraum, bis sich die Preise verdoppeln werden, in etwa aus der Division der Zahl 70 mit der Inflationsrate ergibt. Diese sogenannte 70er Regel[5] zeigt auf, dass bei einem Prozent Inflation die Verdoppelungszeit des Preisniveaus etwa 70/1 = 70 Jahre beträgt. Bei

---

[4] Man spricht in diesem Zusammenhang auch von den sogenannten Menukosten. Der Begriff geht auf das Drucken neuer Speisekarten zurück, wenn Gaststätten aufgrund der Teuerung gezwungen waren, ihre Preise anzupassen. In gesamtwirtschaftlicher Hinsicht sind die Menukosten der Inflation freilich von untergeordneter Bedeutung.

[5] Die 70er-Regel resultiert aus dem Wachstumsprozess des Preisniveaus, das heißt:

$$P_t = P_0(1 + \pi/100)^t$$

Dabei bezeichnet P_0 das Ausgangspreisniveau, P_t das Endpreisniveau, π die Inflationsrate (in Prozent) und t die Zeitdauer. Eine Verdoppelung des Preisniveaus bedeutet: $P_t = 2 \times P_0$. Die Verwendung des natürlichen Logarithmus ergibt eine Verdoppelungszeit t von:

$$t = \frac{\ln(2)}{\ln(1 + \pi/100)}$$

einer Teuerung von durchschnittlich 5 % dauert dies hingegen nur noch 70/5 = 14 Jahre.

Wie im Kap. 3.1 bereits angedeutet wurde, wirken die Kosten einer Inflation hauptsächlich indirekt, indem sie das Geld seiner Funktionen beraubt. Insbesondere geht mit einem Kaufkraftverlust die Geldnachfrage zurück, was die Zahlungsmittelfunktion beeinträchtigt. Des Weiteren bedeutet Inflation hinsichtlich der Rolle des Geldes als Recheneinheit, dass der Wertmaßstab für die Preise wirtschaftlicher Transaktionen zeitlichen Veränderungen unterworfen ist. Dies ist genauso verwirrend und unpraktisch, wie wenn Distanz- oder Gewichtsmaße (z. B. der Meter oder das Kilo) jedes Jahr anders definiert würden. Über längere Zeiträume erschwert die andauernde Modifikation der Kaufkraft jedenfalls einen Preisvergleich. Diese Erfahrung wird einem bei den oft lächerlich anmutenden Preisen und Geldeinkommen zuteil, die vor fünfzig oder hundert Jahren galten. Inflation führt auch zu Verzerrungen, weil nicht alle Preise gleich schnell auf nominale Veränderungen reagieren und somit ihre Funktion als Knappheitsindikator teilweise einbüßen. Ein vieldiskutiertes Beispiel hierfür ist die sogenannte kalte Progression. Da Steuern in Geldbeträgen festgeschrieben sind, jedoch Steuergesetze nur sporadisch an die Teuerung angepasst werden, besteht die Gefahr, dass nominale Einkommenserhöhungen, welche lediglich die gestiegenen Preise ausgleichen, einen Haushalt in eine höhere Progressionsstufe drängen, worauf letztendlich real höhere Abgaben an den Staat anfallen.

Gemäß der Taylorregel gilt approximativ, dass $\ln(1 + \pi/100) \approx \pi/100$. Ferner gilt $\ln(2) = 0.693... \approx 0.7$. Somit resultiert die 70er-Regel, da:

$$t \approx \frac{0.7}{\pi/100} = \frac{70}{\pi}.$$

Inkonstante Preise stören auch die Wertaufbewahrungsmittelfunktion des Geldes und insbesondere die Möglichkeiten, pekuniäre Werte zuverlässig in die Zukunft zu übertragen. Die Beeinträchtigung dieser Aufgabe tritt vorwiegend bei unerwarteten Inflationsschüben auf, die schwer annehmbare Umverteilungseffekte in einer Gesellschaft auslösen und infolgedessen einen enormen sozialen Schaden anrichten können. Inwiefern der oben erwähnte Fisher-Effekt und der daraus erwartete Realzins tatsächlich auftritt, hängt nämlich von der korrekten Einschätzung zukünftiger Preise ab. Falls die Teuerung beispielsweise unerwartet hoch ausfällt, und der entsprechende Kaufkraftverlust also nicht in die Nominalzinsen einkalkuliert wurde, senkt dies im Nachhinein (ex-post) den *realisierten* Realzins. Dies schadet den Gläubigern (Kreditgebern) nützt aber der Gruppe der Schuldner (Kreditnehmer), deren Zinslast real sinkt. Infolge solcher Überraschungen verläuft der realisierte weit weniger konstant als der erwartete Realzins. Der untere Teil von Abb. 6.2 veranschaulicht dies wiederum anhand schweizerischer Daten. Dabei ist deutlich zu erkennen, dass beispielsweise infolge der Erdölpreisschocks der 1970er Jahre die Teuerung unerwartet anstieg, wodurch die realisierten Realzinsen vorübergehend sogar negative Werte aufwiesen.

Schließlich resultieren weitere wirtschaftliche Einbußen, weil Inflation ein Umfeld der Unsicherheit schafft. Je höher die Teuerung, desto mehr schwanken in der Regel die Preise, was unter anderem die Planung von Investitionen erschwert, wenn nicht abzuschätzende Preisentwicklungen die zukünftigen Erträge durcheinanderbringen. Im Übrigen können fundamentale Abweichungen des realisierten vom erwarteten Realzins nur kurz bestehen bleiben. Da Menschen lernfähig sind, werden sie sich nicht andauernd von einer abnormalen Inflation in die Irre führen lassen. Vielmehr registrieren sie Veränderungen der allgemeinen Preisentwicklung relativ rasch und passen ihre Erwartungen entsprechend an. Wenn überhaupt, lässt sich eine wiederkehrende Senkung des realisierten Realzinses nur vorübergehend über eine ständig steigende Inflationsrate mit einem exponentiellen Anstieg des Preisniveaus herbeiführen; ein Zustand der natürlich nicht aufrechtzuerhalten ist. All dies legt nahe, dass es für eine stabile Wirtschaftsentwicklung von Vorteil ist, wenn neben der Inflation auch die Inflationserwartungen auf einem tiefen und stabilen Niveau verharren. Die soeben gemachten Ausführungen zur Inflation und den damit verbundenen Erwartungen nehmen wichtige Aspekte der Geldpolitik vorweg, auf die das Kap. 7.3 noch im Detail zurückkommen wird.

Die Kosten der erwarteten und unerwarteten Inflation treffen sämtliche Wirtschaftsteilnehmer. Dies schließt insbesondere auch sozial schwächere Schichten mit ein, die oft sogar besonders stark unter inkonstanten Preisen zu leiden haben. Die gängigen Möglichkeiten, um anschwellenden Inflationskosten auszuweichen, umfassen nämlich den Erwerb von Realwerten wie Immobilien oder der Vermögenstransfer ins Ausland; also Dingen, die für Menschen mit tiefen Einkommen kaum erschwinglich sind. Ein häufig verkannter Aspekt der Inflation ist, dass sie eben nicht nur wirtschaftliche Folgekosten nach sich zieht, sondern den sozialen Zusammenhalt beeinträchtigt. Es gibt in der Tat zahlreiche Beispiele dafür, dass soziale Unruhen infolge markanter Teuerungsanstiege ausgebrochen sind (namentlich wenn Güter des täglichen Bedarfs davon betroffen waren). In der Regel ist die Inflation nicht die eigentliche Ursache solcher Spannungen. Jedoch liefert ein Teuerungsschub manchmal den Funken, der eine bereits angespannte politische Lage in einer Gesellschaft zur Eskalation bringen kann.

Kurzum: Eine tiefe und stabile Inflation erhöht die Planungssicherheit bei Firmen und Haushalten und fördert den gesellschaftlichen Zusammenhalt. Mit anderen Worten liegt es im allgemeinen Interesse, dass der Geldwert einigermaßen gewährleistet bleibt. Um dies zu bewerkstelligen, bedarf es in jedem Fall einer Beschränkung des Geldangebots sowie einer Kontrolle des Nominalzinsniveaus. Solange der Staat der Zentralbank das Währungsmonopol und damit auch geldpolitische Instrumente überlässt, müsste ihr strategischer Auftrag, sofern sie gemeinnützliche Ziele verfolgen soll, folgerichtig in der Stabilisierung des Preisniveaus liegen.

6.2 Geld, Konjunktur und Beschäftigung – Die geldpolitischen Transmissionsmechanismen

Die Neutralität des Geldes setzt voraus, dass sich Preise flexibel verändern können. Während der Lektüre der entsprechenden Argumente ist Ihnen vielleicht nicht entgangen, dass fortwährend betont wurde, dass die Zusammenhänge langfristig gelten und vielleicht Jahre benötigen, um sich zu entfalten. Solange Wirtschaftsteilnehmer genügend Zeit haben, um sich an monetäre Veränderungen anzupassen, ist die Neutralität des Geldes ein logisches Ergebnis. Gilt dies jedoch auch kurzfristig, das heißt für die nächsten Quartale? Der Zeitraum, der erforderlich ist, um die geldpolitischen Impulse mit Hilfe von Preisanpassungen in den Zustand der Neutralität zu bringen, ist möglicherweise relevant, wenn man bedenkt, dass wir gemäß einer berühmt-berüchtigten Bemerkung von John Maynard Keynes (1883 - 1946) „langfristig alle tot sind". Für all jene, die davon ausgehen, dereinst ins Paradies zu kommen, ist es vielleicht belanglos, dass die Neutralität des Geldes irgendeinmal eintreten wird. Angeblich sei im Garten Eden sowieso alles zum Nulltarif im Überfluss vorhanden. Wen interessiert da noch das irdische Preisniveau oder die herrschende Inflation?

Da himmlische Zustände für die ökonomische Analyse jedoch uninteressant sind, kehren wir zur weltlichen Eingebung zurück, dass die Zusammenhänge zwischen gesamtwirtschaftlichen Größen, wie der Geldmenge, dem Preisniveau sowie der Konjunktur- und Beschäftigungslage je nach Zeithorizont anders ausfallen könnten. Für die gesamtwirtschaftliche Analyse ist dies eine überaus wichtige Erkenntnis, die übrigens schon den klassischen Ökonomen des 19. Jahrhunderts bewusst war. In den Jahrzehnten nach den 1930er Jahren gingen die aufkommenden keynesianischen Ansätze allerdings dazu über, wirtschaftliche Fragen fast ausschließlich aus einem kurzfristigen Blickwinkel zu betrachten. Angesichts der verheerenden Auswirkungen der Großen Depression war dies verständlich. Das Ausblenden der Zukunft ist dennoch heikel und verleitet leicht zu Fehlschlüssen, denen sich das Kap. 7 ausführlich widmen wird. Trotz der bekannten Unzulänglichkeiten haben einige gewagte Schlussfolgerungen aus den Anfängen des Keynesianismus in erstaunlich vielen Bereichen der wirtschaftspolitischen Diskussion bis heute überlebt. Bedeutsam ist letztlich, dass Interventionen in die Wirtschaft, die unter anderem mit Hilfe der Geldpolitik erfolgen, kurzfristig eine spezielle Wirkung entfalten, weil zahlreiche Preise über feste vertragliche Abmachungen fixiert sind und infolgedessen nicht sofort an monetäre Veränderungen reagieren können. Schon fast mustergültig gilt dies für die Löhne (Preise für die Arbeit), die fast überall in Arbeitsverträgen für ein Jahr oder sogar länger festgeschrieben sind, aber auch für die gebundenen Preise in Lieferverträgen, die häufig zwischen Firmen mit langfristigen Geschäftsbeziehungen abgeschlossen werden. Solange sich manche Preise rigide oder sogar starr verhalten, wird eine Veränderung der Geldmenge keineswegs durch die Inflation neutralisiert und infolgedessen nachfragewirksam! Über einen genügend kurzen Zeithorizont fördert zusätzliches Geld also die Kaufkraft. Dies bedeutet aber auch, dass die Geldpolitik kurzfristig der Neutralität diametral entgegengesetzte Übertragungseffekte ausübt. Intuitiv mag es einleuchten, dass sich geldpolitische Maßnahmen vorübergehend vor allem auf die Konjunktur – das heißt die herrschende Wirtschafts- und Beschäftigungslage – anstatt auf das Preisniveau auswirken.[6]

Um die kurzfristigen Effekte der Geldpolitik auf die Gesamtwirtschaft zu schildern, sei in Erinnerung gerufen, dass gemäß Abb. 4.7 aus Kap. 4 die Instrumente der Geldpolitik die Konditionen im Finanzsystem und hauptsächlich die Zinsen, die Kreditvergabe der Geschäftsbanken sowie die Wechselkurse und Vermögenspreise beeinflussen. Da dies jedoch nur die unmittelbaren Auswirkungen sind, erweitert Abb. 6.3 die Zusammenhänge um die gesamtwirtschaftlichen Übertragungseffekte.

Wenden wir uns zuerst der kurzen Frist zu. Die genauen Kanäle, über welche sich die vorübergehenden Übertragungseffekte des Geldes auf die reale Gesamtnachfrage entfalten, werden als geldpolitische Transmissionsmechanismen bezeichnet. Diese lassen sich am einfachsten erklären, indem die Gesamtnachfrage in ihre Einzelkomponenten zerlegt wird, nämlich den Privatkonsum, die Investitionen, den Staatskonsum und den Außenbeitrag, das heißt die Differenz zwischen den Exporten und Importen

---

[6] Die sogenannte Quantitätsgleichung liefert einen simplen Analyserahmen, um die unterschiedlichen Effekte der Geldpolitik zu erklären. Gemäß der Quantitätsgleichung sind in einer vollständig monetarisierten Wirtschaft der Güterstrom und der Geldstrom identisch, da jede Transaktion von Gütern eine entsprechende Gegentransaktion in Form einer Geldzahlung auslöst. Also gilt:

$$\underbrace{\text{Preisniveau} \times \text{Gütertransaktionen}}_{\text{Güterstrom}} \equiv \underbrace{\text{Geldmenge} \times \text{Umlaufsgeschwindigkeit}}_{\text{Geldstrom}}$$

Solange die Produktionsmöglichkeiten langfristig die Anzahl der Gütertransaktionen bestimmen, und die Umlaufsgeschwindigkeit des Geldes (d.h. die Zahlungsgewohnheiten) ungefähr konstant bleibt, tritt also ein direkt proportionaler Zusammenhang zwischen dem Preisniveau und der Geldmenge auf. Demgemäß setzt der proportionale Zusammenhang voraus, dass alle Preise einen hohen Grad an Flexibilität aufweisen.

6 Lang- und kurzfristige Effekte der Geldpolitik

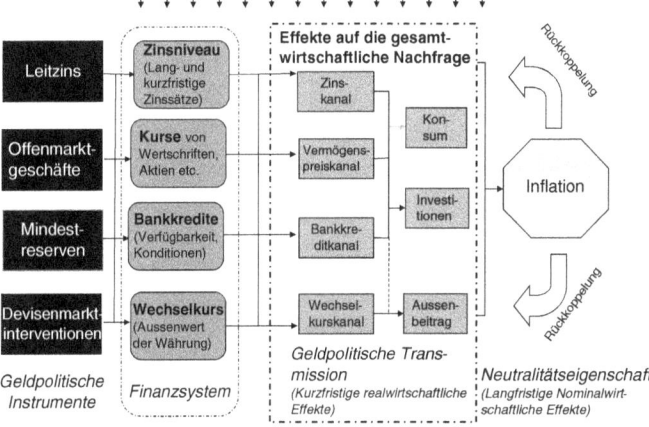

Abb. 6.3 Geldpolitische Transmissionsmechanismen

von Gütern und Dienstleistungen.[7] Da die Finanzpolitik und die öffentliche Budgetplanung den Staatskonsum bestimmen, wird dieser hier nicht weiter betrachtet. Hingegen hängen Konsum und die Investitionen unter anderem vom Zinsniveau, der Verfügbarkeit von Bankkrediten oder vom Vermögen der Haushalte und Firmen ab; also von Größen, die sich über die Geldpolitik beeinflussen lassen. Zudem wirkt sich der Wechselkurs auf die Exporte und Importe eines Landes aus.

---

[7] Die Gesamtnachfrage orientiert sich also am Verwendungsansatz der volkswirtschaftlichen Gesamtrechnung, gemäß dem die Wirtschaftssubjekte ihr gesamtes Einkommen auf die genannten Nachfragekomponenten aufteilen können. Für das Bruttoinlandsprodukt (BIP) gilt also, dass

$$BIP \equiv Konsum + Investitionen + Staatskonsum + \underbrace{Außenbeitrag}_{=Export-Import}.$$

Zinskanal

Im Einzelnen gilt der sogenannte Zinskanal als der Transmissionsmechanismus schlechthin. Selbstverständlich kann die Zentralbank über den Leitzins direkt auf die Nominalzinsen der eigenen Währung einwirken. Es sind allerdings die Veränderungen im Realzins, welche über die Konsum- und Investitionstätigkeit von Firmen und Haushalten der Wirtschaft eines Landes positive oder negative Impulse geben können. Infolgedessen muss eine von der Zentralbank induzierte Verschiebung des Zinsniveaus einigermaßen überraschend erfolgen, also nicht bereits in die Preiserwartungen einkalkuliert sein, um vorübergehend den Realzins und schließlich die Gesamtnachfrage zu verschieben.[8] Falls der Realzins steigt, führt dies unter anderem dazu, dass weniger investiert wird, da die Kosten der dafür benötigten Finanzmittel gestiegen sind. Hingegen steigt mit der realen Verzinsung der Anreiz, zu sparen, was im Gegenzug einen gegenwärtigen Konsumverzicht erfordert. Infolge des Rückgangs der inländischen Investitionen sowie des Konsums bremst eine reale Zinserhöhung also die gesamtwirtschaftliche Nachfrage und damit die Konjunktur eines Landes ab. Nach einer Zinssenkung treten selbstverständlich die gegenteiligen Effekte auf, die in einer Stimulierung der gesamtwirtschaftlichen Nachfrage münden. Dank seinen fast allgegenwärtigen Auswirkungen kommt dem Zinskanal in der Geldpolitik moderner Wirtschaften mit einem breit ausgebauten Finanzsystem eine Schlüsselrolle zu.

---

[8] Mit anderen Worten spielen beim Zinskanal auch die Inflationserwartungen eine Rolle, da diese gemeinsam mit den Nominalzinsen die Höhe des Realzinses bestimmen (vgl. Kap. 6.1). Sinken beispielsweise die Inflationserwartungen, führt dies bei einem gleichbleibenden Nominalzins tendenziell zu einem Anstieg des erwarteten Realzinses.

Bankkreditkanal
Neben dem Zinsniveau bietet das Finanzsystem noch weitere Ansatzpunkte für die geldpolitische Transmission an. Da die Zentralbank als Bank für Geschäftsbanken auftritt und deren Refinanzierungskonditionen mitbestimmt, kann eine geldpolitische Übertragung unter anderem über das Kreditvolumen erfolgen. Der entsprechende Transmissionsmechanismus wird infolgedessen einfach als Bankkreditkanal bezeichnet, der seine Bedeutung dadurch erlangt, dass Geschäftsbanken, wie in Kap. 5 gezeigt, eine wichtige Vermittlerrolle zwischen Gläubigern und Schuldnern einnehmen und der Durschnittshaushalt und die typische Firma die Ersparnisse auf dem Konto bei ihrer Bank anlegen und auch den Großteil der Kredite von ihr beziehen. Die entsprechenden Zusammenhänge bauen auf dem Geldschöpfungsprozess aus den Kap. 3.4 und 5.2 auf. Zur Erinnerung: Die Geldschöpfung läuft nicht mechanisch ab, sondern antwortet auf die Liquiditätsrisiken bei den Geschäftsbanken und spricht zudem auf die Kreditnachfrage der Haushalte und Firmen an. Immerhin lässt sich sagen, dass sich Kreditfragen vorwiegend bei ausserordentlichen Wirtschaftseinbrüchen oder Phasen der Hochkonjunktur bemerkbar machen. Tatsächlich wird eine lange andauernde Hochkonjunktur oft von einer Kredithausse begleitet. Im Gegensatz dazu wird der Bankkreditkanal während schwerer Krisen oft zum Problem, da sich die Geschäftsbanken dann mit der Vergabe von Finanzmitteln zurückhalten und so eine regelrechte Kreditklemme auslösen können. Insgesamt reagiert das Kreditvolumen der Geschäftsbanken also keineswegs automatisch auf jegliche Anpassung der Geldpolitik. Jedoch stellen markante Kreditzyklen sowohl für die Konjunkturentwicklung als auch für die Finanzstabilität eine ernst zu nehmende Bedrohung dar (vgl. Kap. 5.3).

Vermögenspreiskanal
Aus dem Finanzsystem tritt ein weiterer Transmissionsmechanismus über die Vermögenspreise hervor, welche unter anderem

auf umfangreiche An- und Verkäufe von Wertschriften durch die Zentralbank reagieren. Die entsprechenden Zusammenhänge wurden in Kap. 4 diskutiert. Dabei basiert der Vermögenspreiskanal darauf, dass geldpolitisch induzierte Kurs- und Preisanstiege, welche etwa bei Aktien oder Immobilien auftreten können, Folgeeffekte auf die gesamtwirtschaftliche Nachfrage auslösen, wenn Haushalte und Firmen sich wohlhabender schätzen und demgemäß mehr konsumieren oder investieren. Diesbezüglich ist die Entwicklung der Immobilienpreise brisant, da für breite Bevölkerungskreise das Eigenheim bei weitem der größte Vermögensposten darstellt. Die Gefahren von Finanz- und Immobilienblasen beschränken sich folglich nicht auf die Stabilität des Finanzsystems, sondern können sich über den Vermögenspreiskanal auf die gesamtwirtschaftliche Lage ausweiten. Insbesondere heizt eine Hausse am Immobilienmarkt die Konjunktur an, falls die Preissteigerungen von Eigenheimen das Haushaltsvermögen alimentieren und deren Konsumlaune mit in die Höhe treiben. Der umgekehrte Effekt tritt leider auf, wenn nach dem Platzen einer Immobilienblase die plötzlich gestiegene Schuldenlast die Konsummöglichkeiten der Haushalte quasi erdrückt. In Zeiten der wirtschaftlichen Stabilität treten Vermögenseffekte, ähnlich wie der Bankkreditkanal, tendenziell in den Hintergrund. Bei außergewöhnlichen Wirtschaftslagen neigen sie hingegen dazu, die Konjunkturschwankungen zu akzentuieren und haben so des Öfteren das Finanz- und Wirtschaftssystem in Schieflage gebracht (vgl. Kap. 5.3).

Wechselkurskanal

Schließlich tritt mit dem sogenannten Wechselkurskanal ein geldpolitischer Transmissionsmechanismus auf, der die internationale Dimension der Geldpolitik erfasst. Es dürfte allgemein bekannt sein, dass eine Aufwertung der Inlandwährung dem Exportsektor vorübergehend schadet. Falls nämlich mehr ausländische Währung für eine Einheit der Inlandwährung bezahlt werden muss, steigen die Preise der lokal hergestellten Güter, wenn sie in den Geldeinheiten eines anderen Landes ausgedrückt werden. Die gegenteiligen Effekte treten bei den importierten Gütern auf, indem eine Aufwertung der Inlandwährung die Einfuhren relativ günstiger, sprich preislich attraktiver, macht. Zusammenfassend gilt also, dass eine Aufwertung (Abwertung) sich dämpfend (stimulierend) auf die einheimische Konjunktur auswirkt. Solche Übertragungseffekte mit dem Ausland sind für kleine Länder, bei denen der internationale Handel die Wirtschaftsentwicklung prägt, ungemein wichtig. Dementsprechend richten exportabhängige Länder ihr Augenmerk tendenziell stärker auf die Devisenmärkte aus.

Geldpolitische Transmissionsmechanismen sind einer der Aspekte in den Wirtschaftswissenschaften, die ohne das Studium von Modellen nicht einfach zu verstehen sind. Bei komplexen Zusammenhängen sagen ein paar Gleichungen halt manchmal mehr als tausend Worte. Die Transmissionseigenschaft des Geldes wurde beispielsweise von John Maynard Keynes in seinem 1936 veröffentlichten Hauptwerk „The General Theory of Employment, Interest and Money" beschrieben. Allerdings waren seine seitenlangen Ausführungen selbst für Kenner nur schwer nachvollziehbar und werden infolgedessen bis heute relativ wenig gelesen. In der Forschung und im Unterricht wird die geldpolitische Transmission vielmehr anhand des sogenannten IS/LM-Modells besprochen, das von einem Weggefährten von Keynes namens John Hicks (1904–1989) entwickelt wurde. Dabei reduzieren sich die kurzfristigen Aussagen zu den gesamtwirtschaftlichen Zusammenhängen auf zwei Gleichungen, nämlich die IS-Gleichung, welche die Interaktion zwischen dem Konsum und den Investitionen auf den Gütermärkten erfasst, und die LM-Gleichung, welche den Geldmarkt abbildet. Dies genügt auch schon, um relativ präzise zu ergründen, wie und warum die Geldpolitik bei trägen Preisreaktionen nichtneutrale Eigenschaften aufweist.

6.3 Zeitverzögerungen und Rückkoppelungseffekte

Transmissionsmechanismen enthalten einen Gedanken, den die Zentralbanken erst im Verlauf ihrer Geschichte aufgegriffen haben, nämlich dass die Geldpolitik im Prinzip als gesamtwirtschaftliches Stabilisierungsinstrument dienen kann. Eine geldpolitische Lockerung stützt die Konjunktur und die Beschäftigung, solange der inländische Konsum, die Investitionen oder die Exporte angeregt werden. Selbstverständlich ist auch eine vorübergehende Dämpfung der wirtschaftlichen Aktivität über eine Straffung der Geldpolitik möglich.

Bei einem oberflächlichen Anblick der Transmissionsmechanismen tritt schnell die irreführende Vorstellung auf, dass sich die Wirtschaft laufend mit Hilfe geldpolitischer Eingriffe mehr oder weniger mechanisch steuern ließe. Der Vergleich zur Bedienung einer Maschine, um mit gezielten Manipulationen einen reibungslosen Betrieb zu gewährleisten, liegt vielleicht nahe. Unter anderem aufgrund von Zeitverzögerungen und Rückkoppelungseffekten wird ein mechanisches Bild, in dem die Zentralbank die Rolle der „geldpolitischen Ingenieurin" einnehmen würde, den Schwierigkeiten der Wirtschaftspolitik allerdings nicht gerecht.

Zeitverzögerungen wegen der Preisanpassung

Eine besondere Herausforderung für die Geldpolitik liegt darin, dass der Verlauf der Transmissionsmechanismen von der Anpassungsneigung der Preise abhängt. Rigide Preise treten typischerweise über einen Zeitraum von einigen Quartalen auf. Wie der obere Teil von Abb. 6.4 schematisch zeigt, löst eine Lockerung der Geldpolitik gemeinhin einen S-förmigen Preisanpassungsprozess aus. Demgemäß rufen geldpolitische Intervention wenig bis keine unmittelbaren Reaktionen hervor, gehen aber nach zahlreichen Quartalen, der Neutralitätseigenschaft gehorchend, in eine proportionale Veränderung des Preisniveaus über.

6 Lang- und kurzfristige Effekte der Geldpolitik   173

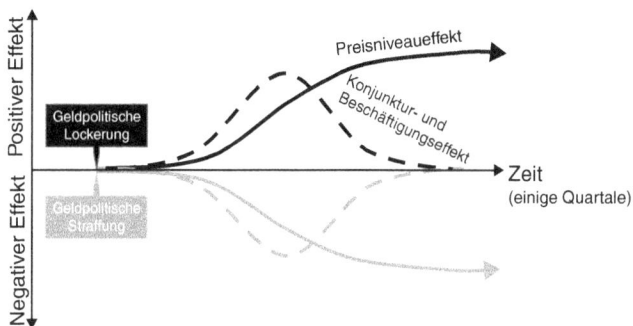

Abb. 6.4 Zeitliche Wirkung der Geldpolitik (schematisch)

Das Anpassungsmuster der Preise, und mit ihnen die Inflation, folgt jedoch keiner festen Gesetzmäßigkeit, sondern hängt von zahlreichen Faktoren ab, die am oberen Rand von Abb. 6.3 aufgereiht sind. Dazu zählt die Intensität des Wettbewerbs, der Firmen mehr oder weniger stark dazu anhält, die Preise an neue monetäre Gegebenheiten anzupassen. So verzögert ein hoher Kartellisierungsgrad beispielsweise die Reaktion der Inflation auf eine geldpolitische Intervention. Ein ähnlicher Zusammenhang gilt für die Löhne, die in vielen Industrien den größten Kostenblock darstellen. Die Anpassungsneigung von Löhnen hängt im Allgemeinen von der Flexibilität am Arbeitsmarkt und im Besonderen vom Zentralisierungsgrad der Lohnverhandlungen, vom Ausmaß staatlicher Eingriffe in die Lohngestaltung oder von den Einflussmöglichkeiten der Gewerkschaften ab. Ferner spielt für den Grad an Preisrigiditäten auch die Auslastung einer Wirtschaft eine Rolle. So wird eine weitere Steigerung der Gesamtnachfrage durch die Firmen eher mit Preiserhöhungen als mit einer Produktionsausdehnung beantwortet werden, je näher sich die inländische Wirtschaft an der Kapazitätsgrenze befindet. Schließlich betrifft ein Teil der Teuerung ausschließlich importierte Waren und Dienstleistungen, deren Preis bei einer Abwertung (Aufwertung) der Inlandwährung tendenziell steigt (sinkt).[9] Wechselkursbedingte Preissteigerungen werden auch als importierte Inflation bezeichnet und treten umso stärker in Erscheinung, je enger die Wirtschaft eines Landes mit dem Ausland verflochten ist.

Rückkoppelungseffekte der Inflation

Das genaue Preisanpassungsmuster ist für die Geldpolitik insgesamt von großer Tragweite. Wie Abb. 6.3 schematisch angedeutet, reagieren die Transmissionsmechanismen früher oder später nämlich auf die Inflation. Der Zinskanal, welcher auf der gemeinsamen Bewegung der Nominal- und Realzinsen beruht, verpufft beispielsweise, sobald sich Preisanpassungen in aufkommende Inflationsängste niederschlagen, die über den oben besprochenen Fisher-Effekt den Zinsimpuls rückgängig machen. Ähnliche Rückkoppelungseffekte treten auch bei anderen Transmissionsmechanismen auf, indem eine sich anbahnende Teuerung den Anreiz für die Bankkreditvergabe, den Anstieg der realen Vermögenspreise oder allfällige Wechselkursimpulse zunichtemachen und damit die entsprechenden geldpolitischen Auswirkungen allmählich eliminieren. Insbesondere hängt der Wechselkurs über einen längeren Zeitraum von der Inflation ab, wobei Währungen von Ländern mit einer relativ hohen Teuerung, die normalerweise auf eine lockere Geldpolitik zurückzuführen ist, langfristig zur Schwäche neigen.[10] Gemäß dem oberen Teil von Abb. 6.4

---

[9] Der Zusammenhang zwischen den Wechselkursen und den Importpreisen wird in der Fachsprache auch als Exchange Rate Pass-Through bezeichnet und ist eine genau beobachtete Variable in der Geldpolitik. Der Exchange Rate Pass-Through ist typischerweise unvollständig – das heißt, dass Wechselkursschwankungen nur teilweise an die Importpreise weitergegeben werden. Gründe dafür sind einerseits Preisstarrheiten, aber auch der imperfekte Wettbewerb zwischen in- und ausländischen Firmen.

[10] Der genaue Mechanismus für den Abwertungsdruck, der von einer hohen Inflation ausgeht, wird in der sogenannten Theorie der Kaufkraftparität erläutert. Diese baut auf dem Gesetz des einheitlichen Preises (engl. law of one price) auf, gemäß dem die lokalen Preise von frei handelbaren Gütern tendenziell gleich sein müssen, nachdem sie in eine einheitliche Währung umgerechnet wurden. Ansonsten müsste Arbitrage – das Ausnützen geographischer Preisunterschiede

bedeutet dies insgesamt, dass der Konjunktureffekt nach einer geldpolitischen Intervention wellenförmig verläuft. Die Wellenkrone, die den maximalen Impuls auf die reale Wirtschaftslage anzeigt, tritt, in Abhängigkeit der herrschenden Rahmenbedingungen, nach einigen Quartalen auf. Danach ebbt der Effekt wieder ab. Der untere Teil von Abb. 6.4 zeigt übrigens die spiegelbildlichen Wirkungsverzögerungen einer geldpolitischen Straffung, die zwar zur nachhaltigen Ausmerzung von Inflation dienen kann, dabei jedoch „Desinflationskosten" in Form eines vorübergehenden Wirtschaftseinbruchs verursacht. Kapitel 7.3 wird auf solche Stabilisierungskrisen vertieft eingehen.

Zusammenfassend gilt also, dass bei der Geldpolitik der Zeithorizont höchst relevant ist. Im Rahmen einiger Quartale mag es unter Umständen gelingen, die Konjunktur- und Beschäftigungslage zu beeinflussen. Über mehrere Jahre hinweg überwiegt hingegen die Neutralitätseigenschaft des Geldes. Eine wichtige Schlussfolgerung daraus ist, dass die Geldpolitik von der Zentralbank ein hohes Maß an Voraussicht erfordert, da sich jede geldpolitische Korrektur erst allmählich auf die Wirtschaftslage und die

---

– einsetzen. Die absolute Kaufkraftparität überträgt diesen Gedanken auf Konsumgüterbündel, insofern Wechselkurse langfristig (d. h. bei Preisflexibilität) Unterschiede im internationalen Preisniveau angleichen, d. h:

Wechselkurs = Ausländisches Preisniveau/Inländisches Preisniveau

Die relative Kaufkraftparität

Veränderung Wechselkurs = Ausländische Inflationsrate
− Inländische Inflationsrate

stipuliert diese Beziehung in Veränderungsraten. Wechselkursänderungen sind hier auf Inflationsdifferenzen zurückzuführen. Demzufolge führt eine hohe inländische Inflation zu Abwertungstendenzen (hier ein Sinken des Wechselkurses) der Inlandwährung. Dies ist vielleicht intuitiv einleuchtend, weil die ausländische in mehr inländische Währungseinheiten umgetauscht werden muss, um die Preissteigerungen im Inland auszugleichen (oder eben die Kaufkraft zu erhalten). Der Außenwert zerfällt sozusagen mit dem Binnenwert einer Währung.

Preise auswirkt. Dies bedeutet auch, dass die optimale Wahl der Geldpolitik wesensgemäß mit Unsicherheiten behaftet ist, weil es nie möglich sein wird, zukünftige Entwicklungen exakt vorauszusehen. Außerdem können jederzeit unerwartete Ereignisse den Pfad der wirtschaftlichen Entwicklung abändern. Bekannte, aber bei weitem nicht die einzigen, Beispiele für solche „Schocks" sind Finanzkrisen, abrupte Veränderungen der Energiepreise (z.B. Erdölschocks) oder der Ausbruch politischer Konflikte im In- und Ausland. Jedenfalls gilt bei einer Geldpolitik, die auf die Inflationskontrolle ausgerichtet ist, dass die Zentralbank rechtzeitig, das heißt vor dem Auftreten eines drohenden Preisschubes agieren muss. Aufgrund der zeitverzögerten Wirkung ereignet sich eine geldpolitische Intervention, die erst auf einen bereits eingetretenen Zerfall des allgemeinen Preisniveaus reagiert, zu spät. Eine oft zitierte Analogie besagt, dass sich die Geldpolitik eher mit der Steuerung eines Supertankers als mit dem Fahren eines Autos vergleichen lässt. Falls das geldpolitische Ruder zu einem gewissen Zeitpunkt herumgerissen wird, sind die unmittelbaren Konsequenzen davon eben marginal. Entsprechend ist es auch für die Geldpolitik wichtig, Hindernisse früh zu erkennen und einen möglichst stetigen Kurs zu fahren, um wilden Richtungskorrekturen, welche sich möglicherweise destabilisierend auswirken, aus dem Weg zu gehen.

Weiterführende Literatur

Auf dem fortgeschrittenen Niveau ist das Standardwerk zur Geldtheorie und Geldpolitik zurzeit: Walsh, Carl, 2010: *Monetary Theory and Policy*, MIT Press, 3. Auflage.

Die gesamtwirtschaftlichen Zusammenhänge zwischen dem Geld, den Preisen und der realwirtschaftlichen Entwicklung werden in jedem Lehrbuch der Makroökonomik diskutiert. Ein gut verständlicher Text ist: Mankiw, N. Gregory, 2011: *Makroökonomik*, Schäffer-Poeschel Verlag, 6. Auflage.

Ein Lehrbuch, das sich ausschließlich der Geldtheorie und Geldpolitik widmet ist: Holtemöller, Oliver, 2008: *Geldtheorie und Geldpolitik*, Mohr Siebeck.

7
Die Unabhängigkeit der Zentralbank

Unabhängigkeit bedeutet alles.
Oscar Wilde (Irischer Schriftsteller, 1854–1900)

7.1 Zentralbankunabhängigkeit: Wundermittel aber nicht Allheilmittel

Angesichts der gesamtwirtschaftlichen Aufgabe und der Kontroversen, zu denen die Geldpolitik oftmals Anlass gibt, haben zahlreiche Zentralbanken einen Grad an Unabhängigkeit erreicht, der in der Behördenlandschaft wohl einmalig ist. Natürlich schreiben Regierungen und Parlamente ihrer Zentralbank das geldpolitische Mandat gesetzlich, und oft sogar verfaßungsmässig, vor und legen somit die strategische Ausrichtung und die Kompetenzen im monetären Bereich fest. Dabei geht es unter anderem um die Ziele, auf welche die Geldpolitik auszurichten ist. Ferner ist zu klären, ob und wie der Zielerreichungsgrad gemessen werden soll. Was passiert, wenn die Ziele verfehlt werden? Bei mehreren Zielen stellt sich zudem die Frage, ob zwischen ihnen eine Hierarchie besteht oder nicht. Schließlich gilt es noch die vielleicht wichtigste Frage zu beantworten: Wie unabhängig vom Einfluss des allgemeinen Politikbetriebs soll die Zentralbank arbeiten dürfen? Gerade die bis heute gemachten Erfahrungen hinsichtlich der letzten Frage belegen eindrücklich, dass unterschiedliche Antworten einschneidende Auswirkungen auf die Wirtschaft und sogar das Alltagsleben haben. Infolgedessen ist es ein folgenschwerer Fehler, die Ausgestaltung des Zentralbankmandats als belanglose Kleinigkeit der staatlichen Organisation zu bagatellisieren.

Trotz der Güterabwägungen, die zwischen Zielen wie die Preis-, Konjunktur- und Finanzstabilität auftreten und der Zentralbank des Öfteren politische Entscheidungen abverlangen, gilt die Unabhängigkeit der Zentralbank heute als anerkannter Eckpfeiler einer erfolgreichen Geldpolitik. Vielleicht ist es erstaunlich, dass just in Demokratien die Bürger bereit sind, die Kompetenz zu wegweisenden Entscheidungen in der Geldpolitik weitgehend an ein Gremium von Technokraten zu delegieren, obschon beispielsweise nur eine Anpassung des Leitzinses spürbare Auswirkungen auf die Konjunktur und Beschäftigung sowie letztendlich das Preisniveau haben kann. Im Gegensatz dazu gilt es als ausgemacht, dass ähnliche Angelegenheiten bei der Finanzpolitik (welche wie die Geldpolitik als gesamtwirtschaftliches Stabilisierungsinstrument dienen kann) oder beim Aufbau und bei der Organisation des Verkehrswesens (das einige Gemeinsamkeiten mit der Organisation und Überwachung von Zahlungssystemen aufweist) der unmittelbaren Kontrolle durch die Staatsmacht unterliegen sollen. Konkret zeigt sich die Unabhängigkeit darin, dass Zentralbanken 1) bei der Formulierung der Geldpolitik nicht an die Weisungen von Regierungen gebunden sind und in gewissen Ländern nicht einmal entsprechende Instruktionen entgegen nehmen dürfen (funktionelle Unabhängigkeit), 2) die Instrumente zur Erreichung des geldpolitischen Mandates selber wählen und weiterentwickeln dürfen (instrumentelle Unabhängigkeit), 3) sich über die eigenen Gewinne finanzieren und die Entscheidungskompetenz bei der Gewinnausschüttung innehaben (finanzielle Unabhängigkeit) und 4) eine eigene Rechtspersönlichkeit aufweisen (institutionelle Unabhängigkeit). Schließlich gelten eine fixe und lange Amtszeit des Zentralbankpräsidenten, der vielerorts auch als Gouverneur bezeichnet wird, und fachlich definierte Kriterien bei seiner Ernennung als Merkmale für die personelle Unabhängigkeit. Alle diese Anforderungen können in einem Land selbstverständlich mehr oder weniger gut erfüllt sein. Dementsprechend gibt es unterschiedliche Grade der Zentralbankunabhängigkeit.

Das stichhaltigste Argument, das für die Zentralbankunabhängigkeit spricht, liegt in ihrem Leistungsausweis hinsichtlich der Garantie der Geldwertstabilität. Der Zeitraum von der Gründung des Bretton-Woods-Systems bis in die 1980er Jahre ist angeblich besonders geeignet, um den entsprechenden Effekt zu veranschaulichen. Während dieser Periode bestanden nämlich selbst zwischen den westlichen Industrieländern, die sich hinsichtlich der politischen und wirtschaftlichen Rahmenbedingungen gleichen, deutliche Unterschiede bei der Unabhängigkeit der Zentralbank. Der dezidierte Einsatz der Geldpolitik zur konjunkturellen Feinsteuerung brachte während dieser Phase in einigen Ländern eben auch eine verstärkte Kontrolle der Geldpolitik durch die Regierung mit sich. Wie Abb. 7.1 eindrücklich zeigt, ist während dieser Periode zu beobachten, dass die Zentralbankunabhängigkeit ein wirtschaftlicher Erfolgsfaktor war, der ein tieferes Niveau an Inflation bescherte, ohne dass gleichzeitig ein tieferes Wachstum oder andere Nachteile, etwa markantere Konjunkturschwankungen, erfolgt wären.[1]

---

[1] Die bahnbrechende Arbeit zu den empirischen Auswirkungen der Zentralbankunabhängigkeit ist Alesina, Alberto, und Lawrence Summers, 1993: Central Bank Independence and Macroeconomic Performance: Some Comparative Evidence, Journal of Money, Credit, and Banking, 25, 151–162. Die Daten zur Grafik stammen aus diesem Beitrag. Der Beitrag zeigt auch, dass Zentralbankunabhängigkeit zu tieferen Schwankungen in der Inflation, jedoch nicht zu größeren Konjunkturschwankungen führt.

Wie funktionieren Zentralbanken?

Zentralbankunabhängigkeit und Inflation

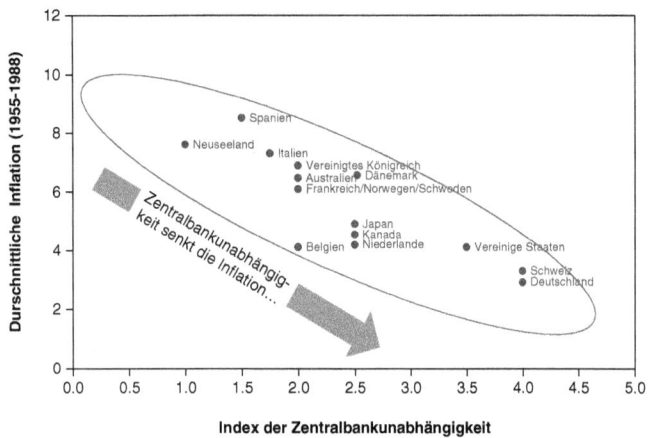

Zentralbankunabhängigkeit und Wirtschaftswachstum

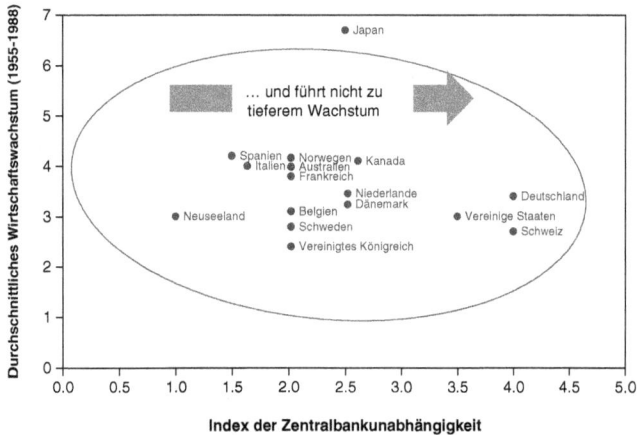

Abb. 7.1 Zentralbankunabhängigkeit: Ein Erfolgsrezept

Im Hinblick auf die Neutralität des Geldes (vgl. Kap. 6.1) ist es nicht überraschend, dass die Geldpolitik über einen längeren Zeitraum zwar einen Effekt auf die Preise, nicht hingegen auf die Konjunkturlage oder das Wirtschaftswachstum hat. Eine strikte Kontrolle der Geldmenge und Zinsen stabilisiert eben das Preisniveau und mit einem fortwährend tiefen Zinsniveau lassen sich auf Dauer weder die gesamtwirtschaftliche Nachfrage noch die Produktionsmöglichkeiten steigern. Die langfristige Entwicklung einer Wirtschaft hängt von ganz anderen Faktoren ab. Dazu gehören unter anderem technologische und organisatorische Fortschritte, zweckdienliche Rahmenbedingungen in der Politik und der Rechtsprechung oder die Qualität der Infrastruktur und des Bildungssystems. Freilich erklärt die Neutralitätseigenschaft nicht, warum unabhängige Zentralbanken offenbar eher der Versuchung widerstehen können, eine expansive Geldpolitik zu betreiben, die später Ergebnisse hervorbringt, die offensichtlich nicht im Gesamtinteresse eines Landes liegen. Die nächsten beiden Abschnitte liefern zwei Erklärungsansätze für diesen Umstand.

7.2 Die Unabhängigkeit zügelt die Inflationssteuer...

Langfristig ist ein Geldwertzerfall ein inhärent suboptimaler Zustand, welcher der Wirtschaft und Gesellschaft spürbare Kosten aufbürdet, ohne gleichzeitig bleibende Wohlstandsverbesserungen hervorzubringen. Dies wirft natürlich die Frage auf, warum sowohl früher als auch heute manche Länder unter einer andauernd hohen Inflation leiden. Könnte es sein, dass der Staat – beziehungsweise jene Personen, welche die politische Macht ausüben – mit der Geldpolitik andere Ziele als die Stabilität von Währung und Wirtschaft verfolgen? Diesbezüglich war schon mehrmals vom Gewinnpotential des staatlichen Währungsmonopols die Rede (vgl. v. a. Kap. 3.2, 4.1) und bekanntlich lag das Motiv, das zu den ersten Gründungen von zentralen Notenbanken führte, in der Veräußerung des Ausgabemonopols von Banknoten zur Staatsfinanzierung (siehe Kap. 2.1). Anscheinend ist es verlockend, die Zentralbank, sozusagen als verlängerter Arm des Finanzministeriums, in den Dienst der Schuldendeckung zu stellen. Ohne Zentralbankgewinne, die an die öffentliche Hand ausgeschüttet werden, müsste der Staat früher oder später nämlich zusätzliche Steuern erheben oder wohl oder übel die Ausgaben senken.

Allerdings sind die Folgen einer Geldpolitik, die vorwiegend auf finanzpolitische Begehrlichkeiten ausgerichtet ist, weit problematischer. Insbesondere erfordert eine hemmungslose Staatsfinanzierung über das Währungsmonopol den fortlaufenden Ankauf großer Mengen an Staatsanleihen durch die Zentralbank gegen die Emission von zusätzlichem Notenbankgeld. Insgesamt steigt dadurch die Geldmenge. Gemäß der Neutralitätseigenschaft (vgl. Kap. 6.1) mündet dies schließlich in einem Zerfall des Geldwertes. Diese Gedankenkette spannt insgeheim einen Bogen von der Staatsfinanzierung via die Seigniorage zur Inflation. Auf den ersten Blick mag dies bizarr anmuten. Wieso ist bei der Finanzierung über die Notenpresse im Gegensatz zur Einkommenssteuer keine Steuererklärung auszufüllen oder weshalb fallen keine direkte Zahlungen an den Staat an? Das subtile an der Inflationssteuer ist eben, dass sie in verdeckter Form erhoben werden kann, indem sich der Staat mit der Kontrolle über das Geld an den Gewinnen des Währungsmonopols bedient. Am einfachsten lässt sich die fiskalische Dimension der Inflation verstehen, wenn man sich in Erinnerung ruft, dass eine Banknote eigentlich ein Schuldschein ist, der dem Halter garantiert, jederzeit eine in offiziellen Währungseinheiten denominierte Summe an Nominalgeld von der Zentralbank zu erhalten. Jeder, der bereit ist, Bargeld zu halten, erwirbt also eine finanzielle Forderung und vertraut natürlich darauf, dass die Zentralbank ihren Verpflichtung nachkommen wird.[2] Im Falle einer Inflation gilt dies in realwirtschaftlicher Hinsicht jedoch nur bedingt, da Nominalgeld natürlich an Kaufkraft einbüßt, weil Banknoten in Geldeinheiten denominiert sind und im Gegensatz zu vielen anderen Wertpapieren keine Zinsen abwerfen. Eine Teuerung trägt dem Halter von Bargeld also einen, für breite Bevölkerungskreise wohl verborgenen, Verlust ein. Für den Staat, beziehungsweise die Zentralbank, steht dem ein finanzieller Gewinn in Form einer Inflationssteuer gegenüber, die implizit von jenen Personen und Firmen erhoben wird, die trotz des Kaufkraftverlustes Notenbankgeld halten.

Normalerweise ist die Inflationssteuer für die Staatsfinanzierung von geringer Bedeutung. Im langjährigen Mittel liegt die Notenbankgeldmenge nämlich im Bereich von vielleicht 10 % des Bruttoinlandsproduktes (BIP). Selbst bei einer beträchtlichen Teuerungsrate von, sagen wir durchschnittlich 5 %, resultiert damit eine Inflationssteuer von $10\% \times 5\% = 0.5\%$ des BIP, was im Vergleich zum Aufkommen aus der Einkommens- oder Mehrwertsteuer bescheiden ist.[3] Selbstverständlich ändert sich dieser

---

[2] Es ist an dieser Stelle vielleicht hilfreich, sich den Ursprung von Banknoten als eine „promise to pay" (vgl. Abb. 2.1) in Erinnerung zu rufen.

[3] Die Daumenregel, wonach sich die Inflationsteuer anhand des Produkts zwischen Inflation und dem Anteil der Notenbankgeldmenge am BIP messen lässt, resultiert daraus, dass sich die monetäre Seigniorage gemäß der Definition aus Kap. 4.1 aus der Veränderung der Notenbankgeldmenge ΔN relativ zum Preisniveau P ergibt, das heißt:

$$\text{Monetäre Seigniorage} = \frac{\Delta N}{P} = \frac{\Delta N}{N} \frac{N}{P}$$

Nach der Umformung des Ausdrucks resultiert die monetäre Seigniorage also aus dem Produkt zwischen dem Geldmengenwachstum und der realen Geldmenge. Falls das reale BIP nun gleich Y/P ist, und das Geldmengenwachstum gemäß der Neutralität des Geldes die Inflation bestimmt, gilt:

$$\frac{\text{Monetäre Seigniorage}}{\text{BIP}} = \text{Inflation} \times \frac{N/P}{Y/P} = \text{Inflation} \times \frac{\text{Notenbankgeldmenge}}{\text{Nominales BIP}}$$

Wert mit der Notenbankgeldmenge und der Höhe der Inflation. Beispielsweise weisen internationale Reservewährungen wie der US-Dollar oder auch der Euro typischerweise einen höheren Geldmengenanteil am BIP auf, weil sie zur Finanzierung von grenzüberschreitenden Transaktionen herangezogen und damit in erheblichem Ausmaß im Ausland gehalten werden. Länder mit einer international bedeutsamen Transaktions- und Reservewährung profitieren also von einer höheren Inflationssteuer (vgl. Kap. 8.5).

Ein Vorteil der Inflationssteuer ist freilich, dass sie relativ einfach zu erheben ist. Es genügt nämlich, eine nationale Währung zu definieren und in Umlauf zu bringen. Der dafür erforderliche bürokratische Aufwand ist, im Vergleich zur Steuerverwaltung, eher gering. Zwar geht die Unterwerfung der Geldpolitik unter finanzpolitische Begehrlichkeiten fast immer mit deutlichen Preissteigerungen einher. Jedoch ist die Finanzierung über die Notenpresse für die ärmsten Länder und in Staaten, in denen die öffentliche Verwaltung infolge schwerer Krisen zusammengebrochen ist, manchmal die einzige verfügbare Möglichkeit, um die Staatsausgaben zu decken. Problematisch wird dies, falls die Inflation aus dem Ruder läuft oder sogar in einer Hyperinflation ausartet. Vor diesem Hintergrund ist es wohl kein Zufall, dass Beispiele von Hyperinflationen eigentlich nur in Ländern aufgetreten sind, die gerade schwere innen- und außenpolitische Krisen erdulden mussten (vgl. Kap. 3.1).

Ferner ist natürlich bei einer staatlichen Überschuldung die Versuchung besonders groß, dieses Problem mit Hilfe der Inflation loszuwerden. Dies funktioniert übrigens am besten, wenn ein unerwartet hoher Teuerungsschub auftritt, der folglich nicht

---

(siehe Blanchard, Olivier, und Gerhard Illing, 2014: *Makroökonomie*, Pearson, 6. Auflage, Seiten 719 ff.). Dies impliziert, dass die Inflationssteuer mit höheren Teuerungsraten (quasi die „Steuerrate") und dank eines größeren Verhältnisses zwischen der Notenbankgeldmenge und dem BIP (quasi das „Steuersubstrat") steigt.

in die Nominalzinsen einkalkuliert worden war. Gemäß den Ausführungen in Kap. 6.1 zieht eine unerwartete Inflation nämlich eine Vermögensumverteilung zugunsten von Schuldnern und zulasten von Gläubigern nach sich. Davon profitiert in erster Linie auch ein hoch verschuldeter Staat. Freilich ist der Trick, die Halter von Staatsanleihen mit einem unerwarteten Teuerungsschub zu überraschen, nicht gratis. Wenn der Staat seinen Schuldenberg einfach weginflationiert, treibt er gewissermaßen seinen Ruf anstelle der öffentlichen Finanzen in den Ruin. Für die Zukunft kann dies mit handfesten Nachteilen verbunden sein. Wenn das Vertrauen in die Kreditwürdigkeit des Staates sinkt, büßt er dies möglicherweise mit höheren Zinskosten auf neu aufgelegten Staatsschulden. So können die Anleger jedenfalls die bittere Erfahrung einer teuerungsbedingten Enteignung erwidern.

Zusammenfassend gilt also: Die Verknüpfung zwischen geld- und finanzpolitischen Zielen ist deshalb problematisch, weil ein relativ großes Ausmaß an Inflation erforderlich ist, um einen substanziellen Gewinn aus dem staatlichen Währungsmonopol zu erzielen. Es ist in der Tat so, dass Episoden mit sehr hoher Inflation fast immer finanzpolitische Probleme, die sich in erdrückend hohen Staatsdefiziten und Staatsschulden zeigen, zugrunde liegen. Eine Maßnahme, um die Ineffizienzen und asozialen Folgen einer hohen Inflation zu verhindern, liegt eben darin, der Zentralbank ein hohes Maß an Unabhängigkeit zu gewähren. Im Klartext bedeutet dies, dass die Geldpolitik strikt von finanzpolitischen Begehrlichkeiten zu trennen ist. Unabhängigkeit manifestiert sich also darin, dass die Regierung, und namentlich das Finanzministerium, bei der Formulierung der Geldpolitik keinen Einfluss hat oder gar Macht ausüben kann, um damit die Versuchung zu eliminieren, bei der Finanzierung der Staatsausgaben auf den Reiz des „Druckens von Geld" zurückzugreifen.

Rückblickend seien noch zwei Aspekte hinsichtlich der Rolle der Unabhängigkeit der Zentralbank erwähnt, um die Inflationssteuer im Zaun zu halten. Erstens gilt, dass selbst bei vollkommener Preisstabilität (null Inflation) nach wie vor Zentralbankgewinne anfallen. Wie in Kap. 4.1 detailliert beschrieben wurde, resultiert Seigniorage schon nur dadurch, dass die Halter von Notenbankgeld der Zentralbank einen kostenlosen Kredit gewähren. Selbst bei einer konstanten Notenbankgeldmenge führt dies zu einem Zinsgewinn, auf dem die sogenannte Alternativkostenseigniorage beruht. Zweitens lässt sich eine problematische Vermischung der Geld- und Finanzpolitik nicht daran festmachen, dass die Zentralbank das Notenbankgeld mit Staatsanleihen deckt. Aufgrund der Standardisierung staatlicher Wertpapiere sowie der Liquidität und Größe der entsprechenden Finanzmärkte läuft die Steuerung von Geldmenge und Zinsen über Refinanzierungs- oder Offenmarktgeschäfte ab, die oft mit Staatsanleihen besichert sind (vgl. Kap. 4.2 und 4.4). Ausschlaggebend dafür, ob eine problematische Verquickung zwischen der Geld- und Finanzpolitik vorliegt, ist allein das Motiv, das einer monetären Intervention zu Grunde liegt. Entscheidend ist also ausschließlich die Frage, ob geldpolitische Maßnahmen sich an einem mit Preisstabilität kompatiblen Pfad orientieren oder schlicht der Generierung von Staatseinnahmen dienen.

7.3 ... und fördert die Glaubwürdigkeit der Zentralbank

Episoden mit mehrstelligen Inflationsraten belegen, dass selbst in entwickelten Ländern, in denen die Seigniorage zur Staatsfinanzierung nur eine marginale Rolle spielt, die Wertstabilität der Währung keinesfalls garantiert ist (siehe Abb. 2.4). Hier müssen also noch andere Kräfte am Werk sein. Im Nominalgeldsystem ist es schon nur deshalb nicht einfach, die Preisstabilität zu garantieren, weil die Entwicklung der Realwirtschaft und der Inflation nur langfristig eigenständig verlaufen. Die Neutralitätseigenschaft des Geldes bricht bekanntlich aufgrund von Preisrigiditäten kurzfristig zusammen (vgl. Kap. 6.2). In wirtschaftspolitischer Hinsicht impliziert dies, dass vorübergehende Zielkonflikte auftreten, welche die Geldpolitiker in Versuchung führen könnten, rasche Wachstumserfolge auf Kosten der langfristigen Preisstabilität zu erzielen. Die Möglichkeiten und Grenzen des opportunistischen Ausnützens wirtschaftlicher Zielkonflikte lassen sich am besten anhand der sogenannten Phillipskurve schildern. Dieses für die Wirtschaftswissenschaften grundlegende Konzept geht ursprünglich auf die Beobachtung eines gegenläufigen Zusammenhangs zwischen der Inflation und der Arbeitslosigkeit zurück, welcher vom neuseeländischen Ökonomen Bill Phillips (1914–1975) in den 1950er Jahre entdeckt wurde.[4] Der obere Teil von Abb. 7.2 zeigt die entsprechende Austauschbeziehung zwischen der Teuerung und der Lage am Arbeitsmarkt sowohl schematisch als auch anhand von Daten für Deutschland für den Zeitraum zwischen dem Ende der 1960er bis zum Anfang der 1970er Jahre. Für hinreichend kurze Perioden gilt offenbar, dass eine hohe Inflation in der Regel mit einer tiefen Arbeitslosigkeit einhergeht und umgekehrt. Diese Beobachtung ruft die – wie sich herausstellen sollte trügerische – Idee hervor, dass die Phillipskurve eine Art wirtschaftspolitisches Menu zwischen Inflation und Arbeitslosigkeit offeriert.[5] Warum sollte ein Land beispielsweise nicht eine

---

[4] Der guten Ordnung halber sei erwähnt, dass Bill Phillips einen negativen Zusammenhang zwischen den Lohnsteigerungen und der Arbeitslosigkeit beobachtete. Da Löhne eine wesentliche Determinante der Preise und damit der Inflation sind, lässt sich dieser Zusammenhang leicht auf die Inflation und die Arbeitslosigkeit übertragen. Diese Modifikation geht auf die amerikanischen Ökonomen Paul Samuelson (1915–2009) und Robert Solow (geb. 1924) zurück.

[5] Die Idee von gesamtwirtschaftlichen Zielkonflikten war in der Zeit des Bretton-Woods-Systems, und ist teilweise heute noch, äußerst populär. Den passenden Rahmen dazu lieferten die sogenannten magischen Vielecke, die neben der

höhere Inflation in Kauf nehmen, um dadurch die Arbeitslosigkeit zu senken, indem es seine wirtschaftliche Lage in Abb. 7.2 in Pfeilrichtung nach unten rechts verschiebt?

Das Problem einer Senkung der Arbeitslosigkeit über eine Erhöhung der Inflation ist freilich, dass die dazu erforderliche Politik des billigen Geldes nicht ewig wirkt, sondern aufgrund der in Kap. 6.3 besprochenen Rückkoppelungseffekte relativ rasch wieder verpufft. Das Brisante daran ist, dass diese nicht nach einem stabilen Muster verlaufen, sondern ihrerseits von den Inflationserwartungen abhängen. Es lohnt sich, an dieser Stelle noch etwas genauer auf die kurz- und langfristigen Beziehungen zwischen der Nominal- und Realwirtschaft einzugehen und dabei explizit die bereits in der Fisher-Gleichung (vgl. Kap. 6.1) betonte Rolle der Zukunftserwartungen beim Zusammenspiel zwischen der Inflation und den Zinsen zu berücksichtigen.

Die Geldpolitik stimuliert die Wirtschaft vornehmlich, wenn die dazu notwendige Nominalzinssenkung sowie die daraus resultierende Ausweitung der Geldmenge unerwartet eintreten. Nur dann wurden die Veränderungen der monetären Bedingungen nicht bereits in die Preise einkalkuliert und entfalten damit, solange die Preise mehr oder weniger fix sind, realwirtschaftliche Effekte, welche die gesamtwirtschaftliche Nachfrage beeinflussen und daher auch Beschäftigungseffekte auslösen (vgl. Kap. 6.2). Bei einer gegebenen Inflationserwartung dämpft beispielsweise eine überraschende Leitzinssenkung durch die Zentralbank sowohl die Nominal- als auch die Realzinsen und fördert damit, über den Zinskanal, den Konsum und die Investitionstätigkeit. Die naheliegende Schlussfolgerung, dass sich mit Hilfe

---

Preisstabilität und der Vollbeschäftigung noch das Wirtschaftswachstum, eine ausgeglichene Zahlungsbilanz oder gar den Umweltschutz als weitere Ziele auserkoren. Jedoch gilt auch hier, dass die Güterabwägung zwischen diesen Zielen höchstens kurzfristiger Natur sind und dass es sehr wohl Phasen mit hoher Inflation, tiefem Wachstum, hoher Arbeitslosigkeit und einer unausgeglichenen Zahlungsbilanz geben kann.

Zwar ist der Zusammenhang zwischen Inflation und Arbeitslosigkeit phasenweise negativ...

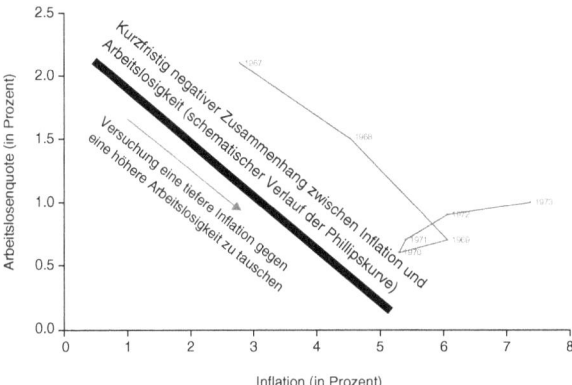

... jedoch verschiebt er sich, wenn sich die Inflationserwartungen ändern. Der Zusammenhang der Phillipskurve ist langfristig labil.

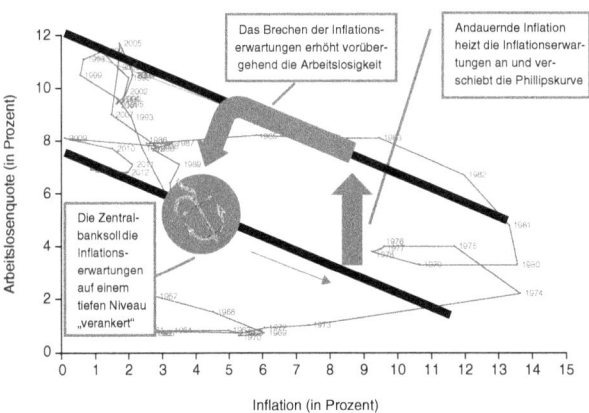

Abb. 7.2 Phillipskurve mit Daten für Deutschland

solcher geldpolitischer Interventionen eine tiefere Arbeitslosigkeit fortwährend gegen eine höhere Inflation austauschen ließe, führt jedoch in die Irre. Wie gerade erläutert wurde, gehen die realwirtschaftlichen Impulse der Geldpolitik nämlich aus der Diskrepanz zwischen den tatsächlichen und den erwarteten monetären Rahmenbedingungen hervor. So kann sich der klassische Transmissionsmechanismus, nämlich der Zinskanal, eben nur dann entfalten, wenn sich die von der Zentralbank beeinflussten Nominalzinsen nicht mit der erwarteten Inflation in Einklang befinden.[6] Der springende Punkt ist nun, dass Erwartungsfehler mit der Zeit korrigiert werden. Ansonsten hätte man ein Bild von vollkommen naiven Menschen vor Augen. Gerade der wiederholte Einsatz einer Geldpolitik, welche die Preisstabilität dem Ziel einer Reduktion der Arbeitslosigkeit opfert, würde von lernfähigen Menschen, die sich eben nicht permanent übertölpeln lassen, bald einmal durchschaut werden. Folglich passen sich die Inflationserwartungen früher oder später an die gemachten Erfahrungen an. Wenn nach einer traditionell lockeren Geldpolitik schon vorab mit einer hohen Inflation gerechnet wird, untergräbt dies Transmissionsmechanismen wie den Zinskanal, die infolgedessen viel von ihrem ursprünglichen Stimulierungspotential einbüßen.

Dass die eben entwickelten Zusammenhänge nicht nur der Phantasie von irgendwelchen Ökonomen entspringen, zeigt der

---

[6] Die Fisher-Gleichung aus Fußnote 2 zu Kap. 6 gibt wiederum einen genaueren Aufschluss über diesen Zusammenhang. Approximativ gilt nämlich für den erwarteten Realzins: Realer Zinssatz ≈ Nominaler Zinssatz − Inflationserwartung. Bei einer gegebenen Inflationserwartung wirkt sich damit eine Veränderung des Nominalzinses auch auf den erwarteten Realzins aus. Langfristig kann eine Nominalzinsänderung hingegen durch die Inflationserwartungen neutralisiert werden. Beispielsweise reduziert eine Senkung des Nominalzinses die Alternativkosten für das Geld, was zu einer tendenziell steigenden Geldmenge führt und damit die Inflation und die Inflationserwartungen schürt. Gemäß der Neutralität des Geldes heben sich diese Effekte zumindest langfristig gegenseitig auf.

dramatische Teuerungsanstieg, der sich in vielen Industrieländern nach einer Phase der höchst expansiven Geldpolitik in den 1960er Jahren ereignet hat. Als in den 1970er Jahren überdies eine hohe Arbeitslosigkeit auftrat, markierte dies den Zusammenbruch des einst stabil geglaubten Zusammenhangs, der in der frühen Version der Phillipskurve postuliert worden war (vgl. Kap. 2.5). Neben dem dramatischen Anstieg der Erdölpreise waren für diese Stagflation auch Veränderungen bei den Lohnverhandlungen verantwortlich. Inflationserwartungen können sich nämlich regelrecht festsetzen, wenn Arbeitnehmer beginnen, mit höheren Preisen zu rechnen und entsprechende Lohnerhöhungen fordern, um die Teuerung auszugleichen. Sobald die Firmen darauf mit Preisanstiegen reagieren, generieren sie damit geradewegs jene Inflation, die erwartet wurde. Die resultierende Eigendynamik, welche die Inflation dann annehmen kann, ist mit dem Begriff der Lohn-Preis-Spirale, die Abb. 7.3 schematisch veranschaulicht, in die wirtschaftspolitische Diskussion eingegangen. Wenn sich die Lohnsteigerungen, Preiserhöhungen und Inflationserwartungen gegenseitig aufschaukeln, hat dies die unerfreuliche Folge, dass eine Stabilisierung des Preisniveaus je länger je schwieriger wird.

Die kurz- und langfristigen Beziehungen zwischen der Geldpolitik, den Preisen und der Beschäftigung sowie die komplexen Rückkoppelungseffekte, die sich bei variablen Inflationserwartungen ergeben, sind zugegebenermaßen auch nach einer vertieften Lektüre vielleicht nicht einfach zu verstehen. Die exakten Mechanismen lassen sich wahrscheinlich nur mit Hilfe ökonomischer Modelle erfassen, die als Denkstütze dienen, und die Zusammenhänge klar strukturieren. Um die entsprechenden Ideen trotzdem in eine verständliche Form zu bringen, greifen Zentralbanker und Ökonomen gerne auf einschlägige Vergleiche zurück. Um die Eigendynamik der Inflation zu erläutern, hat ein ehemaliger Bundesbankpräsident beispielsweise einmal erklärt:

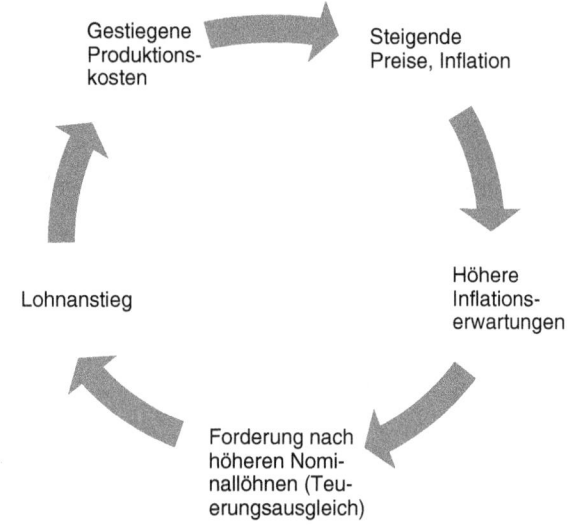

Abb. 7.3 Entfesselte Inflation aufgrund der Lohn-Preis-Spirale

> Inflation ist wie Zahnpasta. Wenn sie mal draußen ist, kann man sie kaum mehr zurücktun. Deshalb ist es das Beste, die Tube nicht zu hart zusammenzudrücken.[7]

Um die Wirkungseinbußen einer leichtsinnigen Geldpolitik zu erklären, die den kurzfristigen Zielkonflikt in der Phillipskurve permanent ausnützen will, wird bisweilen ein Vergleich mit der medikamentösen Bekämpfung von Krankheiten herangezogen. Angeblich besteht dabei auch die Gefahr, dass sich bei einer häufigen Verabreichung von Antibiotika gewisse Resistenzen aufbauen können und die Wirkung damit abzunehmen droht. „Warum verliert unser Geld dauernd an Wert?" war eine Frage, die sich

---

[7] Orginalzitat: „Inflation is like toothpaste. Once it's out, you can hardly get it back in again. So the best thing is not to squeeze too hard on the tube." Pöhl, Karl Otto, Institutional Investor, 1/1980.

der amerikanische Ökonom Robert Solow stellte, um darauf mit Hilfe der Inflationserwartungen zu antworten: „Vielleicht ist es einfach so, dass wir eine Inflation haben, weil wir eine Inflation erwarten und erwarten eine Inflation, weil wir welche gehabt haben."[8] Die Einsicht, dass Menschen nicht naiv oder gar mechanisch auf Veränderungen reagieren, sondern ihr Verhalten an neue Rahmenbedingungen anpassen, veranlasste den schwedischen Ökonomen Knut Wicksell zu folgendem einprägsamen Vergleich:

> Die Leute, die ein sich stetig aufwärts bewegendes Preisniveau dem festbleibenden vorziehen, erinnern ... stark an solche, die ihre Uhren absichtlich etwas vorgehen lassen, um desto sicherer rechtzeitig die Eisenbahnzüge ... zu erreichen. Dazu dürfen diese aber des Vorgehens ihrer Uhren sich nicht bewusst sein oder bleiben, sonst gewöhnen sie sich daran die paar Minuten Zeitvorsprung in Rechnung zu ziehen, und dann kommen sie trotz ihrer Pfiffigkeit doch zu spät.[9]

Vor diesem Hintergrund ist es sicherlich nicht überraschend, dass die Wirtschaftswissenschaften in den vergangenen Jahrzehnten begonnen haben, sich intensiv mit der Rolle der Erwartungen auseinanderzusetzen. Daraus ist unter anderem eine moderne Version der Phillipskurve entstanden, die eben um die Erwartungen erweitert ist und betont, dass die menschliche Lernfähigkeit und die daraus resultierenden Verhaltensanpassungen den Zusammenhang zwischen Inflation und Arbeitslosigkeit destabilisieren können. Wie der untere Teil von Abb. 7.2 zeigt, bewirkt eine Politik des billigen Geldes, die irgendwann die Teuerung und mit ihr die Inflationserwartungen anheizt, dass sich der Zusammenhang

---

[8] Orginalzitat: „Why is our money ever less valuable? Perhaps it is simply that we have inflation because we expect inflation, and we expect inflation because we've had it." Solow, Robert, 1979, Technology Review (December/January 1979, S. 31.).

[9] Wicksell, Knut, 1898: *Geldzins und Güterpreise: Eine Studie über die den Tauschwert des Geldes bestimmenden Ursachen*, Gustav Fischer Verlag, Seiten 3–4.

der Phillipskurve nach rechts verschiebt. Daraus resultiert ein permanent höheres Niveau an Inflation. Der unbedachte Einsatz der Geldpolitik, um die Beschäftigung zu fördern, ist dann sozusagen über die eigene Raffinesse gestolpert, indem die andauernden Interventionen die Austauschmöglichkeiten zwischen Inflation und Arbeitslosigkeit verschlechtert haben. Daten über mehrere Jahrzehnte, die sich in Abb. 7.2 wiederum auf Deutschland beziehen, belegen in der Tat, dass der Zusammenhang zwischen Inflation und Arbeitslosigkeit nur phasenweise stabil verläuft und sich dementsprechend nur bedingt von der Geldpolitik ausnützen lässt. Milton Friedman hat diesen Gedanken folgendermaßen zusammengefasst:

> Es gibt immer eine vorübergehende Austauschbeziehung zwischen Inflation und Arbeitslosigkeit. Jedoch besteht keine permanente Austauschbeziehung. Die vorübergehende Austauschbeziehung resultiert nicht aus der Inflation an sich, sondern aus der unerwarteten Inflation, was im Allgemeinen heißt, von einem weiteren Anstieg der Inflation.[10]

Nominale Verankerung

Für die Zentralbank bedeutet all dies, dass die Garantie der Preisniveaustabilität einer Kontrolle der Inflationserwartungen bedarf. Man spricht in diesem Kontext auch davon, dass der Zentralbank die Aufgabe zukommt, die Inflationserwartungen nominal zu „verankern", was Abb. 7.2 schematisch anhand des Punktes zeigt. Eine solche Verankerung erfordert freilich, dass sich die Zentralbank verpflichtet, ihre Politik primär auf die Geldwertstabilität auszurichten und sich zur Selbstbindung dabei an einer allgemein bekannten Definition für ein tolerierbares Ausmaß an

---

[10] Orginalzitat: „There is always a temporary trade-off between inflation and unemployment; there is no permanent trade-off. The temporary trade-off comes not from inflation per se, but from unanticipated inflation, which generally means, from a rising rate of inflation." Friedman, Milton, 1968: "The Role of Monetary Policy", American Economic Review, 58, S. 11.

Inflation orientiert. Im heutigen Nominalgeldsystem ersetzt ein solches strategisches Mandat quasi den Ankerpunkt, der in vergangenen Geldsystemen automatisch aus der festen Bindung an ein Währungsmetall hervorging.

Zurück zur Unabhängigkeit

Was hat all dies mit der Unabhängigkeit der Zentralbank zu tun? Zur erfolgreichen nominalen Verankerung reicht es eben nicht, eine Geldpolitik anzukündigen, welche die Preisstabilität garantiert. Aufgrund der Wechselwirkungen zwischen der Inflation und den Inflationserwartungen sollte eine solche Ankündigung auch geglaubt werden. Das Glaubwürdigkeitsproblem der Geldpolitik liegt nun darin, dass gerade wenn tiefe Inflationserwartungen herrschen, die Versuchung am größten ist, die Wirtschaft über monetäre Interventionen zu stimulieren. So ließen sich nämlich besonders große Effekte auf die Beschäftigung erzielen, ohne dass die Teuerung bald markant ansteigen würde, da die Inflationserwartungen ja auf einem tiefen Niveau verharren. Wohlgemerkt: Eine solche opportunistische Geldpolitik ist in sich nicht konsistent. Tiefe Inflationserwartungen können nicht lange mit einer expansiven Geldpolitik einhergehen, welche die Wirtschaft bis an die Grenze der Produktionskapazität stimulieren will. Da eine wirtschaftspolitische Ausnützung der Austauschbeziehung der Phillipskurve langfristig zwar nicht zielführend ist, aber das politische Geschäft wohl oder übel eher den kurzfristigen Erfolg sucht, tritt eine verzwickte Lage auf. Eine Maßnahme, um die Geldpolitik auf langfristige Ergebnisse anstatt kurzfristige Versuchungen auszurichten, liegt eben in der Stärkung der Unabhängigkeit der Zentralbank. Damit kann sie sich aufrichtiger auf das vorrangige Ziel der Preisniveaustabilität verpflichten, ohne dabei auf das tagespolitische Gerangel oder gar auf sorglose Wahlkampfversprechungen Rücksicht nehmen zu müssen. Es ist darum kein Zufall, dass sich die Zentralbankunabhängigkeit unter anderem an der relativ langen Amtsdauer des Gouverneurs oder einem verfassungsmäßigen Schutz vor der politischen Einflussnahme durch Regierung und Parlament manifestiert. Nur dank der langfristigen Ausrichtung der Geldpolitik kann es einer Zentralbank gelingen, sich den Ruf aufzubauen und zu erhalten, der für eine glaubwürdige Bekämpfung der Inflation unabdingbar ist.

Glaubwürdigkeits- und Reputationsprobleme beschränken sich übrigens nicht auf die Geldpolitik, sondern treten, in ähnlicher Form, auch in anderen Bereichen des Finanzsystems auf. Zu erwähnen sind die schädlichen Auswirkungen der Erwartung, dass Großbanken von der Zentralbank oder vom Staat gerettet werden, welche in Kap. 5.8 ausführlich diskutiert wurden. Angesichts des wirtschaftlichen Flurschadens besteht das Kernproblem eben darin, dass es schwierig ist, sich glaubwürdig darauf zu verpflichten, einer arg gebeutelten Großbank nicht mit staatlichen Rettungsmaßnahmen zur Seite zu stehen. Das Wissen darum kann jedoch den Risikoappetit der betreffenden Banken anregen.

Im Allgemeinen sind stabile Rahmenbedingungen für den Erfolg der Wirtschaftspolitik von ausschlaggebender Bedeutung, sobald die Zukunftserwartungen die wirtschaftlichen Handlungen dominieren. Neben maßvollen Lohn- und Preiserhöhungen, die eine auf Preisstabilität ausgerichtete Geldpolitik mit tiefen Inflationserwartungen erst möglich machen, müssen beispielsweise Firmen auch darauf vertrauen, dass die Finanzpolitik und die Steuerbelastung einigermaßen vorhersehbar bleiben, um positive Investitionsentscheidungen zu treffen. Das Heikle daran ist wiederum, dass stabilere Rahmenbedingungen oft kurzfristig umso größere Chancen für opportunistische Maßnahmen bieten, etwa eine überraschende Expansion der Geldmenge und damit der Inflation, welche den Realwert der ausstehenden Staatsschuld sowie vorher fixierter Nominallöhne senkt und somit die Konjunktur anregt, oder eine überraschende Zusatzbesteuerung bereits erfolgter Investitionen. Natürlich werden solche Tricks früher oder später durchschaut mit Ergebnissen, wie eine hohe Inflation oder tiefen Investitionen, mit denen eigentlich niemand zufrieden sein kann. Selbstbindungsmechanismen, welche einmal getroffenen Maßnahmen eine höhere Glaubwürdigkeit verschaffen, können die Wirtschaftspolitik aus dieser verzwickten Lage befreien. Dazu zählen das Befolgen von klaren, auf Preisniveaustabilität ausgerichtete Regeln durch eine unabhängige Zentralbank in der Geldpolitik sowie das Festlegen von Prinzipien einer soliden und langfristig ausgelegten Haushaltspolitik, die beispielsweise mit Hilfe einer Schuldenbremse durchgesetzt werden, in der Finanzpolitik.[11]

Die Unabhängigkeit bringt der Zentralbank natürlich eine gewisse Rechenschaftspflicht ein. Einer klaren und allgemein verständlichen Kommunikation der Geldpolitik, die mit der gegenwärtigen und zukünftigen Wirtschaftslage kompatibel scheint, kommt indes auch deshalb höchste Priorität zu, weil die Wirtschaftsteilnehmer die Entscheidungen der Zentralbank verstehen sollten, um daraus möglichst stabile Preiserwartungen zu bilden. Die nominale Verankerung erfordert von der Zentralbank manchmal auch unpopuläre Entscheidungen. Dies gilt insbesondere, wenn aus irgendeinem Grund die Inflationserwartungen aus dem Ruder gelaufen sind. In einem solchen Falle müsste nämlich die Phillipskurve gegen links in Abb. 7.2 zurückverschoben werden. Zwar reduziert dies die Inflation dauerhaft. Um die Inflationserwartungen zu brechen, ist jedoch eine Straffung der Geldpolitik vonnöten, die vorübergehend die Arbeitslosigkeit in die Höhe treibt. Diese Beobachtung wurde im Rahmen von Abb. 6.4 bereits einmal gemacht. Der gebogene Pfeil in Abb. 7.2 zeigt den gleichen Zusammenhang einfach aus dem Blickwinkel der

---

[11] Die Wirtschaftswissenschaften verwenden für die soeben besprochenen Probleme den etwas sperrigen Begriff der Zeitinkonsistenz (engl. time inconsistency). Modellhafte Abhandlungen zu diesem Problem sind deshalb in Lehrbüchern der Makroökonomik unter dem Stichwort der Zeitinkonsistenz der Geldpolitik zu finden.

Phillipskurve.[12] Insgesamt tritt hier also der klassische Konflikt einer wirtschaftlichen Sanierung auf, bei der sich nachhaltige Verbesserungen (stabilere Preise) leider nur über die Durchquerung eines Jammertals (mit vorübergehend höherer Arbeitslosigkeit) realisieren lassen.

7.4 Möglichkeiten und Grenzen der Geldpolitik

Rückblickend resultieren aus diesem und dem letzten Kapitel einige grundsätzliche Überlegungen zu den Möglichkeiten und Grenzen der Geldpolitik, die sich anhand von Abb. 7.4 zusammenfassen lassen. Kapitel 6 lieferte die wesentlichen Argumente, um mit geldpolitischen Interventionen die Inflation zu kontrollieren oder eine konjunkturelle Feinsteuerung zu betreiben. Die dazu notwendigen Konzepte waren die Neutralität des Geldes, wonach langfristig ein enger Zusammenhang zwischen der Geldmenge und den Preisen besteht, und die Transmissionsmechanismen, gemäß denen sich geldpolitische Impulse vorübergehend auf die Gesamtnachfrage und damit die Konjunktur- und Beschäftigungslage übertragen. Selbstverständlich sind dabei die Unsicherheiten, die von unvorhergesehenen Ereignissen herrühren, und allfällige Wirkungsverzögerungen zu berücksichtigen.

Das vorliegende Kapitel nährt jedoch die Skepsis, dass die Zentralbank über die Geldpolitik problemlos ein Sammelsurium von

---

[12] Der vorübergehende Anstieg an Arbeitslosigkeit (in Prozentpunkten), der nötig ist, um die Inflation permanent um einen Prozentpunkt zu senken, wird auch als Opferverhältnis (engl. sacrifice ratio) bezeichnet. Je nach nationalen und zeitlichen Rahmenbedingungen schwankt dieses Verhältnis erheblich. Grobe Schätzungen zeigen jedoch, dass sich das Opferverhältnis typischerweise im Bereich von 2 bis 6 bewegt. Das heißt: Die Arbeitslosigkeit muss vorübergehend um 2 bis 6 Prozentpunkte ansteigen, um eine permanente Reduktion der Inflation um einen Prozentpunkt herbeizuführen.

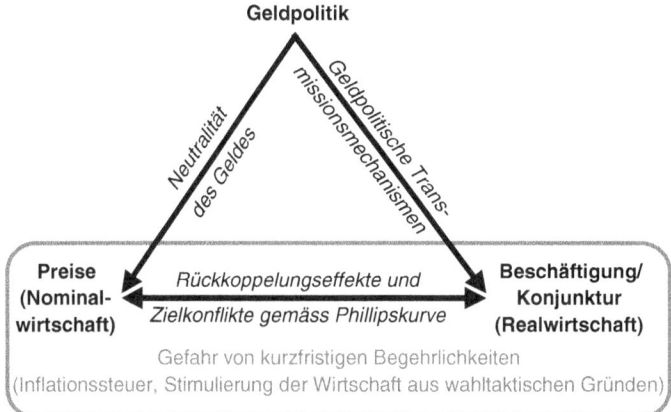

Abb. 7.4 Übersicht über die Effekte der Geldpolitik

wirtschaftspolitischen Zielen verwirklichen kann. Insbesondere stößt die Geldpolitik an Grenzen, weil gemäß Abb. 7.4 auch Zielkonflikte zwischen wichtigen Wirtschaftsgrößen wie Inflation und Arbeitslosigkeit auftreten. Infolge instabiler Inflationserwartungen lassen sich die entsprechenden Austauschbeziehungen zudem nur bedingt durch die Geldpolitik ausnützen. Eine weitere Gefahr entsteht durch den politischen Opportunismus, wenn die Geldpolitik einseitig auf die Stimulierung der Beschäftigung oder hauptsächlich auf die Deckung von Staatsdefiziten abzielt. Das Problematische daran ist, dass sowohl wahltaktische als auch finanzielle Anliegen eine lockere Geldpolitik mit tiefen Zinsen momentan attraktiv erscheinen lassen, langfristig jedoch einen Kollateralschaden in Form einer permanent hohen Inflation mit tief sitzenden Inflationserwartungen anrichtet.

Insgesamt gibt es also gute Gründe, Maßnahmen zu ergreifen, damit die Zentralbank die langfristigen Auswirkungen ihrer Geldpolitik nicht aus den Augen verliert. Diesbezüglich hat die historische Erfahrung gezeigt, dass die Unabhängigkeit der Zentralbank eine institutionelle Rahmenbedingung bietet, um jene Selbstdisziplinierung aufzubringen, die in einem Nominalgeldsystem zur Stabilisierung des Preisniveaus vonnöten ist. Es mag paradox scheinen, dass gerade reife Demokratien bereit sind, die Verantwortung über die Geldpolitik weitestgehend der Zentralbank zu überlassen. Letzten Endes lässt sich dies nur rechtfertigen, solange die Bürger davon überzeugt sind, dass unabhängige Zentralbanken am ehesten in der Lage sind, für stabile und zweckmäßige Währungsverhältnisse zu sorgen.

Weiterführende Literatur

Die gesamtwirtschaftlichen Zusammenhänge der Phillipskurve und die Bedeutung der Zentralbankunabhängigkeit werden in jedem Lehrbuch der Makroökonomik behandelt. Ein gut verständlicher Text ist: Mankiw, N. Gregory, 2011: *Makroökonomik*, Schäffer-Poeschel Verlag, 6. Auflage, v. a. Kap. 14 und 15).

Eine ausführlichere Diskussion zur Phillipskurve liefert: Van Suntum, Ulrich, 2013: *Die unsichtbare Hand – Ökonomisches Denken gestern und heute*, Springer Gabler, Teil II. Kapitel 5.

Eine Diskussion über die Glaubwürdigkeit und Zeitinkonsistenz in der Geldpolitik ist enthalten in: Bofinger, Peter, und Michael Frenkel, 1991: Zeitinkonsistenz und Geldpolitik, Wirtschaftswissenschaftliches Studium (WiSt), 20, Seiten 171–175.

Einen theoretischen Kurzabriss zur Unabhängigkeit der Zentralbank liefern: Clausen, Volker, und Manfred Willms, 1993: Unabhängigkeit der Zentralbank, Wirtschaftswissenschaftliches Studium (WiSt), 12, Seiten 605–610.

8
Internationale Wechselwirkungen im Geld- und Währungswesen

Eine derart große Rückständigkeit verbleibt in den Transaktionen zwischen den meisten zivilisierten Nationen, dass fast alle unabhängigen Länder beschlossen haben, sich ihrer Nationalität zu versichern, indem sie, zum Nachteil ihrer Nachbarstaaten, eine eigene Währung haben.
    John Stuart Mill (Britischer Philosoph und Ökonom, 1806–1873)

Es gibt [...] einen weiteren Schwachpunkt einer Gemeinschaftswährung [...]. Es hat sich herausgestellt, dass Länder ohne eine eigene Währung anfällig für sich selbst erfüllende Paniken sind, wobei die Bemühungen von Investoren, um Verluste infolge eines Zahlungsausfalls zu vermeiden, genau den Zahlungsausfall auslösen, der befürchtet wurde.
    Paul Krugman (Amerikanischer Nobelpreisträger für Wirtschaftswissenschaften, geb. 1953)

8.1 Das internationale Finanz- und Währungssystem

Die zunehmende Verflechtung im internationalen Finanzsystem, das heute eine Plattform für Unsummen an grenzüberschreitenden Zahlungen bietet, ist vielleicht das markanteste Symbol der globalisierten Wirtschaft. Internationale Finanztransaktionen sind indes nicht neu, sondern bestehen seitdem der Austausch von Gütern über die Grenzen hinweg einsetzte und im Gegenzug entsprechende Geldforderungen beglichen werden mussten.[1] Allerdings übersteigt heutzutage der Wert der internationalen Geld- und Kapitalströme jenen des Waren- und Dienstleistungshandels um ein Vielfaches. Dies widerspiegelt einerseits die wachsende Bedeutung ausländischer Direktinvestitionen, welche multinational tätige Unternehmen in Produktionsstätten anderer Länder vornehmen, ist aber auch auf den besseren Zugang zu ausländischen Wertpapieren zurückzuführen, die einem Investor höhere Erträge oder eine breitere Risikodiversifizierung als einheimische Anlagen bescheren können.[2] Schließlich ist auch das kurzfristige Ausnützen von Wechselkursbewegungen und von internationalen Zinsdifferenzen für das enorme Wachstum verantwortlich, welches der grenzüberschreitende Kapitalverkehr seit dem Zusammenbruch des Bretton-Woods-System durchlebt hat

---

[1] Für eine ausführlichere Diskussion über die gemeinsame Entwicklung des internationalen Finanzsystems und des internationalen Handels siehe Baltensperger, Ernst, und Nils Herger, 2010: The nexus between trade and finance, in: Cottier, Thomas und Panagiotis Delimatsis, *The Prospects of International Trade Regulation – From Fragmentation to Coherence*, Cambridge University Press.

[2] Statistische Angaben zu den grenzüberschreitenden Transaktionen sind in der Zahlungsbilanz eines Landes enthalten. Die Zahlungsbilanz unterscheidet Transaktionen, die aus dem Austausch von Waren, Dienstleistungen und Faktoreinkommen entstehen (und in der sogenannten Leistungsbilanz erfasst sind) von solchen, die aus Finanzgeschäften wie Investitionen im Ausland entstehen (und in der sogenannten Kapitalverkehrsbilanz erfasst sind).

(vgl. Kap. 2.6 und Abb. 2.8). Insgesamt besteht das internationale Finanzsystem aus einem engen Geflecht zwischen einer Vielzahl von Geld- und Kapitalmärkten, auf denen Geschäftsbanken, Großkonzerne, aber auch Regierungen und Zentralbanken erhebliche Summen in Form von Devisen, Wertschriften und anderen Finanzprodukten transferieren, die in unterschiedlichen Währungen denominiert sind. Der Finanzhandel findet vorwiegend in einer Reihe globaler Finanzzentren wie Frankfurt, Hongkong, London, New York, Singapur, Tokio oder Zürich statt, die über ausgeklügelte Informations- und Telekommunikationssysteme miteinander vernetzt sind und damit das Rückgrad des globalen Zahlungssystems und der internationalen Finanzmarktinfrastruktur bilden.

Obschon es nach wie vor üblich ist, dass Nationalstaaten eigene Währungen haben, betrifft die Ausgestaltung des Währungssystems – neben den bereits besprochenen binnenwirtschaftlichen Aspekten, etwa die wirtschaftspolitischen Ziele der Geldpolitik oder der Unabhängigkeitsgrad der Zentralbank – immer auch außenwirtschaftliche Aspekte. Bei den monetären Rahmenbedingungen geht es nämlich auch um Grundsatzfragen wie: Sollen die Wechselkurse, das heißt der Preis der eigenen zu anderen Währungen, sich flexibel am Devisenmarkt bilden oder von der Zentralbank innerhalb bestimmter Grenzen gehalten, sprich fixiert, werden? Inwiefern will ein Land Einschränkungen im internationalen Zahlungsverkehr verordnen? Soll ein Land eine eigene Währung haben oder eine Gemeinschaftswährung mit anderen Ländern teilen? Die letzte Frage ist mit der Einführung des Euros als europäische Gemeinschaftswährung unlängst besonders heftig debattiert worden. Wie die einführenden Zitate belegen, ist diese Frage von Kontroversen geprägt, die alles andere als neu sind. Wie dem auch sei: Sämtliche der soeben aufgeworfenen Fragen betreffen die internationale Geld- und Währungspolitik, also jene monetären Maßnahmen und Rahmenbedingungen, die auf eine Beeinflussung der außenwirtschaftlichen Aspekte der Währung – und insbesondere der Wechselkurse – abzielen. Dabei legt das internationale Währungssystem, beispielsweise in Form des Wechselkursregimes, institutionelle Leitplanken fest, welche die Geldpolitik der Zentralbank erheblich eingrenzen können. Vor diesem Hintergrund bilden die Zusammenhänge zwischen den binnen- und außenwirtschaftlichen Aspekten verschiedener Währungssysteme, die Vor- und Nachteile gängiger Wechselkursregimes, die Rolle der Währungsreserven eines Landes oder die Chancen und Gefahren von Gemeinschaftswährungen den Gegenstand dieses Kapitels.

8.2 Grenzen der Währungspolitik – Trilemma der monetären Außenwirtschaft

Die größte Herausforderung im internationalen Geld- und Währungswesen liegt wohl darin, dass prinzipielle Konflikte zwischen den binnen- und außenwirtschaftlichen Politikzielen bestehen. Dies ist jedenfalls die Quintessenz des sogenannten Trilemmas der monetären Außenwirtschaft, welches Abb. 8.1 veranschaulicht, indem ein Dreieck drei breit anerkannte Ziele im monetären Bereich an den Ecken auflistet. Ein erstes Ziel ist die stabile Entwicklung des Wechselkurses. Da Monate zwischen der Lieferung und Bezahlung von Handelsgütern vergehen können, bedrohen unberechenbare Wechselkursschwankungen das Geschäft international tätiger Firmen. Dasselbe gilt für Investitionen in ausländische Wertschriften oder Produktionsstätten, deren Erträge manchmal Jahre auf sich warten lassen. Insgesamt behindern instabile Wechselkurse also den internationalen Handel und grenzüberschreitende Investitionen und führen möglicherweise dazu, dass einige Vorteile der weltweiten Wirtschaftsintegration

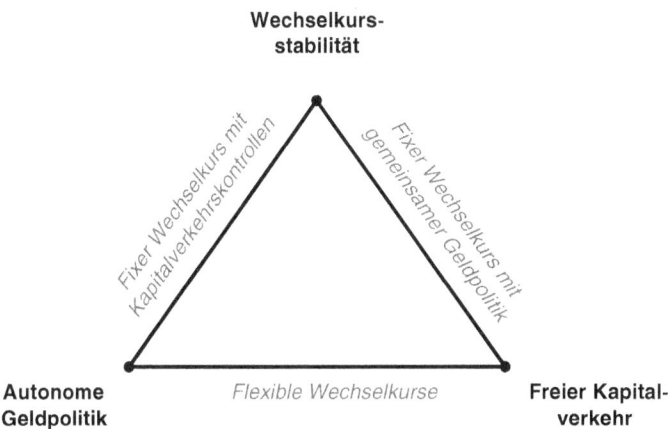

Abb. 8.1 Trilemma der monetären Außenwirtschaft

auf der Strecke bleiben. Die Fixierung des Wechselkurses durch die Zentralbank löst dieses Problem. Zweitens ist eine autonome, das heißt auf nationale Ziele ausgerichtete, Geldpolitik wünschbar, solange die in den letzten Kapiteln besprochenen Maßnahmen einer stabileren Preis- und Wirtschaftsentwicklung den Weg ebnen. Sodann ist es eben sinnvoll, eine Geldpolitik zu betreiben, die auf die Verhältnisse der Binnenwirtschaft zugeschnitten ist. Drittens bringt ein möglichst freier Kapitalverkehr breit anerkannte Vorteile. Es ist schon nur darum wichtig, dass Geld und Kapital ungehindert über die Grenzen fließen können, um eine möglichst reibungslose Finanzierung des internationalen Handels sicherzustellen. Eine gewisse Offenheit der Kapitalmärkte erweitert zudem die Investitionsmöglichkeiten und erlaubt es, finanzielle Risiken breiter zu streuen. Gerade kleine Länder würden beträchtliche Einschränkungen erleiden, wenn beispielsweise ausländisches Kapital nicht mehr zur Finanzierung inländischer Investitionsvorhaben zur Verfügung stünde.

Das Trilemma tritt nun auf, weil sich nicht alle der genannten Ziele simultan verwirklichen lassen. Vielmehr ist es so, dass eine Zentralbank je nach Währungssystem im Wesentlichen nur zwei Ziele anpeilen kann. Um zu verstehen, warum dem so ist, betrachten wir zuerst das System der flexiblen Wechselkurse, das sich gemäß den Ausführungen aus Kap. 2.6 erst nach dem Zusammenbruch des Bretton-Woods-Systems bei den wichtigsten Währungen der Welt durchgesetzt hat. Wie die Basis des Dreiecks in Abb. 8.1 veranschaulicht, fallen außenwirtschaftliche Restriktionen wie die Anbindung an eine ausländische Geldpolitik oder Einschränkungen beim internationalen Kapitalverkehr weg, wenn sich Wechselkurse frei am Devisenmarkt bilden. Dies geschieht freilich auf Kosten spürbarer Wechselkursfluktuationen (vgl. Abb. 2.8).

Um unkalkulierbare Schwankungen auf den Devisenmärkten zu eliminieren, bedarf es, wie bereits mehrfach angedeutet wurde, eines internationalen Währungssystems, bei dem die Zentralbank den Wechselkurs auf einem a priori festgelegten Niveau hält. Meistens gehen solche Fixkurse jedoch mit einem Verlust der monetären Autonomie einher, weil die Geldpolitik sozusagen außenwirtschaftlichen Zielen untergeordnet werden muss. Dieser Sachzwang, der auf dem rechten Schenkel des Dreiecks von Abb. 8.1 illustriert ist, lässt sich am einfachsten anhand der Leitzinspolitik erläutern (vgl. Kap. 4.2). Ein fixer Wechselkurs schränkt den Einsatz dieses geldpolitischen Instruments eben spürbar ein. Falls nämlich der Inlandzins über dem ausländischen Niveau zu liegen käme, wären Investitionen in Wertschriften, die in inländischer Währung denominiert sind, relativ attraktiv. Die Aussicht auf höhere Erträge würde allerdings einen Kapitalzustrom generieren. Dies wäre jedoch nicht mit einem fixen Wechselkurs vereinbar, weil eine andauernd hohe Nachfrage nach einer Währung einen permanenten Aufwertungsdruck aufbaut.

Selbstverständlich tritt das Gegenteil bei relativ niedrigen Inlandzinsen ein. Um eine solche Zinsarbitrage – das heißt, das Ausnützen von internationalen Zinsdifferenzen – zu unterbinden, müssen Länder mit einem Fixkurs in etwa dasselbe Zinsniveau wählen und damit auch dieselbe Geldpolitik betreiben.[3] Demzufolge geht also die geldpolitische Autonomie (hier hinsichtlich der Wahl des Leitzinsniveaus) verloren.

Eine andere Möglichkeit, um die Zinsarbitrage zu unterbinden, liefert ein Währungssystem, das den internationalen Kapitalverkehr über sogenannte Kapitalverkehrskontrollen einschränkt und somit eine Kombination aus fixen Wechselkursen und einer autonomen Geldpolitik zulässt. Falls grenzüberschreitende Investitionen aufgrund von Gebühren, Mengenbeschränkungen oder anderer administrativer Hürden nur begrenzt möglich sind, können internationale Zinsdifferenzen natürlich nicht mehr mit Hilfe von Kapitalflüssen ausgenützt werden. Der linke Schenkel des Dreiecks mit dem Trilemma der monetären

---

[3] Im Gegensatz zur Kaufkraftparität, die in Fußnote 10 zu Kap. 6 diskutiert worden ist, erklärt die Zinsarbitrage vornehmlich die kurzfristigen Schwankungen der Wechselkurse. Die Formel der Zinsarbitrage vergleicht den Ertrag zwischen einer inländischen und einer ausländischen Anlage und lautet

$$\underbrace{\text{Inlandzins}}_{\text{Ertrag inländische Anlage}} \approx \underbrace{\text{Auslandzins} + \text{Veränderung Wechselkurs}}_{\text{Ertrag ausländische Anlage}}.$$

Bei einem System flexibler Wechselkurse können sich die in- und ausländischen Zinse also unterscheiden, solange die Schwankungen des Wechselkurses dazu neigen, die entsprechenden Differenzen auszugleichen. Falls sich eine Auslandwährung über die Zeit aufwertet, steigt beispielsweise der Ertrag ausländischer Anlagen implizit mit, weil am Ende der Laufzeit die ausländische Währung sich in einen höheren Betrag an inländischer Währung wechseln lässt (natürlich spielen noch andere Faktoren wie Transaktionskosten, Bonitätsrisiken oder internationale Unterschiede bei der Besteuerung bei solchen Investitionsentscheiden eine Rolle). Bei einem glaubwürdigen Fixkurs ist jedoch *keine* Veränderung des Wechselkurses zu erwarten, weshalb die erwartete Auf- oder Abwertung der Inlandwährung gleich null sein muss. Dies bedeutet aber nichts anderes, als dass der Inland- und Auslandzins gleich sein müssen.

Außenwirtschaft bildet dieses Szenario ab. Der Nachteil eines Fixkurssystems mit Kapitalverkehrskontrollen liegt darin, dass damit auch einige Vorzüge international integrierter Finanzsysteme wegfallen. Obschon staatliche Beschränkungen bei internationalen Investitionen einem Normalbürger vielleicht gleichgültig sind, implizieren diese in jedem Fall, dass die Ertragschancen und die Möglichkeiten zur Risikodiversifizierung, die Auslandanlagen bieten, dahinfallen. Falls die heimische Wirtschaft lediglich auf inländisches Kapital zurückgreifen darf, kommt dies außerdem einem finanziellen Protektionismus gleich, was die gewohnten negativen Auswirkungen nach sich zieht. Beispielsweise dürfte es inländischen Banken, die vor der Auslandkonkurrenz geschützt sind, leichter fallen, höhere Kreditzinsen zu verlangen. Ferner besteht ein praktisches Problem bei den Kapitalverkehrskontrollen, das häufig übersehen wird, im enormen Verwaltungsaufwand, um die entsprechenden Regelungen durchzusetzen. Namentlich muss die Zentralbank zu diesem Zweck im ganzen Land ein Netz aus offiziellen Stellen einrichten, die allein befugt sind, den Devisenhandel zu betreiben. Überdies führen rigide staatliche Restriktionen im internationalen Kapitalverkehr in der Regel auch zu Misswirtschaft. Insbesondere droht die Gefahr, dass der Devisenhandel einfach illegal, auf Schwarzmärkten, weiterläuft. Solange eine erhebliche Nachfrage nach fremdem Geld besteht, lässt sich dessen Handel nie ganz unterbinden, sondern nur mit einem entsprechend hohen Kontrollaufwand eindämmen. Diesbezüglich ist es gerade im heutigen eng vernetzten internationalen Finanzsystem zunehmend schwieriger geworden, den Kapitalfluss effektiv und dauerhaft zu kontrollieren. Die Erfahrung zeigt jedenfalls, dass Kapitalverkehrskontrollen irgendwann auf mehr oder weniger legalen Wegen mit Hilfe von ausgeklügelten Finanztransaktionen umgangen werden können.[4]

---

[4] Anschauungsunterricht für die ungewollten Effekte von Kapitalverkehrskontrollen liefert die Entstehungsgeschichte der sogenannten Euromärkte (die

8.3 Regimes mit mehr oder weniger flexiblen Wechselkursen

Die zentrale Aufgabe des internationalen Währungssystems liegt darin, die unterschiedlichen Bedingungen hinsichtlich der Binnen- und Außenwirtschaft eines Landes aufeinander abzustimmen. Da Länder hinsichtlich ihrer gesellschaftlichen, politischen und wirtschaftlichen Lage weder gleich sind, noch sich gleich entwickeln, finden zwischen ihnen andauernd Anpassungsprozesse statt, die sich beispielsweise in der Migration von Arbeitskräften, dem Rückgang von Exporten in Ländern mit politischen oder wirtschaftlichen Krisen oder dem Aufkommen oder Abstieg ganzer Industriezweige in einer bestimmten Region manifestieren können. In monetärer Hinsicht ist indes der grenzüberschreitende Fluss von Geld und Kapital zwischen verschiedenen Währungen, mit entsprechenden Reaktionen der Wechselkurse, bei weitem der wichtigste Anpassungsprozess. Insbesondere bedeutet ein

---

Offshore-Märkte bezeichnen und an sich nichts zu tun haben mit der europäischen Gemeinschaftswährung, dem Euro). Anlagen auf den Euromärkten sind Bankguthaben oder andere Vermögenswerte, die nicht in der Währung des lokalen Finanzmarktes denominiert sind. Bankguthaben, die außerhalb der USA (zum Beispiel in London oder Tokio) auf Dollar lauten, gelten beispielsweise als Eurodollars. Deren Ursprung liegt in erster Linie in den Kapitalverkehrskontrollen des Bretton-Woods-Systems und den restriktiven Regulierungen des Bankensektors, die in den USA während dieser Zeit herrschten. Da Eurowährung nicht der lokalen Währungsbehörde unterstand, öffnete sie einen Weg, um die Kapitalverkehrskontrollen zu umgehen. Bizarrerweise gehörten die Banken des Sowjetblocks zu den größten Nachfragerinnen nach Eurodollars. Die Haltung von US-Dollars war nämlich nötig, um den Handel mit dem Westen zu finanzieren. Gleichzeitig bestand aber auch die Befürchtung, dass die USA im Falle einer Krise die entsprechenden Vermögen einfrieren würde. Eurodollars boten ein ideales Mittel, um dieses Problem zu entschärfen. Es mutet geradezu ironisch an, dass die ehemaligen Planwirtschaften ungewollt mitgeholfen haben, mit der weltweiten Integration der Devisenmärkte eines der kapitalistischsten Phänomene der heutigen Wirtschaft voranzutreiben. Global bedeutsame Währungen wie der US-Dollar können heute jedenfalls auf Euromärkten rund um die Uhr und rund um den Globus gehandelt werden.

Kapitalzufluss, dass die monetäre Einheit eines Landes vermehrt nachgefragt wird, was einen Preisanstieg bewirkt, der als nominale Aufwertung der Inlandwährung bezeichnet wird. Die gegenteiligen Effekte führen zu einer Abwertung, das heißt einem relativen Wertverlust der Inland- gegenüber einer Auslandwährung. Da Auf- oder Abwertungen, vor allem wenn sie trendmäßig erfolgen, über den Wechselkurskanal (vgl. Kap. 6.2) die wirtschaftliche Entwicklung eines Landes beeinflussen, gilt der Wechselkurs als eine monetäre Schlüsselvariable.

Eine Zentralbank kann nun die Bildung des Wechselkurses entweder dem freien Spiel zwischen Angebot und Nachfrage überlassen, oder selbst auf dem Devisenmarkt aktiv werden, um den Preis der eigenen Währung in eine gewünschte Richtung zu lenken. Dazu stehen einerseits Eingriffe über den Leitzins zur Verfügung, der sich auch auf den Devisenmarkt auswirkt, da beispielsweise ein höheres Zinsniveau tendenziell Kapitalzuflüsse nach sich zieht und damit den Wert einer Währung stärkt. Devisenmarktinterventionen, das heißt der An- oder Verkauf der inländischen gegen fremde Währung durch die Zentralbank, bilden ferner ein Instrument, mit dem sich der Wechselkurs wesentlich direkter beherrschen lässt (vgl. Kap. 4.5). Je nach internationalem Währungssystem, das in einem Land gilt, intervenieren Zentralbanken mehr oder weniger regelmäßig an den Devisenmärkten. Bei einem Fixkurssystem stellen die Devisenmarktintervention wesensgemäß das wichtigste geldpolitische Instrument dar, weil die Zentralbank dann jederzeit bereit sein muss, die eigene Währung gegen die sogenannte Ankerwährung zu handeln, um so die anvisierte Wechselkursparität zu gewährleisten.

Aufgrund der bereits erwähnten Probleme, unter denen Kapitalverkehrskontrollen leiden, geht es bei der Gestaltung des internationalen Währungssystems heute primär um die Frage, ob der Wechselkurs und damit die Geldpolitik ein großes Ausmaß an Flexibilität genießen soll, oder ob die Zentralbank die geldpolitische Autonomie zugunsten eines stabileren Wechselkurses aufgeben will.[5] Diesbezüglich sollte jedoch nicht der Eindruck entstehen, dass es lediglich zwei diametral entgegengesetzte Wechselkursregimes gäbe. Vielmehr existiert bei den fixen und flexiblen Wechselkursen ein ganzes Spektrum an Zwischenformen, das in abgestufter Weise in Tab. 8.1 aufgelistet ist. Das Regime mit einem vollkommen flexiblen Wechselkurs am einen Ende gilt eher als theoretisches Konstrukt, das in Reinform wahrscheinlich nicht zu verwirklichen ist. Selbst wenn der Wechselkurs grundsätzlich vom Angebot und der Nachfrage auf dem Devisenmarkt abhängt, können Zentralbanken trotzdem sporadische Devisenmarktinterventionen vornehmen und, selbst wenn dies bis jetzt nie der Fall war, bei ihren geldpolitischen Entscheidungen natürlich die zu erwartenden Effekte auf den Wechselkurs in Erwägung ziehen. In der Praxis ist damit jeder flexible bis zu einem bestimmten Grad immer auch ein gelenkter Wechselkurs. Für das andere Ende des Spektrums gilt ebenfalls, dass ein fixer Wechselkurs nie uneingeschränkt gilt. Abgesehen davon, dass der Devisenhandel immer minime Abweichungen vom offiziellen Kurs hervorruft (Abb. 2.2 aus Kap. 2.3 zeigt dies für den Goldstandard), können wirtschaftliche Veränderungen langfristig jeden Fixkurs untergraben und irgendwann eine Anpassung herbeiführen oder oft sogar erzwingen. Die historischen Erfahrungen mit dem Goldstandard, dem Bretton-Woods-System oder dem Europäischen Währungssystem belegen dies eindrücklich. Das Abrücken von einem Fixkurs erfolgte dabei fast immer infolge externer Sachzwänge. Dazu gehören sogenannte Währungskrisen, die auftreten können, wenn ein inadäquater Bestand an

---

[5] Selbstverständlich gibt es nach wie vor Kapitalverkehrskontrollen. Diese werden jedoch fast ausschließlich in Zeiten von schweren Währungskrisen eingesetzt, um die Kapitalflucht einzudämmen. Ferner sind Kapitalverkehrskontrollen auch in Entwicklungs- und Schwellenländern nach wie vor anzutreffen. Allerdings sind die entsprechenden Länder auch weniger eng in das internationale Finanzsystem eingebunden.

Tab. 8.1 Verschiedene Wechselkursregimes (Abgestuft nach abnehmender Flexibilität bzw. zunehmende Kontrolle des Wechselkurses)

Wechselkurssystem	Kurzbeschreibung	Beispiele
Flexibler Wechselkurs	Die Zentralbank überlässt die Bildung des Wechselkurses vollständig dem Devisenmarkt	Eher eine theoretische Möglichkeit, die nie verwirklicht worden ist
Gelenkter flexibler Wechselkurs	Der Wechselkurs bildet sich im Prinzip aufgrund von Angebot und Nachfrage an den Devisenmärkten. Sporadische Devisenmarktinterventionen durch die Zentralbank sind möglich	USA
Zielzone (target zone)	Der Wechselkurs kann sich innerhalb eines Bandes (Zielzone) frei bewegen. An den Rändern der Zielzone interveniert die Zentralbank. Die Zielzone wird in der Regel anhand einer maximalen Prozentabweichung von einer Parität definiert	Europäisches Währungssystem
Anpassungsfähiger fixer Wechselkurs	Der Wechselkurs ist fix, kann aber anhand eines vorab definierten Prozesses angepasst werden	Bretton-Woods-System
Fixer Wechselkurs	Der Wechselkurs ist fix und eine Anpassung der Parität ist prinzipiell nicht vorgesehen	Goldstandard
Currency Board (Währungsbehörde)	Ein Land hat zwar eine eigene Währung, deckt diese jedoch vollständig durch die Devisen einer Ankerwährung, zu der ein fixer Wechselkurs besteht	Hong Kong (Ankerwährung US-Dollar); Bulgarien (Euro)
Währungsunion	Mehrere Länder teilen eine gemeinsame Währung und Zentralbank	Europäische Währungsunion

Währungsreserven nicht mehr die erforderlichen Stützkäufe der eigenen Währung zulässt, oder auch Situationen, bei denen eine Zentralbank aus binnenwirtschaftlichen Motiven nicht mehr bereit ist, weitere Devisenkäufe zu tätigen. Kapitel 8.6 wird dieses Problem ausführlich besprechen. Eine bessere Gewährleistung eines fixen Wechselkurses kann allenfalls erreicht werden, wenn jede Einheit der nationalen Währung vollumfänglich durch die Ankerwährung gedeckt ist, auf die sich die Wechselkursparität bezieht. Die Zentralbankbilanz aus Abb. 4.1 umfasst dann im Großen und Ganzen nur noch einen Aktivposten, nämlich die Währungsreserven. Dies versetzt die Zentralbank in die Lage, eine beliebige Summe an Ankerwährung gegen die eigene monetäre Einheit zu tauschen, was dem fixen Wechselkurs eine hohen Grad an Glaubwürdigkeit verschafft. Ein Regime mit einer vollständigen Währungsreservendeckung wird als Currency Board (oder seltener als Währungsbehörde) bezeichnet. Eine noch weitergehende Anbindung ist die Währungsunion, bei der die Mitgliedsländer an einer Gemeinschaftswährung teilnehmen und eine gemeinsame Zentralbank unterhalten. Kapitel 8.7 widmet sich diesem Thema.

Als Mischsysteme, welche Elemente von fixen und flexiblen Wechselkursen kombinieren, gelten sowohl Währungen mit einer Zielzone als auch Fixkurse, die gemäß einem expliziten Prozess anpassbar sind. Bei einer Zielzone (engl. target zone) kann der Wechselkurs innerhalb eines vordefinierten Bandes, das in der Regel anhand von Prozentabweichungen vom offiziellen Kurs definiert ist, frei schwanken. Zum Beispiel sah das Europäische Währungssystem vor, Abweichungen von bis zu $\pm 2.25\%$ von den anvisierten Leitkursen zu tolerieren (vgl. Kap. 2.7). An den Rändern des Bandes interveniert die Zentralbank, um den Wechselkurs in der Zielzone zu halten. Selbstverständlich ist es auch möglich, ein gegen eine Seite offenes Zielband zu spezifizieren; sprich einen Mindest- oder Höchstkurs festzulegen. Das Charakteristikum eines anpassungsfähigen Fixkurses liegt hingegen darin, dass Änderungen der Wechselkursparität explizit vorgesehen sind und der entsprechende Prozess im internationalen Währungssystem mehr oder weniger genau festgeschrieben wurde. Das Paradebeispiel hierfür ist das Bretton-Woods-System, bei dem Anpassungen aufgrund von fundamentalen Zahlungsbilanzkrisen unter Absprache mit dem IWF erfolgen sollten. Die Erfahrungen damit waren bekanntlich zwiespältig, da erst bei enormen Spannungen an den Devisenmärkten genügend Anreize für eine Anpassung der Kursparität bestanden, die dann oft eher chaotisch erfolgte.

Für jedes Wechselkursregime listet Tab. 8.1 bekannte Beispiele auf. Natürlich können Länder im Rahmen einer Währungsreform ein neues Wechselkursregime wählen. Übertritte zwischen den verschiedenen Versionen von fixen und flexiblen Wechselkursen haben sich immer wieder ereignet. Beispielsweise haben zahlreiche europäische Länder unlängst den Schritt von einer Zielzone oder von einem Currency Board hin zur Mitgliedschaft der Europäischen Währungsunion vollzogen.[6]

Welches sind die wesentlichen Vorteile von fixen und flexiblen Wechselkursen? Aus dem Trilemma der monetären Außenwirtschaft geht unmittelbar hervor, dass flexible Wechselkurse die Möglichkeit zur Ausrichtung der Geldpolitik auf binnenwirtschaftliche Ziele bieten. Dies bedeutet im Grunde, dass die Zentralbank bei der Leitzinspolitik die Veränderungen am Devisenmarkt nicht berücksichtigen muss, sondern dieses geldpolitische Instrument frei zur Kontrolle der inländischen Inflation oder allenfalls auch zur Stimulierung der Konjunktur einsetzten kann. Des Weiteren räumen flexible Wechselkurse dem internationalen Währungssystem eine gewisse Symmetrie ein, da kein Land

---

[6] Eine aktualisierte Einteilung aller Länder nach Wechselkursregimes ist im *Annual Report on Exchange Arrangements and Exchange Restrictions* des Internationalen Währungsfonds (IWF) zu finden.

eine Sonderstellung genießt, indem es die Position der internationalen Ankerwährung einnimmt.[7] Die politischen Spannungen, die beispielsweise aus dem „exorbitanten Privileg" des US-Dollars im Bretton-Woods-System hervorgingen (vgl. Kap. 2.5), können so vermieden werden. Schließlich absorbiert ein flexibler Wechselkurs anfallende Veränderungen im internationalen Wirtschaftssystem sofort, was in manchen Fällen zur Stabilisierung der Binnenwirtschaft beiträgt. Eine gewünschte Korrektur tritt beispielsweise auf, falls eine Rezession ein bestimmtes Land besonders hart trifft. Da dies die Nachfrage nach Importen und damit nach Devisen reduziert, wertet sich die inländische Währung ab, was in der Folge einen stimulierenden Impuls auf den Exportsektor auslöst. Der Wechselkurs wirkt hier als sogenannter automatischer Stabilisator, das heißt, ohne dass explizit wirtschaftspolitische Maßnahmen getroffen werden, schwächt sich die Rezession von selbst ab. Der obere Teil von Abb. 8.2 fasst die genannten Vorteile stichwortartig zusammen. Selbstverständlich gelten die Vorteile von flexiblen Wechselkursen gleichzeitig auch als Nachteile fixer Kurse. Insbesondere leiden diese eben unter einem Verlust der geldpolitischen Autonomie, einigen Asymmetrien im internationalen Währungssystem und dem Wegfallen des Wechselkurses als automatischer Stabilisator.

Der untere Teil von Abb. 8.2 listet die Vorteile eines Fixkurssystems auf (die im Umkehrschluss natürlich wiederum als Nachteile von flexiblen Wechselkursen gelten). Wie bei der Diskussion um das Trilemma der monetären Außenwirtschaft bereits

---

[7] Der theoretische Grund für die Sonderstellung eines Landes in einem Fixkurssystem ist, dass zwischen n Währungen immer nur $n-1$ fixe Wechselkurse benötigt werden. Die letzte, oder n-te, Währung ist frei und das jeweilige Land muss seine Geldpolitik als einziges Mitglied im Fixkurssystem keinen außenwirtschaftlichen Sachzwängen unterwerfen.

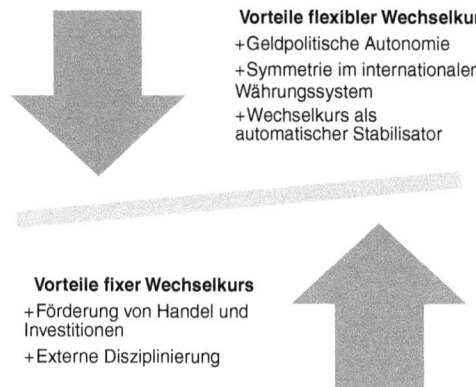

Abb. 8.2 Vor- und Nachteile fixer und flexibler Wechselkurse

erwähnt wurde, profitieren international tätige Firmen von geringen Wechselkursrisiken. In der Regel lässt die größere Planungssicherheit den grenzüberschreitenden Handel und die ausländischen Investitionen florieren, was die wirtschaftliche Integration zwischen Ländern fördert. Dies gilt freilich nur, wenn ein Fixkurs glaubwürdig verankert ist (vgl. Kap. 8.6). Zudem geht von Fixkurssystemen eine disziplinierende Wirkung auf die Zentralbank aus, da die Einhaltung der Wechselkursparität keine unkontrollierte Vermehrung der Geldmenge zulässt, um beispielsweise den Ertrag aus der Inflationssteuer zu maximieren. Diese externe Disziplinierung kann von großem Nutzen sein, wenn eine Zentralbank aufgrund vergangener Fehler keinen guten Ruf hinsichtlich der Inflationskontrolle genießt. Die Anbindung an ein Hartwährungsland bietet dann, namentlich wenn der fixe Wechselkurs als Currency Board organisiert ist, eine einfache und dennoch glaubwürdige Maßnahme, um die Inflationserwartungen rasch unter Kontrolle zu bringen.

Die Wahl des Wechselkursregimes unterliegt einer Güterabwägung zwischen den soeben besprochen Vor- und Nachteilen und ist infolgedessen unweigerlich als politische Entscheidung zu sehen. Große und entwickelte Länder neigen allerdings zur Wahl flexibler Wechselkurse. Die Wirtschaftslage in den Vereinigten Staaten, Japan, Großbritannien oder in der Eurozone hängt nämlich stark vom Binnenkonsum und weit weniger vom internationalen Handel ab, sodass die Launen der Devisenmärkte überschaubarere Gefahren bergen als dies in kleinen, offenen Wirtschaften der Fall ist. Fixkurssysteme erfreuen sich zwischen wirtschaftlich eng verflochtenen Ländern und auch bei zahlreichen Entwicklungsländern nach wie vor großer Beliebtheit. Falls, aufgrund eines großen Handelsvolumens und einer ähnlichen Wirtschaftsstruktur, die Konjunkturzyklen zwischen zwei Staaten praktisch synchron verlaufen, fällt der Verlust der autonomen Geldpolitik weniger stark ins Gewicht. Eng integrierte Nachbarstaaten würden sowieso eine ähnliche Geldpolitik verfolgen. Bei zahlreichen Entwicklungsländern ist die große Abhängigkeit von Rohstoffexporten wie Öl, Erze, Mineralien oder Agrarprodukte für die mehr oder weniger starke Anbindung der Währung an den US-Dollar ausschlaggebend. Solange der entsprechende Handel in Dollar erfolgt, kann so der Effekt von Preisfluktuationen bei Rohstoffen auf die Inlandwährung zu einem gewissen Grad absorbiert werden. Auch die monetäre Disziplinierung und die Vereinfachungen, welche die Übernahme der Geldpolitik einer ausländischen Zentralbank mit sich bringen, kann für die Wahl eines Fixkurssystems den Ausschlag geben.

8.4 Währungsreserven – Mittel zum Zweck oder Mittel zur Macht?

Devisenmarktinterventionen treten vorwiegend in Form von An- und Verkäufen der eigenen Währung gegen Fremdwährung durch die Zentralbank in Erscheinung (vgl. Kap. 4.5). Im Verlauf solcher Interventionen verändert sich jeweils der Bestand an Devisen, der sogenannten Währungsreserven, auf der Aktivseite der Zentralbankbilanz (vgl. Abb. 4.1). Insbesondere steigen bei einem Verkauf der eigenen gegen ausländische Währung die Währungsreserven. Um den Kurs der eigenen Währung zu stützen, bedarf es umgekehrt eines Devisenverkaufs, was zu einer Reduktion der Währungsreserven führt.

Bis heute hält sich in vielen Kreisen hartnäckig die Meinung, dass die Währungsreserven ein Maß für den Reichtum eines Landes seien. Falls dies stimmen würde, müsste die Anhäufung an Fremdwährung bei der Zentralbank folgerichtig zu einem nationalen Ziel erkoren werden und ein Rückgang der Währungsreserven gälte als Zeichen für allgemeine Wohlstandseinbußen. Obschon politische Bestrebungen, welche im Umfang der Währungsreserven eine Frage des nationalen Prestiges sehen, eine beachtliche Tradition aufweisen, liegen dieser Vorstellung einige seit langem bekannte Denkfehler zugrunde. Die entsprechende Debatte lässt sich mindestens bis ins 17. Jahrhundert zurückverfolgen; also in die Zeit des Absolutismus, der sich bei wirtschaftlichen Fragen an den Auffassungen des sogenannten Merkantilismus orientierte. In Frankreich verhalf Jean-Baptiste Colbert (1619-1683), der während dieser Epoche als Finanzminister Ludwigs des XIV die wirtschaftspolitischen Geschicke maßgeblich prägte, den entsprechenden Ideen zur vollen Blüte. Zwar wies der Merkantilismus viele Facetten auf. Was jedoch die monetären Fragen angeht, galt die Anhäufung von Währungsreserven als Selbstzweck, was bei den damaligen Metallwährungen unweigerlich auf eine Gier nach Edelmetallen, und vor allem Gold, hinauslief. Um Währungsreserven zu gewinnen, müssen freilich Handelsüberschüsse erzielt werden. Ein Land erhält nämlich nur dann mehr Zahlungen aus dem Ausland als es an das Ausland leistet, solange die Exporte die Importe übersteigen. Dem absoluten Machtanspruch in der Politik folgend, sollten unter der merkantilistischen Doktrin die Handelsüberschüsse mit Hilfe rigider

8 Internationale Wechselwirkungen... 219

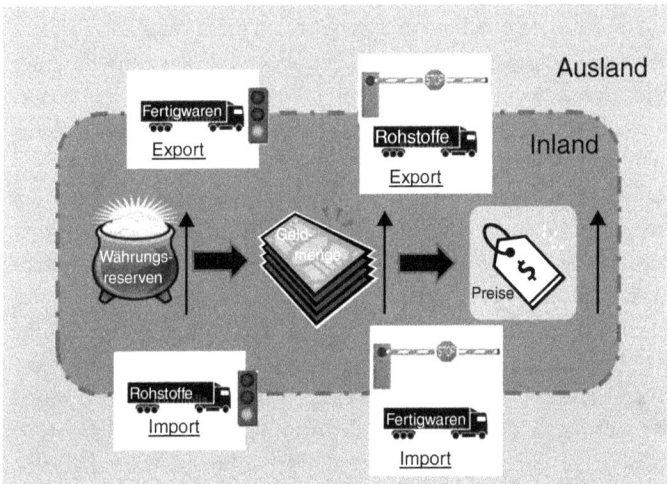

Abb. 8.3 Die grundlegende Funktionsweise des Merkantilismus

Staatseingriffe in den grenzüberschreitenden Warenverkehr regelrecht erzwungen werden. Wie Abb. 8.3 illustriert, wurde der Export von Fertigwaren speziell gefördert, deren Import hingegen mit Zöllen und anderen protektionistischen Maßnahmen belegt. Umgekehrt war der Import von Rohstoffen relativ frei, derweil für die entsprechenden Exporte zahlreiche Beschränkungen galten.

Als Antwort auf die merkantilistische Doktrin hat die klassische Theorie der Ökonomie überzeugende Argumente dafür geliefert, dass sich der „Wohlstand der Nationen" – um den Titel der bahnbrechenden Kritik von Adam Smith (1723–1790) zu verwenden – eben nicht über Restriktionen beim Außenhandel steigern lässt und sich weder am Goldbestand noch an den Währungsreserven bemisst. Vielmehr hemmen protektionistische Maßnahmen die wirtschaftlichen Entfaltungsmöglichkeiten. Hinsichtlich der staatlichen Steuerung des internationalen Warenverkehrs gilt es vorerst einmal festzuhalten, dass natürlich nicht jedes Land gleichzeitig den geforderten Handelsüberschuss erzielen kann. Solange kein Handel mit anderen Planeten stattfindet, muss in globaler Hinsicht einem Exportüberschuss nämlich irgendwo auf der Welt auch ein Importüberschuss gegenüberstehen. Sowieso ist der Freihandel kein Nullsummenspiel von dem nur wenige Staaten mit hohen Exporten profitieren. Handelsvorteile treten viel umfassender in Form von Effizienzgewinnen durch die internationale Arbeitsteilung, der Spezialisierung von Ländern auf relativ produktive Industrien, der Förderung des Technologietransfers oder der Ausweitung der verfügbaren Produktpalette auf. Der britische Ökonom David Ricardo (1772–1823) wies mit der Theorie der komparativen Kostenvorteile sogar nach, dass paradoxerweise selbst arme Länder mit einer wenig produktiven Wirtschaft von der internationalen Arbeitsteilung profitieren werden. Benjamin Franklin (1706–1790) hat diesen Umstand vielleicht am prägnantesten mit der Aussage festgehalten, dass noch „kein Land, nicht einmal das anscheinend am meisten benachteiligte, je durch Handel ruiniert wurde". Benjamin Franklin war einer der Gründerväter der Vereinigten Staaten, die sich dazumal eben noch nicht in der Position einer führenden Wirtschaftsmacht befanden.[8]

In monetärer Hinsicht ist indes wichtiger, dass das grenzenlose Streben nach Währungsreserven, das vom Merkantilismus popagiert wurde, auch die Geldmenge erhöht. Dadurch treten jedoch Anpassungsprozesse auf, die der anvisierten Macht- und Reichtumsentfaltung entgegenwirken. Dieser Effekt wurde bereits vom schottischen Gelehrten David Hume (1711–1776) erkannt. Der von ihm entdeckte Price-Specie-Flow-Mechanismus

---

[8] Das Orginalzitat von Benjamin Franklin lautet „No nation was ever ruined by trade, even seemingly the most disadvantageous". Es ist in einem Pamphlet aus dem Jahr 1774 enthalten mit dem Titel: „Principles of trade". Benjamin Franklin ist außerdem bis heute mit dem Geldwesen verbunden, indem sein Konterfei auf der amerikanischen 100$ zu sehen ist.

(frei übersetzt: Preis-Edelmetallfluss-Mechanismus) belegt nämlich, dass die geschürte Angst vor einem Verlust an Gold- und Währungsreserven unbegründet ist. In den Originalworten ist der Schlüsselgedanke der folgende:

> Angenommen vier Fünftel des Geldes [...] werde über Nacht vernichtet, und unser Land sehe sich mit denselben Bedingungen hinsichtlich des Edelmetallbestandes konfrontiert [...]. Was wären die Folgen davon? Müsste nicht der Preis für alle Arbeit und Güter proportional sinken [...]? Welches Land könnte dann noch mit uns auf den ausländischen Märkten konkurrieren. [...] Wie schnell müsste dies, deshalb, das Geld zurückbringen, das wir verloren hatten und es auf das Niveau der benachbarten Länder zurückbringen? Damit würden wir den Vorteil der günstigen Arbeit und Waren sofort verlieren, und der weitere Zufluss von Geld wäre gestoppt.[9]

Alles in allem gehen von einer Veränderung der Währungsreserven allein keine Wohlstandseffekte aus, weil sich damit auch die Geldmenge verändert, was aufgrund der Neutralitätseigenschaft zu Preisanpassungen führt. Das Zentrum von Abb. 8.3 veranschaulicht diesen Zusammenhang schematisch. Insbesondere mündet eine Politik, die Währungsreserven planlos anhäuft, möglicherweise in eine Inflation. Diese erhöht unter anderem auch die Exportpreise, was die Wettbewerbsfähigkeit eines Landes mindert. Zudem tritt eine relative Reduktion des Preises von Auslandgütern auf, was sich in höheren Importen niederschlägt.

---

[9] Das Orginalzitat stammt aus David Humes' „Essays: Moral, Political, and Literary" aus dem Jahr 1741 und lautet: Suppose four-fifths of all the money [...] to be annihilated in one night, and the nation reduced to the same condition, with regard to specie, [...] what would be the consequence? Must not the price of all labour and commodities sink in proportions[...]? What nation could then dispute with us in any foreign market [...], which to us would afford sufficient profit? In how little time, therefore, must this bring back the money which we had lost, and raise us to the level of all the neighbouring nations? Where [...] we immediately lose the advantage of the cheapness of labour and commodities; and the farther flowing in of money is stopped [...].

Insgesamt eliminiert der Price-Specie-Flow-Mechanismus demnach allmählich einen Handelsüberschuss; eine Diskrepanz zwischen Exporten und Importen lässt sich auf Dauer also nicht aufrechterhalten.

Dass eine merkantilistische Geldpolitik in eine Sackgasse führt, liegt schon nur daran, dass kein Export- oder Importüberschuss ewig bestehen bleiben kann. Ausfuhren werden nämlich nicht zum Selbstzweck getätigt, sondern dienen früher oder später als Tauschmittel gegen ausländische Güter oder Dienstleistungen. Zwar erlauben Währungsreserven – und ganz allgemein das Auslandvermögen – dass Handelsüberschüsse im Prinzip Jahrzehnte überdauern können. Mit einem Exportüberschuss, der definitionsgemäß mit einem Kapitalexport einhergehen muss, erwirbt ein Land sozusagen Verfügungsrechte zum zukünftigen Import von Waren und Dienstleistungen. Zwar kann dies bei einem späteren Produktionseinbruch der einheimischen Wirtschaft von Nutzen sein, jedoch begibt sich ein Land damit auch in eine gewisse Abhängigkeit, da es darauf vertrauen muss, dass das Ausland die eingegangenen Verpflichtungen auch einmal einlösen kann oder will. Demzufolge gilt jedenfalls, dass die Währungsreserven (und allgemein die Auslandschuld oder das ausländische Vermögen) sich nicht beliebig in die Höhe treiben lassen. Exporte müssen irgendwann durch Importe gedeckt sein (und umgekehrt).

Zusammenfassend liegt die Fehlüberlegung all jener, die dem Fremdwährungsbestand eine überragende Bedeutung zumessen, im Grunde darin, die Geldmenge eines Landes mit dessen Wohlstand zu verwechseln. Wie bereits mehrmals erwähnt wurde, hängt der Wohlstand letztlich von der Produktivität der Wirtschaft ab und damit von Dingen wie der Qualität der Infrastruktur, den wirtschaftlichen Entfaltungsmöglichkeiten von Unternehmen, ob die Forschung und Entwicklung nützliche Fortschritte hervorbringt oder inwiefern die Politik und das Rechtswesen für gute und stabile Rahmenbedingungen sorgen. Hingegen geht es beim Währungswesen „nur" um die Gestaltung der monetären Verhältnisse, namentlich was die Versorgung einer Wirtschaft mit einer adäquaten Geldmenge und die reibungslose Organisation des Zahlungsverkehrs betrifft. Eine übermäßig hohe Geldmenge, die unter anderem aus einer obsessiven Anhäufung von Währungsreserven bei der Zentralbank resultieren kann, gefährdet die Geldwertstabilität und kann damit der Wirtschaft sogar Schaden zufügen.

Die obige Diskussion sollte jedoch nicht zum Schluss verleiten, dass Währungsreserven irrelevant seien. Erstens können Devisen, die sich im Besitz der Zentralbank befinden, dazu dienen, Importe notfallmäßig zu finanzieren. Zwar ist es in den meisten Länder heute üblich, dass Geschäftsbanken die Handelsfinanzierung abwickeln oder Unternehmungen ihre Waren direkt gegen Rechnung an ausländische Kunden liefern.[10] Falls jedoch internationale Krisen ausbrechen sollten, welche die privatwirtschaftlichen Teile des internationalen Finanzsystems zum Erliegen bringen, bleibt im Extremfall möglicherweise nur die Zentralbank zur Handelsfinanzierung übrig. Demzufolge nehmen die Währungsreserven auch eine gewisse Versicherungsfunktion gegen außenpolitische und militärische Bedrohungen wahr. Um dieses Vorsichtsmotiv zu quantifizieren, wird der Reservebestand oftmals relativ zum Importvolumen ausgedrückt, um zu zeigen, wie lange ein Land ohne den weiteren Zugang zum internationalen Finanzsystem die laufenden Einfuhren noch bezahlen könnte. Zweitens, und was in Friedenszeiten viel wichtiger ist, bildet ein adäquater Bestand an Währungsreserven eine Voraussetzung zur Durchführung der internationalen Geldpolitik, insbesondere was die Stabilisierung des Wechselkurses angeht.

---

[10] Eine übersichtsmäßige Diskussion zur Handelsfinanzierung ist enthalten in: Herger, Nils, 2011: Trade, Trade Finance, and Financial Crises, in: Delimatsis, Panagiotis, und Nils Herger, *Financial Regulation at the Crossroads*, Wolter Kluwer.

8.5 Von den Währungsreserven zur Reservewährung

Beim Übergang zwischen den soeben besprochenen Währungsreserven hin zu diesem Kapitel, das sich unter anderem den Reservewährungen zuwendet, bestehen nicht nur in begrifflicher Hinsicht gewisse Ähnlichkeiten. Eine internationale Reservewährung, die je nach Blickwinkel auch als Transaktions- oder Ankerwährung bezeichnet wird, ist dadurch gekennzeichnet, dass sie weit über den nationalen Wirtschaftsraum hinaus verwendet wird. Der Grad der Internationalisierung einer Währung bemisst sich daran, inwiefern sie die drei Funktionen des Geldes (vgl. Kap. 3.1) in zahlreichen Ländern erfüllt. Erstens gilt für eine internationale Transaktionswährung, dass sie eine weltumspannende Zahlungsmittelfunktion wahrnimmt, indem sich der grenzüberschreitende Warenhandel und Kapitalfluss mit ihr begleichen lässt. Die zweite Funktion der Recheneinheit kann ebenfalls eine internationale Dimension aufweisen, weil jedes Fixkurssystem sich bekanntlich an einer Währung als Referenzpunkt orientieren muss, um die Wechselkursparitäten zu definieren. In diesem Zusammenhang spricht man auch von einer internationalen Ankerwährung. Dieser Aspekt spielt natürlich bei einem Regime mit flexiblen Wechselkursen keine Rolle. Bei der dritten Funktion als Wertaufbewahrungsmittel zeigt sich das internationale Gewicht einer Währung unter anderem darin, dass sie eine populäre Wahl für die Währungsreserven anderer Zentralbanken darstellt. Der Begriff der internationalen Reservewährung umschreibt diesen Umstand.

Wie beim Geld im Allgemeinen stehen die Funktionen der internationalen Transaktions-, Anker- und Reservewährung nicht isoliert da, sondern neigen dazu, sich gegenseitig zu verstärken. Falls ein Land, wie beispielsweise die USA mit dem Dollar im Bretton-Woods-System (vgl. Kap. 2.5) oder Deutschland mit der Mark im Europäischen Währungssystem (vgl. Kap. 2.7), offiziell oder inoffiziell die Rolle als Ankerwährung annimmt, zwingt dies die teilnehmenden Länder dazu, die Devisen bei ihren Zentralbanken hauptsächlich in der gleichen Reservewährung zu halten. Ansonsten wären sie nämlich gar nicht in der Lage, einen fixen Wechselkurs durchzusetzen. Infolge dieser und anderer Wechselwirkungen ist es charakteristisch, dass nur wenige Währungen eine länderübergreifende Bedeutung erlangen. Während einer bestimmten Epoche dominiert meistens sogar eine einzige Großmacht das Geschehen im globalen Wirtschafts- und Finanzsystem. In diesem Zusammenhang spricht man auch von einer internationalen Leitwährung. Während des Goldstandards galt das britische Pfund als dominierende Transaktions- und Reservewährung (derweil das Gold die Aufgabe des Ankerpunktes übernahm). Spätestens seit der Gründung des Bretton-Woods-Systems hat der US-Dollar die globale Führungsrolle übernommen und diese Position auch nach dem Übergang zu den flexiblen Wechselkursen behauptet. In den vergangenen Jahrzehnten war der US-Dollar jedenfalls in über 80 % der grenzüberschreitenden Finanztransaktionen involviert und machte weit mehr als die Hälfte der internationalen Währungsreserven bei den Zentralbanken aus.[11] Auch die Globale Finanzkrise hat an der Dollarisierung der Weltwirtschaft bis dato nicht gerüttelt, obschon mit dem wirtschaftlichen Aufstieg von Schwellenländern im Allgemeinen und von China im Speziellen eine Ablösung der Vereinigen Staaten von Amerika als dominierende Macht in Währungsfragen in ferner Zukunft möglich scheint.

---

[11] Statistische Angaben zur Denomination globaler Finanztransaktionen liefert das „Triennial Central Bank Survey" der Bank für Internationalen Zahlungsausgleich (BIS). Eine statistische Übersicht über die Zusammensetzung der globalen Währungsreserven liefert die Datenbank „Currency Composition of Official Foreign Exchange Reserves (COFER)" des Internationalen Währungsfonds (IWF).

Neben den funktionellen Wechselwirkungen, die dafür verantwortlich sind, dass sich auch international nur wenige Formen des Geldes durchsetzen, erklären auch noch andere Faktoren das überproportionale Gewicht einzelner Länder im Finanzsystem. Insbesondere sind die Anforderungen an eine internationale Transaktions- und Reservewährung immens und können infolgedessen nur von wenigen Ländern erfüllt werden. Allen voran gehört dazu die kritische Größe der Wirtschaft sowie die politische und militärische Stärke eines Landes, um die grenzüberschreitenden Ambitionen einer Währung zu untermauern. Mit Größe und Macht allein ist es jedoch noch nicht getan: Die USA machten nie mehr als 50 % der globalen Wirtschaftsleistung aus und der entsprechende Anteil liegt zurzeit sogar unter 20 %. Wie erwähnt ist die Verbreitung des US-Dollars im internationalen Finanzsystem deutlich grösser. In den vergangenen Jahrzehnten gehörte der Schweizer Franken weltweit zu den fünf größten Währungen, obschon die Schweiz selbst im europäischen Kontext als Kleinstaat gilt. Hingegen bringen nicht alle großen Wirtschaftsmächte eine international bedeutsame Währung hervor. Währungen, die mit Einschränkungen im grenzüberschreitenden Kapitalverkehr belegt – also nicht frei konvertierbar – sind, eignen sich jedenfalls schlecht als internationales Zahlungs- oder Wertaufbewahrungsmittel. Diesbezüglich ist zu beachten, dass die aufstrebenden Schwellenländer ihren Währungen nach wie vor einige Kapitalverkehrskontrollen auferlegen. Ferner ist es für den internationalen Status einer Währung von Vorteil, wenn das emittierende Land über einen großen und hoch entwickelten Finanzsektor verfügt, der eine breite Palette und ein gewisses Volumen an Finanz- und Zahlungsdienstleistungen hervorbringt. Zu guter Letzt ist auch die Qualität des politischen und rechtlichen Rahmens nicht zu vergessen, der sicherstellen soll, dass finanzielle Ansprüche mit einklagbaren Eigentumsrechten unterlegt und Schutzmechanismen gegen opportunistische

Eingriffe des Staates vorhanden sind. Obschon das wirtschaftliche Gewicht einiger Schwellenländer deutlich zugenommen hat, besteht nach wie vor das Problem, dass die Korruption und die fehlende Qualität der politischen und rechtlichen Instanzen nicht immer den gewünschten Schutz bieten und damit die internationale Popularität ihrer Währung behindern. Zusammenfassend gilt, dass gesamtwirtschaftliche Prosperität, stabile Geld- und Währungsverhältnisse sowie ein vertrauenswürdiges Polit- und Rechtssystem den internationalen Status einer Währung verstärken. Ausländische Wirtschaftsteilnehmer können, zu einem gewissen Grad, mit dem Halten von Fremdwährung an dieser Stabilität teilhaben.

Die Stellung als internationale Transaktions- und Reservewährung bringt einem Land einige Vorteile. In pekuniärer Hinsicht steigt die Seigniorage, wenn ausländische Wirtschafteilnehmer die nationale Währung halten. Die Internationalisierung einer Währung reduziert auch die Kosten und Risiken der Handelsfinanzierung sowie von Finanztransaktionen, wenn inländische Firmen den grenzüberschreitenden Handel in der eigenen Geldeinheit abwickeln können. In politischer Hinsicht verleiht ein internationales Gewicht in Währungsfragen auch eine gewisse Machtfülle und Prestige. Für die globale Leitwährung bilden solche Vorteile freilich nichts anders als das exorbitante Privileg, von dem im Kap. 2.5 bezüglich des US-Dollars schon die Rede war. Allerdings ist der Status als internationale Transaktions- und Reservewährung auch mit Nachteilen verbunden. So können sich ausländische Finanz- und Wirtschaftsprobleme eher auf die Binnenwirtschaft übertragen, wenn eine Währung in großen Mengen international gehalten wird. Überdies trägt das Land, das die Position der globalen Leitwährung einnimmt, eine besondere Verantwortung für das globale Finanzsystem und muss infolgedessen manchmal bereit sein, die weltweite Währungsstabilität über die nationalen Interessen zu stellen.

8.6 Währungskrisen und ihre Folgen

Flexible Wechselkurse sind inhärent instabil und können, vor allem wenn wirtschaftliche oder politische Krisen um sich greifen, massiven Schwankungen unterworfen sein. Die sogenannte Volatilität des Wechselkurses gilt denn auch als guter Indikator für die herrschende Unsicherheit in einem Land. Allerdings täuscht der Eindruck, dass Kapriolen an den Devisenmärkten lediglich Regimes mit flexiblen Wechselkursen betreffen. Vielmehr ist es so, dass sich die folgenschwersten Währungskrisen, bei denen der Kurs einer nationalen Geldeinheit infolge panikartiger Verkäufe innerhalb kurzer Zeit massiv einbricht, bei Fixkurssystemen ereignet haben. Anfänglich kann eine Währungsabwertung[12] durchaus Vorteile haben, weil dadurch beispielsweise die Last ausländischer Schulden, wenn sie in Inlandwährung denominiert sind, schlagartig sinkt. In der Tat treten in Fixkurssystemen Währungs- und staatliche Schuldenkrisen oft kombiniert auf. Politisch ist es manchmal eben verlockender, eine Währungsabwertung durchzuführen, als den Staatshaushalt über Budgetkürzungen und Steuererhöhungen zu sanieren oder die Schmach eines unverkennbaren Staatbankrotts zu erleiden. Demgegenüber entsteht jedoch auch ein wirtschaftlicher Schaden, wenn ein Land unerwartet den Fixkurs abändert. Erstens verspielt es mit einem solchen Kniff viel Vertrauen und lässt potentielle ausländische Kreditgeber im Ungewissen über die zukünftige Geld- und Währungspolitik, was den ausländischen Kapitalzufluss hemmt oder sogar zum Erliegen bringen kann. Falls Geld und Kapital sogar ins Ausland abfließen sollten, kann eine Währungskrise des Weiteren das inländische Finanz- und Bankensystem destabilisieren.

---

[12] Die Begriffe der Auf- und Abwertung werden im Deutsch sowohl für die Anpassung eines fixen als auch eines flexiblen Wechselkursen verwendet. Das Englische ist diesbezüglich etwas präziser, indem „appreciation" und „depreciation" für flexible Wechselkurse benutzt werden. Eine Anpassung der Wechselkursparität ist hingegen eine „devaluation" beziehungsweise „revaluation".

Insgesamt ist es also möglich, dass sich die Notlagen im Bereich der Währung, der Staatsfinanzen und des Finanzsystems zu einer Zwillings- (oder twin-crisis) oder einer Drillingskrise (oder triple-crisis) verbinden, die eigentlich immer in gravierende Rezessionen münden (vgl. Abb. 5.3). In jüngster Zeit waren unter anderem Südostasien (Thailand, Philippinen, Indonesien, Südkorea, 1997), Russland (1998), Argentinien (2001), die Türkei (2001) oder Island (2008) von solchen kombinierten Wirtschaftsproblemen betroffen.

Währungskrisen treten im Grunde infolge der Endlichkeit der Währungsreserven auf. Falls eine Währung chronisch zur Schwäche neigt, muss die Zentralbank andauernd Interventionen zu Lasten der Währungsreserven vornehmen, um einen Fixkurs aufrechtzuerhalten. Solche Stützkäufe können natürlich nicht ewig währen. Spätestens wenn die Zentralbank nicht mehr über die nötigen Devisen verfügt, wird nämlich zwangsläufig eine Währungsabwertung fällig (siehe Abb. 8.4).

Um Währungskrisen zu verstehen, müssen die außenwirtschaftlichen Kräfte auf die Devisenkurse bekannt sein. Kurzfristig gelten internationale Ertragsdifferenzen, die sich unter anderem in den Unterschieden beim Zinsniveau zeigen, als wichtigster Einflussfaktor auf den Wechselkurs. Falls ein Land vergleichsweise tiefe Zinsen aufweist, tendiert dessen Währung zur Abwertung, da einheimische Wertschriften aufgrund tiefer Erträge unattraktiv sind und der Inlandwährung deswegen eine geringe Nachfrage zuteilwird. In einem Fixkurssystem kann die Zinsarbitrage jedoch relativ einfach unterbunden werden, indem die Zentralbank das Zinsniveau aus dem Ausland, und damit im Wesentlichen dessen Geldpolitik, übernimmt (vgl. Kap. 8.2). Der langfristige Trend des Wechselkurses hängt hingegen hauptsächlich von der gesamtwirtschaftlichen Entwicklung ab, die sich nur beschränkt an der Geldpolitik orientiert. Insbesondere tendieren Währungen von Ländern mit einem vergleichsweise geringem Wachstum und einer hoher Inflation zur Schwäche. Im Allgemeinen gilt,

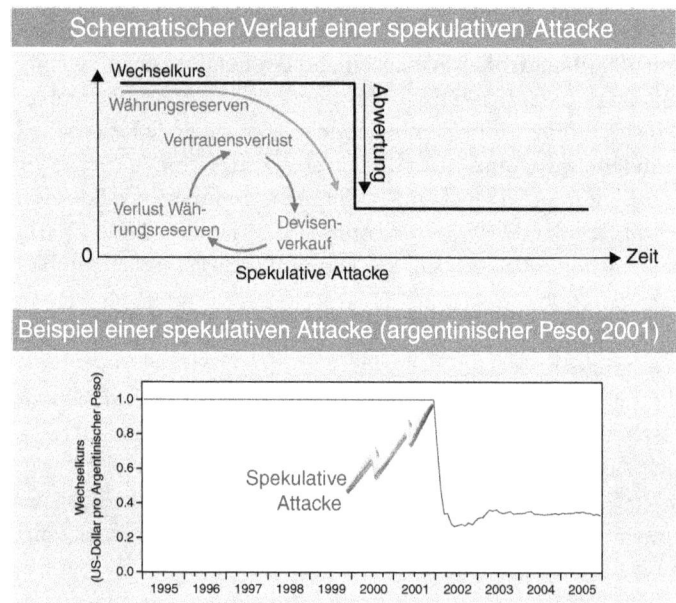

Abb. 8.4 Bei der Währungskrise gilt: Hochmut kommt vor dem Fall

dass andauernde wirtschaftliche Diskrepanzen oder divergierende wirtschaftspolitische Rahmenbedingungen einen fixen Wechselkurs irgendwann in Frage stellen werden. Das Paradebeispiel hierfür ist eine inkompatible Geld- und Fiskalpolitik in dem Sinne, dass die Zentralbank einem Fixkurs unterworfen wird, obwohl der Staat fortwährend hohe Defizite schreibt und dementsprechend Schulden anhäuft, die er über die Notenpresse zu finanzieren gedenkt. Dies schürt freilich Inflationsängste, das heißt, es droht ein Wertverlust der Inlandwährung, was ausländische Investitionen relativ lukrativ macht. Zwar kann der resultierende Kapitalabfluss über den Einsatz der Währungsreserven der Zentralbank während einer gewissen Zeit mit einem fixen Wechselkurs in Einklang gebracht werden. Falls jedoch ein Staat permanent auf einen Pfad der unsoliden Finanzpolitik gerät, die von einem Inflationsdruck begleitet wird, untergräbt dies das Vertrauen in einen Fixkurs und wird ihn früher oder später zerstören.

Charakteristisch für den Verlauf von Währungskrisen ist, dass der Wechselkurssturz einsetzt, bevor die Währungsreserven der Zentralbank vollständig aufgezehrt sind. Obschon dies auf den ersten Blick merkwürdig scheinen mag, wird damit unterstrichen, dass eine inkompatible Geld- und Wirtschaftspolitik als treibende Kraft hinter einer Währungskrise stehen. Die schwindenden Währungsreserven stellen lediglich ein Symptom dieses Problems dar. Schon nur wenn es offensichtlich wird, dass beispielsweise die Fiskalpolitik sich langfristig nicht mit einem Fixkurs verträgt, liegt der Schluss nahe, dass die Zentralbank in absehbarer Zeit die Währung abwerten muss. Diese Gefahr kann internationale Investoren dazu anstacheln, Vermögenswerte in Sicherheit zu bringen, die in der betroffenen Währung denominiert sind, um so dem drohenden Wechselkursverlust zuvorkommen. Die daraus resultierende Schwächung der Währung erfordert nun zusätzliche Anstrengungen der Zentralbank, wobei Stützkäufe am Devisenmarkt natürlich zu Lasten der Währungsreserven gehen. Dieser Mechanismus setzt möglicherweise einen Teufelskreis in Gang, bei dem die Angst vor einer Abwertung sich sozusagen selber anheizt, was zu einem eskalierenden Verlust an Währungsreserven und Vertrauen in eine Währung führt und im Extremfall in einer sogenannten spekulativen Attacke ausarten kann.[13] Der obere Teil von Abb. 8.4 illustriert diese Entwicklung schematisch, derweil der untere Teil ein reales Beispiel einer spekulativen Attacke auf den argentinischen Peso zeigt, der jahrelang paritätisch an den

---

[13] Spekulative Attacken lieferten den Anlass, der die Bank of England im Jahr 1931 zur Aufgabe der Goldparität zwang (vgl. Kap. 2.4), den Zusammenbruch des Bretton-Woods-Systems herbeiführte (vgl. Kap. 2.5) oder für wiederholte Probleme im europäischen Währungssystem sorgte (vgl. Kap. 2.7).

US-Dollar gebunden war, bevor er anfangs 2001 innerhalb von Wochen mehr als zwei Drittel seines Werts einbüßte.[14] Falls ein Fixkurs einer Währungskrise zum Opfer fällt, ist es verlockend, der Devisenspekulation die alleinige Schuld für die darauffolgenden Wirtschaftsprobleme zuzuschieben. Für die betroffenen Länder ist dies umso bequemer, weil ausländische Investoren oder Banken damit zum Sündenbock abgestempelt werden können. Dessen ungeachtet liegt dieser Auffassung eine Verwechslung zwischen den Ursachen und Symptomen von Währungsproblemen zugrunde. Obschon die Devisenspekulation den Zeitpunkt einer Währungskrise beeinflussen kann, liegt das eigentliche Problem letzten Endes immer in einer unhaltbaren Geld- und Wirtschaftspolitik, welche Zweifel am Fortbestehen eines Fixkurses aufkommen lässt.

Angesichts der Turbulenzen, die eine spekulative Attacke an den Devisenmärkten und in der gesamten Wirtschaft verursacht, stellt sich die Frage, warum eine Zentralbank diesem Problem nicht zuvorkommen kann, indem sie die Währung in einem geordneten Prozess abwertet, sobald die Inkompatibilität eines fixen Wechselkurses erkannt wird. Selbstverständlich lässt sich diese Diskussion nicht öffentlich führen, da jedes Infragestellen der Wechselkursparität skeptische Investoren geradewegs zu spekulativen Devisentransaktionen ermuntern würde. Jedoch ist der Grund, warum freiwillige Abwertungen selten erfolgt sind, dass diese bisweilen zwar wünschbar wären, hingegen kurzfristig

---

[14] Während der zweiten Hälfte der 1990er Jahre war der argentinische Peso im Rahmen eines Currency Boards zu einem Wechselkurs von Eins zu Eins an den US-Dollar gebunden. Diese Währungsparität wurde als Reaktion auf eine Episode der Hyperinflation am Ende der 1980er Jahre eingeführt, um so das Vertrauen in die argentinische Währung zurückzugewinnen. Nach den guten Erfahrungen in den 1990er Jahren führte die anhaltende Aufwertung des US-Dollars, und damit des Pesos, zusammen mit einem Anstieg der Arbeitslosigkeit und höheren Staatsdefiziten in Argentinien zu einer erneuten Vertrauenskrise. Eine Regierungskrise zum Ende des Jahres 2001 setzte schließlich eine spekulative Attacke in Gang, die eine massive Abwertung nach sich zog.

meistens politische und wirtschaftliche Folgekosten verursachen. Zum einen wird die Abwertung der Währung oft als Prestigeverlust gesehen, weil die Wirtschaftspolitik eines Landes mit diesem Schritt offenkundig missglückt ist. Überdies bringt eine Währungsabwertung auch einige handfeste Nachteile mit sich. Insbesondere kann ein unerwünschter Inflationsschub auftreten, weil importierte Güter und Dienstleistungen quasi über Nacht deutlich teurer werden, wenn mehr Inlandwährung vonnöten ist, um Devisen zu erwerben.

Wie kann sich ein Land gegen Währungskrisen wappnen? Eine offensichtliche Maßnahme, um einen fixen Wechselkursen zu gewährleisten, liegt darin, größere Polster an Fremdwährungen aufzubauen. Gerade jene Länder, die in den 1990er Jahren von Währungskrisen betroffen waren (z.B. Thailand, Korea, China, oder Russland), haben seither die Devisenbestände bei der Zentralbank deutlich aufgestockt. Um eine sich aufbauende spekulative Attacke abzuwehren, besteht eine weitere Möglichkeit in der kurzfristigen Aufnahme von Krediten bei anderen Ländern. Diese sollen sozusagen die Lücke füllen, die private Investoren hinterlassen, weil sie eine von der Abwertung bedrohte Währung in der Regel kaum mehr kaufen wollen. Offizielle Notkredite werden heutzutage unter anderem über den Internationalen Währungsfonds (IWF) vergeben, der als eine Art weltweiter Lender of Last Resort agiert. Da solche Interventionen höchstens eine vorübergehende Rettungsmaßnahme sein können, deren Wirkung verpufft, wenn die Ursache für den Vertrauensverlust in eine Währung nicht beseitigt wird, ist die Vergabe von IWF-Krediten an Auflagen (sogenannte Konditionalität) geknüpft. Für die betroffenen Länder sind diese in der Regel mit schmerzhaften Sanierungsmaßnahmen verbunden, etwa Steuererhöhungen und staatliche Ausgabensenkungen, um die Fiskal- mit der Geldpolitik in Einklang zu bringen, oder Reformen im Arbeitsmarkt, die zuerst mit einem Verlust von Arbeitsplätzen in heruntergewirtschafteten Industrien verbunden sein können, langfristig aber das Wirtschaftswachstum fördern. Außerdem kann ein Land auch Kapitalverkehrskontrollen einführen, um die Kapitalflucht während einer spekulativen Attacke zu stoppen. Der Nachteil davon ist, dass staatliche Beschränkungen bei grenzüberschreitenden Finanztransaktionen mit einer Fülle von wirtschaftlichen und administrativen Folgekosten verbunden sind (vgl. Kap. 8.2).

Zum Schluss gilt es zu beachten, dass Währungskrisen eine gewisse Asymmetrie aufweisen, indem sie den fixen Wechselkurs von Hartwährungsländern weit weniger bedrohen. Da die Zentralbank über das Ausgabemonopol der nationalen Währung verfügt, kann die Überschussnachfrage im Falle eines permanenten Aufwertungsdrucks problemloser über den Ankauf von Devisen abgefangen werden. Im Gegensatz zu Stützkäufen sind der Ausgabe der eigenen Währung in einem Nominalgeldsystem nämlich fast keine Grenzen gesetzt. Selbstverständlich geht damit ein permanenter Anstieg der Währungsreserven und eine Ausdehnung der Notenbankgeldmenge einher. Dies ist vor allem dann heikel, wenn die Preisstabilität aufgrund des Aufwertungsdrucks in Frage gestellt ist.[15]

8.7 Die Währungsunion als Vollendung der Währungsintegration

Falls Länder eine gemeinsame Währung wie den Euro (vgl. Kap. 2.7) teilen, zeigt sich dies im Alltagsleben darin, dass über die Grenzen hinweg einheitliche Münzen und Banknoten zirkulieren und die Preise in identischen Einheiten beschriftet sind. Auf den ersten Blick scheint eine Währungsunion also schlicht

---

[15] Dies ist genau jene Gefahr, welche die Bundesbank damals dazu veranlasst hat, die Deutsche Mark im Bretton-Woods-System aber auch im Europäischen Währungssystem mehrmals aufzuwerten.

eine konsequente Weiterführung eines Systems mit fixen Wechselkursen zu sein, wobei die lästige Umrechnung von Preisen und der Geldwechsel an der Grenze entfallen.

Die Gründung einer Währungsunion hat jedoch bei einer genaueren Betrachtung ungleich größere Auswirkungen auf die geldpolitischen Handlungsspielräume der involvierten Länder. Da eine Währung definitionsgemäß die vom Staat anerkannte Geldart ist, muss eine Währungsunion auch über eine gemeinsame Zentralbank verfügen. Eine Gemeinschaftswährung bringt eben nicht nur eine einheitliche Recheneinheit für die Preise und eine identische Stückelung der Münzen und Banknoten mit sich, sondern bedarf auch einer institutionellen Harmonisierung des Zahlungswesens und der Geldpolitik, die sich im Vergleich zu einem System fixer Wechselkurse sehr viel schwieriger rückgängig machen lässt. Selbst bei einem Currency Board gilt nämlich, dass eine Zentralbank relativ einfach, im Prinzip sogar per Dekret, eine Veränderung des Außenwertes der eigenen Währung herbeiführen kann. Solange es über eine eigene Währung verfügt, ist zudem jedes Land in der Lage, den Übergang zu einem anderen Wechselkursregime eigenständig zu beschließen. Bei einer Währungsunion ist dies nicht mehr so einfach möglich, da ein Ausstieg eine immense Restrukturierung des Geld- und Währungswesens erfordern würde, die sich nicht einfach über Nacht bewerkstelligen lässt. (Entgegen dem Wortlaut war übrigens die Lateinische Münzunion – gemäß der Frankreich, Belgien, Italien, die Schweiz und Griechenland im 19. Jahrhundert denselben bimetallischen Standard teilten (vgl. Kap. 2.3) – demnach keine Währungsunion, sondern lediglich eine multilaterale Vereinbarung über die nach wie vor existierenden Währungen der beteiligen Länder.)

Wie bei einem fixen Wechselkurs vereinfacht eine Gemeinschaftswährung den Handel und die grenzüberschreitenden Investitionen und fördert somit die wirtschaftliche Integration zwischen den Mitgliedstaaten. Da der kostspielige Umtausch von Währungen und jegliches Wechselkursrisiko entfällt, kommen diese Vorteile bei einer Gemeinschaftswährung allerdings stärker zur Geltung. Im Gegensatz zu einem Fixkurssystem ist die Gefahr einer Auf- oder Abwertung gebannt. Weil kein Devisenhandel innerhalb eines Währungsraums vonnöten ist, drohen zudem keine spekulativen Attacken auf den Wechselkurs. Vor der Einführung des Euros, als zahlreiche nationale Währungen in Europa noch über fixe Wechselkurse miteinander verbunden waren, traten in der Tat mehrmals Währungskrisen auf, welche unter anderem im Jahr 1992 den Austritt des britischen Pfunds aus dem Europäischen Währungssystem erzwangen (vgl. Kap. 2.7). Schließlich kann eine einheitliche Währung die Preistransparenz innerhalb einer Währungsunion fördern und damit den grenzüberschreitenden Wettbewerb zwischen Firmen stimulieren. Für die Eurozone gehen Schätzungen davon aus, dass all diese Faktoren den grenzüberschreitenden Handel und Kapitalverkehr um einige Prozente ausgeweitet haben.[16]

Falls die Vorteile des gemeinsamen Geldes uneingeschränkt gelten würden, hätte sich eine globale Einheitswährung wohl schon lange etabliert, um somit den Freihandel weltweit zu beflügeln und die daraus resultierenden Wohlstandspotentiale vollumfänglich auszuschöpfen. Gemeinschaftswährungen sind jedoch auch mit einigen Nachteilen behaftet, die für eine ausgedehnte und tiefgreifende Währungsunion zum Problem werden können. Vor allem eliminiert eine Währungsunion mit der Gründung einer gemeinsamen Zentralbank sowohl die Möglichkeit, Geldpolitik auf nationale Ziele auszurichten, als auch den Wechselkurs, der als monetärer Anpassungsmechanismus zwischen den Mitgliedstaaten wegfällt. Diese Nachteile decken sich im Wesentlichen mit jenen eines Fixkurssystems. Der Verlust an monetärer

---

[16] Eine Einschätzung der wirtschaftlichen Effekte, die von der Europäischen Währungsunion ausgegangen sind, liefert Baldwin, Richard, Giuseppe Bertola und Paul Seabright, 2003: *EMU: Assessing the Impact of the Euro*, Blackwell Publishing.

Flexibilität wiegt bei einer Währungsunion wiederum schwerer, weil sich die gemeinsame Geldeinheit und Institutionen, wie eine gemeinsame Zentralbank, nicht einfach über Nacht aus der Welt schaffen lassen. Bei einem fixen Wechselkurs behält sich ein Land dank der Beibehaltung der eigenen Währung hingegen implizit die Option offen, mit außerordentlichen, und je nachdem auch unerhörten, Maßnahmen gezielt auf nationale Wirtschaftskrisen zu reagieren. Eine Abwertung der Inlandwährung stützt beispielsweise die heimische Exportindustrie und kann damit, gemäß dem Wechselkurskanal aus Kap. 6.2, bei der Bekämpfung einer besonders schmerzhaften Rezession behilflich sein. Eine Aufwertung senkt hingegen die Importpreise, weil eine Einheit an Inlandwährung dann mehr ausländische Deviseneinheiten kauft, und kann damit die lästigen Folgen einer importierten Inflation bannen. Bemerkenswert ist wiederum, dass genau solche Motive den Fixkursanpassungen zu Grunde lagen, die vor der Einführung des Euros, während der Zeit des Europäischen Währungssystems, ab und zu vorgenommen wurden (vgl. Kap. 2.7).

Unter welchen Umständen ist nun die vollständige Währungsintegration ratsam? Bei der Abwägung zwischen den Vor- und den Nachteilen einer Gemeinschaftswährung gilt, dass die daraus resultierende Güterabwägung im Wesentlichen eine Funktion des Integrationsgrads zwischen den Mitgliedstaaten ist. Wie Abb. 8.5 illustriert, nehmen mit der wirtschaftlichen Verflechtung die Vorteile einer Gemeinschaftswährung tendenziell zu und die Nachteile hingegen ab.[17] Es leuchtet unmittelbar ein, dass der Ausdehnung des Freihandels dann eine größere Relevanz zukommt, wenn Länder aufgrund der geographischen oder

---

[17] Diese Beobachtung ging aus der Theorie der optimalen Währungsräume von Robert Mundell hervor, der für den Beitrag: A Theory of Optimum Currency Areas, American Economic Review, 51 (1961), 657–665, im Jahr 1999 mit dem Nobelpreis für Wirtschaftswissenschaften geehrt wurde.

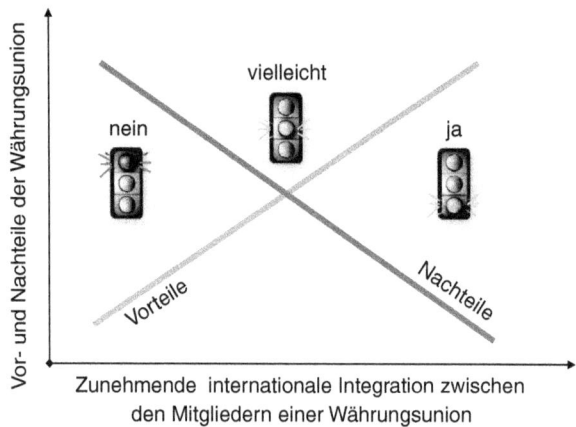

Abb. 8.5 Wann ist eine Währungsunion ratsam?

kulturellen Nähe ein großes Potential zum internationalen Austausch von Gütern und Dienstleistungen aufweisen. Warum die Nachteile einer Währungsunion mit der internationalen Integration abnehmen, ist weit weniger offensichtlich. Ein wichtiger Grund ist, dass die Konjunkturzyklen zwischen wirtschaftlich eng verbundenen Ländern mehr oder weniger synchron verlaufen, was sowieso eine ähnliche Geldpolitik zur Stabilisierung der gesamtwirtschaftlichen Entwicklung erfordert. Falls hingegen wirtschaftliche Schocks ausgewählte Mitgliedstaaten besonders hart treffen oder Teile einer Währungsunion unter hoher Inflation leiden, derweil anderswo Preisstabilität herrscht, würde dies auf einen geringen Grad an wirtschaftlicher Integration hindeuten, bei dem der Wegfall einer nationalen Geldpolitik umso schwerer wiegt. Des Weiteren verfügen eng integrierte Länder über bessere Alternativen zum Wechselkurs als Ausgleichsmechanismus. Kehren wir zurück zum Beispiel, bei dem sich einige Mitglieder einer Währungsunion in der Rezession und andere in einer Hochkonjunktur befinden. Dies wäre mit einer geldpolitischen Lockerung beziehungsweise Straffung zu beantworten. Beides lässt sich im Verbund der Gemeinschaftswährung natürlich nicht bewerkstelligen. Die Migration bietet einen Ersatz für eine maßgeschneiderte Geldpolitik, insofern Arbeitskräfte von wirtschaftlich schwachen in prosperierende Gegenden abwandern und somit die wirtschaftlichen Ungleichgewichte einebnen. Wiederum geschieht dies umso mehr, je enger die Teilnehmer an einer Währungsunion wirtschaftlich, und auch kulturell, miteinander integriert sind.

Insgesamt geht aus Abb. 8.5 hervor, dass es einen Punkt der (kulturellen und wirtschaftlichen) Integration gibt, ab dem eine Gemeinschaftswährung mehr Vorteile als Nachteile aufweist. Obschon diese Analyse eine gewisse Eleganz aufweist, tritt in der Praxis das Problem auf, dass es sich als schwierig bis unmöglich herausgestellt hat, um den soeben angesprochenen Punkt einigermaßen genau zu bestimmen (der Bereich mit der orangen Ampel ist infolge dieser Unsicherheit sozusagen groß). Wohl ist es klar, dass die Weltwirtschaft noch lange nicht angemessen integriert ist, um eine global gültige Währung zu gründen. Über kleine Raumeinheiten wie die Provinzen oder Gemeinden von Ländern sind die Vorzüge einer Währungsunion dermaßen eklatant, dass ein geldpolitischer Alleingang mit Sicherheit nicht anzuraten wäre. Hingegen ist es bis heute umstritten, ob die Eurozone die Bedingungen einer insgesamt vorteilhaften Währungsunion erfüllt.

Die bisher aufgeführten Argumente zu den Vor- und Nachteilen einer Währungsunion beruhen im Wesentlichen auf einem wirtschaftlichen Kalkül zwischen Kosten und Nutzen. Dies sollte nicht darüber hinwegtäuschen, dass einige der größten Konfliktpotentiale hinsichtlich einer Gemeinschaftswährung politischer Natur sind. Bei der Schaffung des Euros stand nicht zuletzt die Vision eines gemeinsamen Europas im Vordergrund. Ferner können gezielte politische Maßnahmen dazu beitragen, den für eine stabile Währung notwendigen Grad an Kohärenz zu fördern. Diesbezüglich kommt der Finanzpolitik eine Schlüsselrolle zu. Der Grund ist, dass das staatliche Budget einen weiteren Ausgleichsmechanismus zwischen Ländern bietet, die sich mit den Spannungen zwischen einer gemeinsamen Geldpolitik und einer heterogenen Wirtschaftsentwicklung konfrontiert sehen. Insbesondere können, in entgegengesetzter Richtung zur Arbeitsmigration, staatliche Transferzahlungen von wirtschaftlich starken zu schwachen Ländern den Verlust einer auf länderspezifische Bedingungen ausgerichtete Geldpolitik wieder wettmachen. Eine solche staatliche Ausgleichspolitik basiert freilich auf dem Wohlwollen der involvierten Länder und erfordert auch einen gewissen Zentralisierungsgrad der Finanzpolitik, um Entscheidungen über die Höhe und Verteilung von Transferzahlungen überhaupt herbeiführen zu können. Hier betonen die Interdependenzen zwischen der Geld- und Fiskalpolitik abermals, wie die Gestaltung der Währungsordnung grundlegende wirtschaftspolitische Fragen betrifft. Dazu zählen Dinge wie die Höhe der Inflation, die in einem Land als akzeptabel gilt, inwiefern die Geldpolitik als kurzfristiges Stabilisierungsinstrument mit allen Vor- und Nachteilen herhalten soll oder wieviel Risiko ein Staat im Rahmen einer Lender-of-Last-Resort-Intervention auf sich zu nehmen gedenkt. Zusammenfassend lässt sich festhalten, dass gemeinsame Währungen politisch abgesichert sein müssen, um zu überleben. Ein Bekenntnis der Bürger zu einem bestimmten Währungssystem kann freilich nicht einfach durch den Staat verordnet werden. Fehlt die politische Unterstützung, weil beispielsweise die Vorstellungen in Geld- und Währungsfragen zwischen den Mitgliedstaaten weit auseinanderklaffen, sind Spannungen vorhersehbar, die das Funktionieren einer Gemeinschaftswährung stark beeinträchtigen können.

Vermutlich denkt man während der Lektüre des letzten Abschnitts fast unweigerlich an die wirtschaftlichen Probleme und politischen Spannungen, die in der Eurozone in jüngster

Vergangenheit aufgetreten sind. Dass auch diese Entwicklungen historisch nicht beispiellos sind, zeigen die Erfahrungen nach der Gründung der Vereinigten Staaten, die infolge des amerikanischen Unabhängigkeitskriegs gegen die britische Kolonialmacht von 1775 bis 1783 einen hohen Schuldenberg angehäuft hatten.[18] Gleichzeitig war das amerikanische Regierungssystem mit den sogenannten Konföderationsartikeln (Articles of Confederation) von 1781 derart föderalistisch, dass die Steuererhebung durch die Bundesregierung nur innerhalb enger Grenzen möglich war. Daraus ging, während der 1780er Jahre, eine um sich greifende finanzpolitische Krise hervor, weil die USA zunehmend Mühe bekundeten, die ausstehenden Schulden zu begleichen. Die Antwort darauf war die neue Verfassung von 1787, die unter anderem der Bundesregierung die Hoheit über das Zollwesen – damals eine der wichtigsten Einnahmequellen von Staaten - übertrug. Den Bundesstaaten wurde im Gegenzug ein Großteil ihrer Schulden aus dem Unabhängigkeitskrieg erlassen. In monetärer Hinsicht fand eine graduelle Entwicklung hin zu einer kompletten Währungsunion mit einer gemeinsamen Zentralbank allerdings erst während des 19. und zu Beginn des 20. Jahrhunderts statt, also lange nach der sich anbahnenden Zentralisierung wichtiger Bereiche des öffentlichen Finanzwesens. Große Teile der amerikanischen Finanzgeschichte des 19. Jahrhunderts waren denn auch von einem Kompetenzgerangel zwischen den Bundesstaaten und der Bundesregierung über Währungsfragen geprägt. Zwar wurde kurz nach der Verabschiedung der Verfassung mit der Bank of the United States eine erste zentrale Notenbank ins Leben gerufen. Jedoch erneuerte der amerikanische Kongress deren Statut (charter) in den 1830er Jahren nicht mehr,

---

[18] Für einen Vergleich zwischen den Erfahrungen der USA und den jüngsten Spannungen in der Eurozone siehe: Sargent, Thomas, 2011: *United States then, Europe now*, Vorlesung anlässlich der Verleihung des Nobelpreises für Wirtschaftswissenschaften.

wobei unter anderem Befürchtungen einer zu großen Machtfülle in Währungsfragen ins Feld geführt wurden. Die amerikanische Währungsunion war damit lange unvollkommen, indem mit dem Dollar eine gemeinsame Währungseinheit bestand, hingegen in der zweiten Hälfte des 19. Jahrhunderts keine Währungshüterin für stabile Verhältnisse im Geldwesen besorgt war. Das Fehlen einer zentralen Notenbank büßte Amerika mit einer ausgeprägten Instabilität in seinem Bankensystem (vgl. 2.2). Erst mit der Gründung des Federal Reserve Systems, der eine lange Suche nach politischen Kompromissen vorangegangen war, trat im Jahr 1914 ein staatlich gestützter Lender of Last Resort in Erscheinung, der dieses Problem allmählich in den Griff bekommen sollte. Die Parallelen zu den latenten Spannungen um die europäische Währungsunion, die Vergemeinschaftung der Staatsschulden und die Instabilität im Bankensystem sind selbstverständlich unvollkommen, weil sich die Aufgaben der Geldpolitik seit dem 19. Jahrhundert enorm gewandelt haben und die staatlichen Eingriffsmöglichkeiten über das öffentliche Finanzwesen heute viel größer sind. Immerhin zeigen beide Episoden, dass beim Abtreten von Kompetenzen in Währungsfragen für einzelne Länder viel auf dem Spiel steht und infolgedessen mit langen und politisch aufgeladenen Debatten zu rechnen ist.

Weiterführende Literatur

Die nach wie vor umfassendste Abhandlung über die ökonomischen Wirkungen des Merkantilismus ist Heckscher, Eli, 1932: *Der Merkantilismus*, 2 Bände, Gustav Fischer Verlag. Teil 4 des zweiten Bandes geht auf den Merkantilismus als Geldsystem ein.

Eine gut verständliche Einführung zur Außenwirtschaft liefern: Krugman, Paul, Maurice Obstfeld und Marc Melitz, 2012: *Internationale Wirtschaft Theorie und Politik der Außenwirtschaft*, Pearson, 2012. Die Teile 3 und 4 dieses Buches widmen sich dem internationalen Geld- und Währungswesen.

Eine ausführliche und gut verständliche Diskussion über die Vorteile des internationalen Freihandels und ausgewählter Aspekte der monetären Außenwirtschaft ist zu finden in: Van Suntum, Ulrich, 2013: *Die unsichtbare Hand – Ökonomisches Denken gestern und heute*, Springer Gabler, Teil III.

Eine detaillierte Diskussion zur Währungsunion und zu den Herausforderungen der Europäischen Währungsintegration ist zu finden in: De Grauwe, Paul, 2012, *Economics of Monetary Union*, Oxford University Press.

9
Zum Schluss – Möglichkeiten und Grenzen der Geld- und Währungspolitik einer Zentralbank

Geld ist wie Sprache – ein Instrument der Kommunikation. Geld und Sprache wurden spontan erfunden, wo Menschen etwas austauschen wollten – Gedanken einerseits, Eigentumsrechte oder Forderungen andererseits. Wie am Sinn der Worte und Sätze in der Sprache darf sich auch am Wert des Geldes nicht schnell viel ändern, soll die Kommunikation nicht unter Missverständnissen leiden.
Herbert Giersch (Deutscher Ökonom, 1921–2010)

Der wundervolle Vergleich zwischen dem Geld und der Sprache aus dem obigen Zitat lässt sich leicht auf das Zentralbankenwesen übertragen. Das Privileg zur Ausgabe einer Währung, also die von einem Staat anerkannte Geldart, bildet nämlich die Grundlage für den Einfluss von Zentralbanken auf die Wirtschaft und Gesellschaft. Wie bei der Standardisierung der Sprache, welche der Staat beispielsweise über die Verordnung einer allgemein gültigen Grammatik und Rechtschreibung fördern kann, erleichtern Bestrebungen, die Währung innerhalb eines Landes zu vereinheitlichen, das gesellschaftliche Zusammenleben. Selbstverständlich können die entsprechenden staatlichen Regeln nie das gesamte

Geld- und Finanzwesen abdecken, weil – wie bei der Sprache – erhebliche Teile davon durch informelle Normen, die sich historisch in einem ungeplanten Prozess herauskristallisiert haben, geprägt sind. Bei der Sprache schlägt sich dies in Dialekten oder in der Alltagssprache nieder, die von der Standardsprache abweichen können. Beim Geldwesen ist die Zentralbank eben in manchen Bereichen des Bankensystems und in zahlreichen Finanztransaktionen nicht direkt involviert, sondern nimmt höchstens eine Überwachungsfunktion wahr. Als Währungshüterin kommt der Zentralbank dennoch die verantwortungsvolle Aufgabe zu, die Geldwertstabilität zu erhalten und somit für den nötigen Grad an Kontinuität zu sorgen. Wenn ein Land unter einer ungesund hohen Inflation leidet, wird der wirtschaftliche Handel mit Gütern und Dienstleistungen nämlich genauso erschwert, wie der Gedankenaustausch in einem babylonischen Sprachenwirrwarr.

Zentralbanken sind heute primär für die Durchführung der Geld- und Währungspolitik zuständig. Konkret geht es dabei um zahlreiche Maßnahmen, etwa das Festlegen eines Leitzinses, Eingriffe in die Finanz- und Devisenmärkte, das Betreiben und Überwachen von Zahlungssystemen, die Bestimmung der Liquiditätsreserven von Geschäftsbanken oder die Verwaltung von Währungsreserven. Insgesamt lässt sich mit den geldpolitischen Maßnahmen und Bestrebungen vorerst einmal eine adäquate Versorgung eines Landes mit staatlich anerkanntem Geld sicherstellen. Spätestens seit der Großen Depression der 1930er Jahre hat sich die Geldpolitik allerdings einem weitaus breiteren Mandat verpflichtet, indem sie als gesamtwirtschaftliches Stabilisierungsinstrument dient und die Steuerung der Geldmenge oder anderer monetärer Variablen nur mehr als Mittel zum Zweck gelten. Wohlgemerkt: Die wirtschaftliche Feinsteuerung ist alles andere als trivial, weil die Effekte des Geldes sich über verschieden lange Zeithorizonte diametral unterscheiden können. So wirkt sich die Geldpolitik über einen kurzen Zeitraum auf die Konjunktur eines Landes aus. Der Grund dafür ist, dass sich die

Wirtschaft nicht sofort an eine Veränderung der Geldmenge, des Zinsniveaus oder des nominalen Wechselkurses (also jene Variablen, die rasch von der Geldpolitik beeinflusst werden können) anpasst, da beispielsweise die Preise und Löhne vielerorts während gewisser Perioden vertraglich fixiert sind. Zusätzliches Notenbankgeld wird damit nachfragewirksam, weshalb geldpolitische Interventionen einen vorübergehenden Einfluss auf die Konjunktur und die Beschäftigung eines Landes ausüben. Vollkommen andere Zusammenhänge gelten in der langen Frist, wenn alle wirtschaftliche Anpassungsprozesse vonstattengegangen sind und insbesondere die Preise und Löhne flexibel auf veränderte monetäre Rahmenbedingungen reagieren können. Dann lässt sich das reale Wirtschaftswachstum eben nicht mehr mit Hilfe der Geldpolitik steigern, derweil das Wachstum der Geldmenge direkt proportionale Auswirkungen auf nominale Größen wie das Preisniveau hat. Dieses Neutralitätsresultat ist leicht nachvollziehbar, da Geld letztlich einfach ein Mittel zum Zweck der Begleichung wirtschaftlicher Transaktionen ist. Paradiesische Zustände, bei denen die Produktion von Firmen oder die Löhne sich einfach über das Drucken von Geld nachhaltig steigern ließen, sind damit leider ausgeschlossen. All dies ist für die strategische Ausrichtung der Geldpolitik ungemein wichtig. Weil Inflation langfristig eben ein monetäres Phänomen ist, liegt die Kernaufgabe der Zentralbank letztlich darin, den Anstieg des allgemeinen Preisniveaus sowohl in der Gegenwart als auch in der Zukunft in Schach zu halten. Eine Inflation ist nämlich immer ein kostspieliger Zustand, da der Kaufkraftzerfall des Geldes dessen Funktionen als Zahlungsmittel, Recheneinheit und Wertaufbewahrungsmittel stört. Eine unerwartete Inflation löst überdies asoziale Umverteilungseffekte aus, da die Teuerung ärmere Schichten einer Gesellschaft vergleichsweise hart trifft. Um die Geldwertstabilität zu erhalten, haben die Zentralbanken die Währung lange eng an Edelmetalle wie Gold gekoppelt. Dies hatte jedoch auch erhebliche Nachteile, da die Möglichkeiten, auf wirtschaftliche Schocks wie

Finanz- und Bankenkrisen zu reagieren, eingeschränkt waren, und die globale Geldversorgung letztlich von den Unwägbarkeiten neuer Goldfunde abhing. Eher als die Anbindung an welches Gut auch immer, sorgt allein die Verpflichtung der Zentralbank, die Spielregeln einzuhalten und ihre Geldpolitik also auf dem Pfad der Preisstabilität zu halten, letzten Endes für stabile Währungsverhältnisse. Für eine erfolgreiche Zentralbankpolitik sind deshalb eher der gute Ruf und das Vertrauen der Bürger, die dazu beitragen, dass die Geldpolitik nicht für die konjunkturelle Feinsteuerung missbraucht oder in den Dienst der staatlichen Defizitfinanzierung gestellt wird, was wahrhaftig „Gold wert ist".

Die Globale Finanzkrise und die Europäische Schuldenkrise haben das Zentralbankenwesen während der vergangenen Jahre vor besonders große Herausforderungen gestellt. Obschon es noch viel zu früh ist, um eine abschließende Beurteilung über die getroffenen Maßnahmen vorzunehmen, lässt sich dennoch festhalten, dass die Zentralbanken ihre Länder möglicherweise vor einem vollständigen Zusammenbruch des Finanz- und Wirtschaftssystems bewahrt haben. Bis dato (März 2015) ist ein weltwirtschaftlicher Kollaps, wie ihn die Große Depression der 1930er Jahre gesehen hatte, zum Glück ausgeblieben. Gleichwohl werden die unkonventionellen Maßnahmen, die während der unlängst aufgetretenen Phase der Instabilität im Finanzsystem getroffen wurden, die geldpolitische Diskussion noch auf Jahre hinaus prägen. Fragen nach der heutigen Rolle der Geld- und Währungspolitik und ob es neue Zentralbankmandate braucht sind jedenfalls schon aufgeworfen worden.

Obschon die entsprechende Debatte erst begonnen hat, lässt sich aus früheren Erfahrungen vielleicht lernen, dass es gefährlich sein kann, in der Geld- und Währungspolitik ein Allheilmittel für wirtschaftliche Probleme zu sehen. Natürlich ist das Währungsmonopol ein wirkungsmächtiges Instrument zur Steuerung der Wirtschaft. Ferner kommt den Zentralbanken bei der Gewährleistung der Finanzstabilität seit langem eine Schlüsselrolle zu.

Trotzdem sind der Geld- und Währungspolitik auch Grenzen gesetzt; unter anderem weil beispielsweise verschiedene Formen des breit definierten Geldes von Geschäftsbanken geschaffen werden, dem geldpolitischen Transmissionsmechanismus grundlegende Zielkonflikte zwischen der kurzen und langen Frist innewohnen oder da die Wahl des internationalen Währungssystems eine Güterabwägung zwischen binnen- und außenwirtschaftlichen Zielen mit sich bringt. Trotz des guten Leistungsausweises bei der Inflationsbekämpfung, den sich die Zentralbanken seit den 1990er Jahre erarbeitet haben, gibt es zudem keine Garantie dafür, dass die Teuerung in der Zukunft nicht wieder zu einem beherrschenden Problem werden könnte. Das Missbrauchspotential der Inflationssteuer und die kurzfristige Versuchung der geldpolitischen Wirtschaftsstimulierung auf Kosten der langfristigen Preisniveaustabilität bleiben latent vorhandene Gefahren für die Geldpolitik. Schließlich sind sämtliche Maßnahmen, die im Rahmen von Währungs-, Banken- oder Finanzkrisen getroffen wurden, unweigerlich von hoher politischer Brisanz, weil sie letztlich den Steuerzahler einem erheblichen finanziellen Verlustrisiko aussetzen.

Vor dem Hintergrund all dieser Entwicklungen gilt es zum Schluss vielleicht folgende Aspekte zu beachten: Eine allfällige Reorganisation des Geld- und Währungswesens wirkt sich zwangsläufig auf andere Bereiche der Wirtschaftspolitik aus. Weil es bei einer möglichen Neuregelung des Zentralbankmandats nicht um Bagatellfragen geht, sollte jede Reform wohlüberlegt erfolgen und in der Politik und Gesellschaft möglichst breit abgestützt sein. Weiter gilt es zu beachten, dass Zentralbanken gesamtwirtschaftliche, oder makroökonomische, Institutionen sind, die sich am ehesten dafür eignen, die adäquate Versorgung der Wirtschaft mit Nominalgeld sicherzustellen und damit für ein stabiles

Preisniveau zu sorgen. Zahlreiche wirtschaftliche Probleme werden sich nie über monetäre Maßnahmen lösen lassen. Diese Erkenntnis ist zwar ernüchternd, erlaubt aber immerhin, den Kreis zur Einführung dieses Buches mit folgender, nicht ernst zu nehmender, Bemerkung zu schließen: Vor allem in wirtschaftlichen Krisenzeiten geht oft vergessen, dass es neben der Zentralbank noch andere wichtige Erfindungen gibt, welche die Menschheit geprägt haben. Man denke etwa an das Rad und das Feuer!

Glossar

Bei einer **Abwertung** fällt der Wert der Inlandwährung relativ zu einer ausländischen Währung. Dabei fällt oder steigt der Wechselkurs, je nachdem ob er als Preis der ausländischen Währung pro Einheit der Inlandwährung oder umgekehrt definiert ist. Die Wertminderung, die bei einer Abwertung erfolgt, kann sowohl aufgrund von Marktkräften im Devisenhandel als auch durch gezielte Maßnahmen der Zentralbank (eine Währungsherabsetzung) zustande kommen.

Eine **Aktie** ist eine Wertschrift, die dem Halter einen Eigentumsanteil an einer Unternehmung (die als Aktiengesellschaft organisiert ist) und damit eine Beteiligung auf deren Wertänderungen und deren Gewinnen und Verlusten gewährt.

Die **Alternativkosten** (auch Opportunitätskosten genannt) beziffern die wirtschaftlichen Kosten einer Entscheidung anhand der entgangenen Vorteile der Handlungsalternative. So stellt der Zins die Alternativkosten der Geldhaltung dar, weil die entsprechenden Finanzmittel auch in zinstragende Wertschriften hätten fließen können.

Ankerwährung. (Siehe internationale Leitwährung).

Arbitrage bezeichnet das Ausnützen von zeiträumlichen Preisunterschieden, um damit risikolose Gewinne zu realisieren. Insbesondere erfolgt dazu der Ankauf eines Produkts zu einem tiefen Preis, um es auf einem anderen Markt zu einem höheren Preis zu verkaufen und so vom entsprechenden Preisdifferential zu profitieren. Die Arbitrage lässt die Preise auf Märkten mit hinreichend ähnlichen Produkten konvergieren und spielt beispielsweise bei der Theorie der Kaufkraftparität oder bei der Zinsarbitrage eine wichtige Rolle.

Bei einer **Aufwertung** steigt der Wert der Inlandwährung relativ zu einer ausländischen Währung. Dabei steigt oder fällt der Wechselkurs, je nachdem ob er als Preis der ausländischen Währung pro Einheit der Inlandwährung oder umgekehrt definiert ist. Die Wertsteigerung, die bei einer Aufwertung erfolgt, kann sowohl aufgrund von Marktkräften im Devisenhandel als auch durch gezielte Maßnahmen der Zentralbank (eine Währungsheraufsetzung) zustande kommen.

Ausländische Direktinvestitionen umfassen jenen Teil des internationalen Kapitalverkehrs, bei dem eine multinational tätige Firma die Kontrolle über ein ausländisches Unternehmen oder eine Produktionsstätte erwirbt. Dies steht im Gegensatz zu den Portfolioinvestitionen, bei denen ein ausländischer Investor nur eine Minderheitsbeteiligung übernimmt. Ausländische Direktinvestitionen und Portfolioinvestitionen werden in der Kapitalverkehrsbilanz der Zahlungsbilanz getrennt aufgeführt.

Ein **automatischer Stabilisator** wirkt wirtschaftlichen Schwankungen entgegen, ohne dass die Wirtschaftspolitik eines Landes besondere Maßnahmen ergreifen muss. Ein Beispiel für einen automatischen Stabilisator ist der Wechselkurs. Wenn die Währung eines Landes sich aufgrund einer Rezession abwertet, fördert dies beispielsweise die Exporte und stützt damit die Konjunktur. Ein anderes Beispiel für einen automatischen Stabilisator ist die Arbeitslosenversicherung.

Die **Bilanz** ist eine Auflistung der finanziellen Forderungen (auf der Aktivseite) und Verpflichtungen (auf der Passivseite) einer wirtschaftlichen Einheit (meist eine Firma). Dabei erfasst die Bilanz die entsprechenden Wertbestände.

Bonität ist ein anderes Wort für die Kreditwürdigkeit eines Schuldners.

Das **Bruttoinlandsprodukt** (BIP) misst die Summe aller zu Marktpreisen bewerteten Gütern und Dienstleistungen, die in einer Volkswirtschaft (Wirtschaft eines Landes) während einer Periode (meistens ein Jahr) hergestellt wurden. Falls die Marktpreise des laufenden Jahres verwendet werden, resultiert das nominale BIP. Falls die Marktpreise eines Referenzjahres verwendet werden, resultiert das reale BIP. Der Quotient aus dem nominalen und dem realen BIP ist der sogenannte BIP Deflator, der als Maß für die Inflation dienen kann.

Depositen. (Siehe Einlagen).

Devisenmarktinterventionen sind An- und Verkäufe der eignen gegen eine fremde Währung durch die Zentralbank.

Diskont und **Diskontsatz**. (Siehe Leitzins und Wechsel).

Das Adjektiv **denominiert** bedeutet „auf eine bestimmte Währung lautend".

Eine **Eigenkapitalvorschrift** bezieht sich auf das zulässige Verhältnis zwischen dem Eigenkapital und den Aktiva einer Geschäftsbank. Die Eigenkapitalvorschrift ist eines der wichtigsten Instrumente der Bankenregulierung.

Deflation ist das Sinken des allgemeinen Preisniveaus. (Siehe auch Inflation).

Einlagen (auch Depositen genannt) sind Guthaben, die das Publikum (Haushalte, Firmen) auf den Konten bei Geschäftsbanken hält.

Eurowährungen bezeichnen Bankguthaben oder andere Vermögenswerte, die nicht in der Währung des lokalen Finanzmarktes denominiert sind. Bankguthaben, die außerhalb der USA (zum Beispiel in London oder Tokio) auf Dollar lauten, heißen beispielsweise Eurodollars. Eurowährungen sind nicht zu verwechseln mit der gemeinsamen europäischen Währungseinheit, dem Euro.

Die **Finanzpolitik** umfasst sämtliche staatlichen Bestrebungen, Handlungen und Maßnahmen, die darauf abzielen, die

Gesamtwirtschaft über die Beschaffung, Verwendung und Verwaltung der öffentlichen Mittel zu beeinflussen. (Siehe auch Fiskalpolitik).

Die **Fisher-Gleichung** besagt, dass sich der Realzinssatz in etwa aus der Differenz zwischen dem Nominalzinssatz und der Inflationsrate ergibt:

$$\text{Realer Zinssatz} \approx \text{Nominaler Zinssatz} - \text{Inflationsrate}$$

Beispielsweise beträgt bei einem Nominalzins von 5 % und einer Inflationsrate von 3 % der Realzins etwa 2 %. Bei der ex-ante Version der Fisher-Gleichung wird die Inflationsrate anhand der Erwartungen gemessen. Diese Version ist für Investitionsentscheidungen relevant. Der tatsächliche Ertrag einer Anlage orientiert sich hingegen an der ex-post Version, bei der die Inflationsrate mit dem tatsächlichen Wert gemessen wird, der freilich erst im Nachhinein (ex-post) bekannt ist. (Siehe auch Zins).

Die **Fiskalpolitik** ist jener Teil der Finanzpolitik, der mit Hilfe von Veränderungen bei den Steuereinnahmen, den Staatsausgaben und der öffentlichen Verschuldung bezweckt, die gesamtwirtschaftliche Nachfrage zu beeinflussen. Die Fiskalpolitik ist also ein konjunkturpolitisches Instrument.

Die **Federal Funds Rate** ist jener Zinssatz, gegen den sich Banken auf dem amerikanischen Interbankenmarkt gegenseitig kurzfristige Kredite gewähren. (Siehe auch Interbankenmarkt).

Geld umfasst sämtliche Vermögenswerte, die allgemein zur Durchführung wirtschaftlicher Transaktionen akzeptiert werden und damit einen unmittelbar einlösbaren Anspruch auf die Leistungen einer Volkswirtschaft begründen.

Der **Geldmarkt** umfasst jenen Teil der Finanzmärkte, auf dem Wertschriften (oder andere Forderungen und Verbindlichkeiten) mit einer Laufzeit von weniger als einem Jahr gehandelt werden. (Siehe auch Kapitalmarkt).

Die **Geldmenge** ist die Menge an Transaktionsmitteln, die von Haushalten und Firmen in einer Volkswirtschaft gehalten werden. Je nachdem wie strikt der Geldbegriff definiert ist, umfasst die Geldmenge lediglich das Bargeld (Münzen und Banknoten) oder zusätzlich auch die Sichteinlagen (M1), die Spareinlagen (M2) sowie die Termineinlagen (M3).

Die **Geldpolitik** umfasst sämtliche staatlichen Bestrebungen, Handlungen und Maßnahmen, die mit Hilfe laufender Eingriffe in das Geldangebot, das Finanzsystem oder in die Devisenmärkte auf die Beeinflussung der Wirtschaftsentwicklung abzielen. Dabei geht es sowohl um das Verfolgen von binnenwirtschaftlichen Zielen, wie die Gewährleistung der Preis- oder Konjunkturstabilität, als auch von außenwirtschaftlichen Zielen, wie die Beeinflussung des Wechselkurses.

Der **geldpolitische Transmissionsmechanismus** beschreibt die Art und Weise, wie sich geldpolitische Maßnahmen kurzfristig auf die verschiedenen Teile der Wirtschaft übertragen. Dies umfasst namentlich einen Zinskanal, bei dem sich die Änderung des Leitzinses auf das Zinsniveau überträgt, was weitere Effekte auf die Investitionen und den Konsum haben kann. Weitere Transmissionsmechanismen können sich über die Vermögenspreise, die Kreditvergabe von Banken oder über den Wechselkurs entfalten.

Eine **Geschäftsbank** ist ein Finanzinstitut, das gewerbsmäßig Publikumseinlagen (Depositen) entgegennimmt oder sich auf dem Finanzmarkt oder bei anderen Finanzintermediären refinanzieren kann und gleichzeitig auf eigene Rechnung Kredite an andere Wirtschaftsteilnehmer (z. B. Haushalte oder Firmen) vergibt.

Definitionsgemäß spricht man ab einem monatlichen Anstieg des allgemeinen Preisniveaus von 50 % oder mehr von **Hyperinflation**. Dies entspricht einer jährlichen Inflationsrate von ca. 13.000 %.

Illiquidität kennzeichnet eine Situation, bei der ein Wirtschaftsteilnehmer vorübergehend nicht über genügend flüssige

Mittel (Geld) verfügt, um seinen laufenden finanziellen Verpflichtungen nachzukommen. Illiquidität kann zu einer Zahlungsunfähigkeit führen.

Inflation (auch Teuerung genannt) ist der Anstieg des allgemeinen Preisniveaus. Gemessen wird die Inflation in der Regel anhand der prozentualen Veränderung eines Konsumentenpreisindexes mit einem festen Warenkorb oder eines BIP-Deflators (siehe Bruttoinlandsprodukt) mit einem variablen Warenkorb. Die entsprechende Veränderung in Prozent ist die sogenannte Inflationsrate. Von der Inflation gehen unterschiedliche Wirkungen aus, je nachdem ob sie erwartet oder unerwartet auftritt. (Siehe auch Deflation).

Die **Inflationssteuer** ist eng verwandt mit dem Begriff der Seigniorage. Jedoch betont die Inflationssteuer, dass der Gewinn aus dem Währungsmonopol zu großen Teilen aus einer Erhöhung der Geldmenge resultiert, was gemäß der Neutralitätseigenschaft zu Inflation führt. Ein Teil der Seigniorage basiert also auf dem Kaufkraftverlust, welcher die Wirtschaftsteilnehmer mit dem Halten von Geld erleiden. Das Gegenstück dazu ist eben die Inflationssteuer, die beim Staat anfällt. (Siehe auch Seigniorage).

Insolvenz kennzeichnet eine Situation, bei der die Verpflichtungen eines Wirtschaftsteilnehmers seine Forderungen übersteigen. Es liegt also eine Überschuldung vor.

Auf dem **Interbankenmarkt** gewähren sich die Geschäftsbanken gegenseitig kurzfristige Kredite. Der Interbankenmarkt ist infolgedessen ein Teil des Geldmarktes.

Eine **internationale Leitwährung** ist dadurch gekennzeichnet, dass sie weit über den nationalen Wirtschaftsraum hinaus verwendet wird und damit die drei Funktionen des Geldes grenzüberschreitend wahrnimmt. Eine internationale Transaktionswährung dient als verbreitetes Zahlungsmittel im globalen Handel und Kapitalverkehr. Eine internationale Ankerwährung dient als

Referenzpunkt in einem System fixer Wechselkurse. Eine internationale Reservewährung dient auch im Ausland als Wertaufbewahrungsmittel und geht namentlich in die Währungsreserven ausländischer Zentralbanken ein.

Eine **Investmentbank** ist ein Finanzinstitut, das sich unter anderem auf die Beschaffung von Finanzmitteln für Firmen und Staaten, die Durchführung von Unternehmenszusammenschlüssen, die Emission von Aktien und Obligationen sowie deren Handel auf Finanzmärkten spezialisiert hat.

Der **Kapitalmarkt** umfasst jenen Teil der Finanzmärkte, auf dem Wertschriften (oder andere Forderungen und Verbindlichkeiten) mit einer Laufzeit von mehr als einem Jahr gehandelt werden. (Siehe auch Geldmarkt).

Kapitalverkehrskontrollen sind staatliche Vorschriften und Beschränkungen, die den grenzüberschreitenden Austausch von Kapital betreffen. Dabei geht es vor allem um Restriktionen hinsichtlich des Kaufs von Fremdwährungen (oder von Wertschriften, die in Fremdwährung denominiert sind).

Gemäß der Theorie der **Kaufkraftparität** orientiert sich der Wechselkurs langfristig an der internationalen Inflationsdifferenz. Gemäß der relativen Version dieser Theorie gilt:

$$\text{Veränderung Wechselkurs} = \text{inländische Inflationsrate} - \text{ausländische Inflationsrate}$$

wobei der Wechselkurs als Anzahl inländische Währungseinheiten pro ausländische Währungseinheit definiert ist. Eine hohe Inflation im Inland führt also dazu, dass sich die Inlandwährung tendenziell abwertet. Dies stellt sicher, dass die Kaufkraft der jeweiligen Währungen nicht permanent auseinanderdriftet.

Die jeweilige wirtschaftliche Gesamtlage wird als **Konjunktur** bezeichnet. Der gemeinsame Verlauf gesamtwirtschaftlicher Größen (Konsum, Investitionen, Exporte, Beschäftigung, etc.)

wird als Konjunkturzyklus bezeichnet. Volkswirtschaften wachsen nicht stetig, sondern durchlaufen markante Aufschwungphasen (Hochkonjunktur), während denen die Wirtschaftsleistung und Beschäftigung ansteigt und Abschwungphasen (Rezession), während denen ein Einbruch der Wirtschaftsleistung und eine höhere Arbeitslosigkeit auftreten.

Libor ist die Abkürzung für London interbank offered rate und bezeichnet jenen Zinssatz, gegen den sich Banken auf dem Londoner Interbankenmarkt gegenseitig kurzfristige Kredite gewähren. Die entsprechenden Zinssätze werden täglich für verschiedene Laufzeiten und für die wichtigsten Währungen berechnet. Der Libor ist einer der wichtigsten Referenzzinssätze im internationalen Finanzsystem. (Siehe auch Interbankenmarkt).

Die **Liquidität** eines Vermögenswertes wiederspiegelt, wie rasch und günstig er für Zahlungszwecke zur Verfügung steht. Bargeld ist besonders liquide, u. a. weil es als gesetzlich festgelegtes Zahlungsmittel dient.

Der **Leitzins** ist ein durch die Zentralbank einseitig festgelegter Zinssatz (manchmal auch ein Zielband), um die Refinanzierungskonditionen der Geschäftsbanken zu beeinflussen. Der Leitzins ist eines der wirkungsmächtigsten Instrumente der Geldpolitik und spielt vor allem für die Kommunikation der Geldpolitik eine zentrale Rolle. Erste Formen des Leitzinses bezogen sich auf den Diskontsatz, also jenen kurzfristigen Zins, den die Zentralbank für die Hereinnahme von Wechseln verlangte. Später gingen einige Zentralbanken dazu über, den Leitzins auch anhand des Lombardsatzes auf den sogenannten Lombardkrediten zu definieren, bei denen Notenbankgeld gegen die Verpfändung eines breiteren Korbes von Kreditsicherheiten (meist Wertpapiere) vergeben wurde. Heute bezieht sich der Leitzins, je nach geldpolitischer Strategie der Zentralbank, auf einen kurzfristigen Interbankenzins (Libor, Federal Funds Rate etc.) oder direkt auf den Refinanzierungszins (Bank Rate, Repo Rate, etc.) bei der jeweiligen Zentralbank.

Beim **Lender of Last Resort** fungiert die Zentralbank als „Geldgeberin letzter Instanz", um damit in Krisenzeiten vor allem den Geschäftsbanken mit Liquiditätsengpässen beizustehen. Das Ziel dabei ist, die Versorgung der Wirtschaft mit Geld und Krediten sicherzustellen, um so eine ausgewachsene Banken- und Finanzkrise zu verhindern. Für krisengeschüttelte Staaten können internationale Organisationen wie der Internationale Währungsfonds (IWF) ebenfalls als Lender of Last Resort auftreten.

Lombardsatz und **Lombardkredit**. (Siehe Leitzins).

Die **Mindestreservenvorschrift** ist eine Vorgabe, welche den Anteil an Barreserven bestimmt, welche Geschäftsbanken mindestens auf ihrem Konto bei der Zentralbank halten müssen.

Das Adjektiv **monetär** bedeutet „das Geld oder die Währung betreffend".

Nationalbank. (Siehe Zentralbank).

Die **Neutralitätseigenschaft** des Geldes impliziert, dass Veränderungen in den monetären Bedingungen sich nur auf nominale Variablen, wie die Preise, nicht aber auf reale Größen auswirken. In der langen Frist verlaufen das Wachstum der Geldmenge und die Inflation sowie die Nominalzinsen und die Inflationserwartungen in der Tat praktisch proportional.

Nominal bezeichnet eine Wertangabe, die in Geldeinheiten erfolgt. (Siehe auch real).

Nominalgeld ist eine Form des Geldes, die keine direkte Bindung an ein Edelmetall oder eine andere Ware aufweist. Alternative Begriffe dafür sind Fiat-Geld (also Geld per Dekret) und früher auch Papiergeld (was aufgrund der rapiden Entwicklung des Buchgeldes und des elektronischen Zahlungsverkehrs zu einem veralteten Begriff für Nominalgeld geworden ist). Das Gegenteil zum Nominalgeld ist das Warengeld, dessen Wert sich an einer Ware (Gold, Silber, Kupfer, Edelsteine etc.) orientiert. Warengeld ist heute weitgehend aus dem Zahlungsverkehr verschwunden.

Der Begriff der **Notenbank** bezog sich ursprünglich auf Geldinstitute, die das Recht zur Ausgabe von Banknoten hatten. Infolge der staatlichen Monopolisierung bei der Banknotenausgabe, gilt die (zentrale) Notenbank praktisch als Synonym für die Zentralbank.

Die **Notenbankgeldmenge** setzt sich aus dem Bargeld und den Sichtguthaben (Barreserven) der Geschäftsbanken bei der Zentralbank zusammen. Sie kann also der Passivseite der Zentralbankbilanz entnommen werden. (Siehe auch Geldmenge).

Die **Nullzinsgrenze** besagt, dass die nominalen Zinssätze nicht, oder zumindest nicht weit, in den negativen Bereich fallen können.

Offenmarktgeschäfte (auch Offenmarktoperationen genannt) umfassen An- und Verkäufe von Wertschriften, die auf Initiative der Zentralbank direkt am offenen Finanzmarkt erfolgen, um damit die Notenbankgeldmenge zu beeinflussen. Offenmarktschäfte sind ein Instrument der Geldpolitik.

Im breiteren Sinn bezieht sich der Begriff der **Parität** (Wechselkursparität) auf das von der Zentralbank festgelegte Umtauschverhältnis zwischen Währungen. Im engeren Sinn definiert die Parität hingegen einen Referenzpunkt, an dem sich das Umtauschverhältnis (Währungsparität) oder das Kaufkraftverhältnis (Kaufkraftparität) zwischen zwei Währungen auf Eins zu Eins beläuft. (Siehe auch Kaufkraftparität).

Die **Phillipskurve** zeigt den gemeinsamen Verlauf der Inflation und der Arbeitslosigkeit. Kurzfristig ist der entsprechende Zusammenhang meist negativ (mehr Inflation geht mit einer tieferen Arbeitslosigkeit einher). Infolge variabler Inflationserwartungen ist dieser Zusammenhang jedoch langfristig instabil. Langfristig entwickeln sich die Arbeitslosigkeit und die Inflation unabhängig voneinander.

Real bezeichnet eine Wertangabe, die nicht in Geldeinheiten erfolgt, sondern beispielsweise den Zugang zu Gütern und

Dienstleistungen misst. In diesem Sinne sind reale Werte um den Effekt der Inflation bereinigt (Siehe auch nominal).

Repurchase Agreements (kurz **Repos**) sind eines der wichtigsten Instrumente zur Implementierung der Gelpolitik. Dabei vergibt die Zentralbank einen kurzfristigen Kredit, wobei das von den Geschäftsbanken nachgefragte Notenbankgeld nur gegen die Hinterlegung von repofähigen Kreditsicherheiten gewährt wird. Gleichzeitig werden auch der Zeitpunkt und die Konditionen des Rückkaufs (repurchase) vereinbart. Die Laufzeit ist normalerweise kurz und beträgt einige Tage oder Wochen. Der Zins, den die Zentralbank für den kurzfristigen Kredit verlangt, ist die sogenannte Repo-Rate.

Reserven sind ein Begriff, der sich sowohl auf die Währungsreserven der Zentralbank, als auch auf die Barreserven der Geschäftsbanken bei der Zentralbank beziehen kann. Die Währungsreserven (auch Devisenreserven genannt) sind der Bestand an Fremdwährungen unter den Forderungen (Aktiven) der Zentralbank. Die Währungsreserven bilden die Grundlage für Devisenmarktinterventionen. Die Barreserven treten hingegen auf der Verpflichtungsseite (Passiven) der Zentralbankenbilanz auf und umfassen die Guthaben der Geschäftsbanken auf ihrem Konto bei der Zentralbank.

Reservewährung. (Siehe internationale Leitwährung).

Seigniorage ist der staatliche Gewinn, der aus der Bewirtschaftung des Währungsmonopols anfällt. Dabei wird zwischen verschiedenen Gewinnquellen unterschieden, welche beispielsweise die monetäre Seigniorage oder die Alternativkostenseigniorage alimentieren. Für die Budgetplanung ist die fiskalische Seigniorage relevant, das heißt der tatsächliche finanzielle Transfer von der Zentralbank an das Finanzministerium. (Siehe auch Inflationssteuer).

Sichteinlagen sind jener Teil der Einlagen, die jederzeit und ohne Einschränkungen zurückgezogen werden können und damit sofort für Zahlungen zur Verfügung stehen. (Siehe auch Einlagen).

Staatsanleihen sind Schuldverschreibungen des Staates (der Staat kann mit diesem Finanzinstrument also Schulden aufnehmen). Staatsanleihen tragen in verschiedenen Ländern unterschiedliche Namen und werden unter anderem als Bundesanleihen (Deutschland, Österreich), Treasury Bills oder Treasury Bonds (USA) oder Gilts (Großbritannien) bezeichnet.

Eine **Stagflation** bezeichnet das gleichzeitige Auftreten einer wirtschaftlichen Stagnation (bzw. Rezession) und hoher Inflation.

Too-big-to-fail (zu groß, um bankrott zu gehen) bezeichnet das Problem, dass eine Wirtschaftseinheit (meistens eine Bank) derart groß (bzw. systemrelevant) ist, dass deren Konkurs weite Teile der Wirtschaft schädigen würde.

Eine **Währung** bezeichnet die vom Staat offiziell anerkannte Art des Geldes.

Währungsparität. (Siehe Parität).

Die **Währungspolitik** umfasst sämtliche staatlichen Bestrebungen und Maßnahmen, die mit Hilfe der strategischen Festlegung des monetären Ordnungsrahmens auf die Beeinflussung der Lage und Entwicklung der Wirtschaft abzielen. Dies betrifft sowohl binnenwirtschaftliche Aspekte wie institutionelle Fragen nach der Unabhängigkeit der Zentralbank als auch außenwirtschaftliche (internationale) Aspekte wie die Wahl des Wechselkursregimes.

Währungsreserven. (Siehe Reserven).

Warengeld. (Siehe Nominalgeld).

Der **Wechsel** (auch Handelswechsel genannt) ist ein Wertpapier, das früher oft zur Handelsfinanzierung eingesetzt wurde. Im Wesentlichen begründet ein Wechsel eine Zahlungsanweisung für einen nicht genau spezifizierten Begünstigten zu einem gewissen Zeitpunkt an einem gewissen Ort. Ein Wechsel ließ sich also vor dem Ende der Fälligkeit weiterverkaufen. Dazu wurde jedoch ein Zinsabzug fällig; der sogenannte Diskont. Da Zentralbanken früher Wechsel als Sicherheit für Zentralbankgeld akzeptierten, war der Diskontsatz für die Geldpolitik lange von großer Bedeutung. Heute haben Wechsel ihre Rolle für den internationalen Zahlungsverkehr weitgehend eingebüßt. Jedoch gibt der Diskontsatz in gewissen Ländern nach wie vor den Namen für den jeweiligen Leitzins.

Der **Wechselkurs** ist das Tauschverhältnis zwischen Währungen. Der nominale Wechselkurs ist der relative Preis zwischen der inländischen und ausländischen Währung ausgedrückt in Geldeinheiten. Ein Sinken des Preises für ausländische Währung ist eine nominale Aufwertung und ein entsprechender Anstieg eine nominale Abwertung der Inlandwährung. Der reale Wechselkurs misst hingegen das Kaufkraftverhältnis zweier Währungen und berücksichtigt dazu internationale Differenzen im Preisniveau. Neben der nominalen Aufwertung erhöht auch ein relativer Rückgang der Auslandpreise die Kaufkraft der Inlandwährung und bewirkt somit eine reale Aufwertung. Ein Anstieg der Auslandpreise führt hingegen zu einer realen Abwertung. (Siehe auch Abwertung, Aufwertung, Kaufkraftparität).

Wechselkursparität. (Siehe Parität).

Das **Wechselkursregime** (auch Wechselkurssystem genannt) bezeichnet den institutionellen Rahmen, in dem sich der Wechselkurs bildet. Im Wesentlichen geht es dabei um die Wahl zwischen einem Fixkursregime, bei dem der Wechselkurs a priori von der Zentralbank festgelegt wird, oder einem System mit flexiblen Wechselkursen, bei denen Angebot und Nachfrage auf den Devisenmärkten den Wechselkurs bestimmen. Neben dem reinen fixen und flexiblen Wechselkurssystemen gibt es zahlreiche Zwischenformen.

Die **Zahlungsbilanz** gibt einen statistischen Aufschluss über die internationalen (grenzüberscheitenden) Transaktionen eines Landes. Dabei erfasst die Leistungsbilanz (auch Ertragsbilanz genannt) die Handelsströme und namentlich den Export und Import von Waren und die Kapitalverkehrsbilanz die Geld- und Kapitalflüsse mit dem Rest der Welt.

Die **Zentralbank** (auch Nationalbank oder Notenbank genannt) ist ein meist staatlich kontrolliertes Finanzinstitut, das vom Staat mit der Durchführung der Geld- und Währungspolitik betraut wurde und dabei Ziele wie die Preis-, Konjunktur- und Finanzstabilität verfolgt. Dazu verfügt die Zentralbank u. a. über das Ausgabemonopol von Bargeld, kann in die Finanzmärkte eingreifen, die Mindestreserven von Geschäftsbanken festlegen oder als Bank der Geschäftsbanken auftreten.

Der **Zins** bezeichnet die meist prozentual berechnete Entschädigung für das leihweise Überlassen von wirtschaftlichen Ressourcen (oft in Form eines Kredi-tes). Der entsprechende Prozentsatz wird als Zinssatz bezeichnet. Zinsen werden meistens in Geldeinheiten ausgedrückt (Nominalzins), können jedoch auch um die Inflation bereinigt werden (Realzins). In der Wirtschaft gibt es zu jedem Zeitpunkt zahlreiche Zinsen, deren Höhe sich je nach der Laufzeit oder dem Ausfallrisiko eines Kredits deutlich unterscheiden können. Der Durchschnitt all dieser Zinsen kann als Zinsniveau bezeichnet werden. (Siehe auch Fisher-Gleichung).

Die **Zinsparität** ist eine Theorie, um die kurzfristige Entwicklung von Wechselkursen zu erklären. Namentlich wird ein Zusammenhang zwischen dem Zinssatz im In- und Ausland und der Veränderung des Wechselkurses hergestellt. Die Formel der Zinsparität resultiert im Wesentlichen aus der Arbitrage zwischen dem Ertrag einer in- und ausländischen Anlage und lautet:

$$\underbrace{\text{Inlandzins}}_{\text{Ertrag inländische Anlage}} \approx \underbrace{\text{Auslandzins} + \text{Veränderung Wechselkurs}}_{\text{Ertrag ausländische Anlage}}.$$

Die Zinsparität besagt, dass ein Anstieg des Inlandzinses in der Regel eine sofortige Aufwertung der Inlandwährung auslöst.

Stichwort- und Namensverzeichnis

Abwertung, 85, 171, 174, 207, **210**, 228, 229, 233
Arbitrage, 24, 174
 Zinsarbitrage, 207, 229
Aufwertung, 171, 174, 207, **210**, 228, 234
Automatischer Stabilisator, 215

Bad-Bank, 129
Bagehot, Walter, 19, 130
Bank für Int. Zahlungsausgleich, 138
Bank of England, 3, 13, 17–19, 37, 90
Bankenpanik, 118
Banking School, 16
Banque de France, 3, 14
Banque Royale, 14
Barreserven, 70, 73, 76, 82, 94, 124
Bimetallismus, 23
Bretton-Woods-System, **39**, 209, 211, 214, 215, 224
Britisches Pfund, 24, 43, 225
Bruttoabwicklungsverfahren, 144
Bullionisten, 17

Conally, John, 43
Currency Board, 213
Currency School, 16

Defensive Transaktionen, 98
Deflation, 10, 30, 34, 59, 130
Deutsche Bundesbank, 3
Deutsche Mark, 42, 43, 225, 234
Devisenmarkt, 44, 206
Devisenmarktintervention, 100–102
Diskontsatz, 28, 90
Doppelte Koinzidenz, 62

Eigenkapitalquote, 138
Einlagenversicherung, 119, 137, 146
Engpassfinanzierung, 94
Euro, 49, 84, 234
Euromärkte, 208
Europäische Währungsschlange, 48
Europäische Zentralbank, 3, 49, 90
Europäisches Währungssystem, 49, 211, 225
Exchange Rate Pass-Through, 174

Exorbitantes Privileg, 40, 215

F

Federal Reserve System, 3, 22, 41, 92, 99, 128, 242
Finanzsystem, 107–110
Fisher, Irving, 36, 125
Fisher-Effekt, **156**, 162, 174
Fisher-Gleichung, **158**, 188, 190
Freibankensystem, 21
Friedman, Milton, 159, 194
Fristentransformation, 111

G

Geld
  Bargeld, 56, 69, 82
  Buchgeld, 69
  Fiatgeld, 67
  Neutralität des Geldes, 158, 183
  Nominalgeld, 67
  Notenbankgeldmenge, **70**, 234
  Papiergeld, 66
  Recheneinheit, 57
  Warengeld, 63
  Wertaufbewahrungsmittel, 59
  Zahlungsmittel, 57
Geldmenge, 68–73
Geldpolitik, **9**, 39, 44, 153–159, 165
  Glaubwürdigkeit, 196
  Internationale Aspekte, 203
Geldpolitische Transmission, 166–175, 198
  Bankkreditkanal, 169
  Vermögenspreiskanal, 170
  Wechselkurskanal, 170
  Zinskanal, 168

Geldschöpfung, 73–77, 94, 112, 124
  Einlageschöpfung, 113
  Kreditschöpfung, 113
Globale Finanzkrise, 121, 122, 126, 146, 248
Goldstandard, 23–32, 211
Greshamsches Gesetz, 23
Grosse Depression, 35–37, 92, 122, 125, 165, 246
Grosse Moderation, 46

H

Hicks, John, 171
Hume, David, 220
Hyperinflation, 33, 60, 184

I

Illiquiditätsrisiko, 117
Inflation, 10, 59, 155
  Importierte Inflation, 174
  Inflationssteuer, 182
  Kosten der Inflation, 160
Inflation Targeting, 47, 159
Insolvenzrisiko, 116
Interbankkredite, 112
Internationaler Währungsfonds, 41, 233
Internationales Finanzsystem, 203
Internationales Währungssystem, 8, 40, 204, 206, 210
Investmentbanking, 111
IS/LM-Modell, 171

K

Kalte Progression, 161
Kapitalverkehrskontrollen, 101, 207, 208, 211, 226, 234

Keynes, John Maynard, 36, 38, 92, 164, 171
Keynesianismus, 165
Klipping, 65
Kreditklemme, 123, 169

Lateinische Münzunion, **23**, 235
Law, John, 14
Leitzins, 8, 28, 90–93, 102, 168, 206
Lender of Last Resort, 9, 19, 94, 128–136, 233
Liquidität, 57
Liquiditätsfalle, 92
Lohn-Preis-Spirale, 46, **191**

Magisches Vieleck, 187
Makroprudenzielle Regulierung, 141
Menukosten, 160
Merkantilismus, 218
Mikroprudenzielle Regulierung, 141
Mindestreserven, 7
    Mindestreservenvorschriften, 70, 94, 124
    Mindestreservesatz, 94
Mindestreservenpolitik, 94–96
Monetarismus, 16, 159
Moral Suasion, 104
Mortgage Backed Securities, 99
Mundell, Robert, 237

Negativzinsen, 93

Nettoabwicklungsverfahren, 144
Nominalwirtschaft, 9
    Nominale Grössen, 155
Notenbank, 14
Notverkäufe, 121

Offenmarktgeschäft, 7, 83, 96
Offenmarktpolitik, 96–100
Opferverhältnis, 198
over the counter, 143

Parität, 24
    Kaufkraftparität, 101, 174
    Wechselkursparität, 101, 214, 228, 232
Peelsche Bankakte, 17, 32
Phillips, Bill, 187
Phillipskurve, **187**, 192
Preisindex, 47, 154
Price-Specie-Flow-Mechanismus, 221
Prudenzielle Regulierung, 136

Quantitätsgleichung, 166
Quantitative Easing, 98

Realwirtschaft, 9
    Reale Grössen, 154
Repurchase Agreements, 83, 88, 97
Ricardo, David, 220

Samuelson, Paul, 187

Schulden-Deflations-Mechanismus, 36
Schwedische Reichsbank, 13, 90
Seigniorage, 65, 84–86, 227
   Alternativkostenseigniorage, **85**, 186
   Fiskalische Seigniorage, 85
   Monetäre Seigniorage, **84**, 183
Smith, Adam, 219
Solow, Robert, 187, 193
Spekulative Attacke, 231
Stagflation, 43, 191
Sterilisierung, 101

Thornton, Henry, 130
To-big-to-fail-Problematik, 135
Trennbankensystem, 125
Triffin Dilemma, 41
Triffin, Robert, 41
Trilemma der monetären Aussenwirtschaft, 204–208

Unkonventionelle Massnahmen, 105, 248

US-Dollar, 24, 37, 39, 43, 64, 84, 217, 224, 225

Vollgeld, **74**, 124
Von Hayek, Friedrich August, 21

Währung, 2, 6
Währungsordnung, 6, 159, 240
Währungspolitik, 6
Währungsreserven, 84, 101, 213, 218–223
Wechsel, 26, 77, 90
Wechselkurs, 100, 167, 174
   Fixer Wechselkurs, 24, 48, 206, **211**, 225
   Flexibler Wechselkurs, 44, **211**
Wicksell, Knut, 74, 193

Zahlungsbilanz, 202
Zentralbankbilanz, 82–87
Zentralbankmandat, **178**, 248–250
Zielzone, 213
Zinsstruktur, 89
Zwillingskrise, 229

GPSR Compliance
The European Union's (EU) General Product Safety Regulation (GPSR) is a set of rules that requires consumer products to be safe and our obligations to ensure this.

If you have any concerns about our products, you can contact us on

ProductSafety@springernature.com

In case Publisher is established outside the EU, the EU authorized representative is:

Springer Nature Customer Service Center GmbH
Europaplatz 3
69115 Heidelberg, Germany

www.ingramcontent.com/pod-product-compliance
Lightning Source LLC
LaVergne TN
LVHW010254260326
834688LV00044B/1286